누가 진짜 범인인가

대한민국 대표 프로파일러 배상훈, **범죄사회**를 말하다

누가 진짜 범인인가

배상훈 지음

애
르피

필요하지만 불편한 존재

제주도에 구전되는 민간설화 중에 '삼족구三足狗' 이야기가 있다. 발이 세 개뿐인 개 삼족구는 인간을 홀려 생명을 앗아 가는 구미호에 대적하여 인간 사회를 보호하는 영물이다. 분명 인간에게 이로운 존재지만, 다리가 셋밖에 없으니 현실에서는 불완전한 존재이다. 그런데 역설적으로 그 불완전함이 구미호를 이기는 가장 단순하면서도 핵심적인 무기가 된다. 삼족구는 아무 일 없이 평온할 때는 보통 견공처럼 인간 곁에 머물지 못한 채 금줄 바깥에 머물다가 인간 사회가 위기에 처할 때 그 본연의 임무를 다하며 빛을 발한다.

인간 사회의 선과 악을 형상화한 '삼족구'와 '구미호'는, 마치 '프로파일러'와 '사이코패스/소시오패스'의 관계를 보여 주는 것 같다. 프로파일러는 범죄가 없는 평화로운 상황에서는 그 자체로 정신병적Psychotic 존재이다. 보통 사람과 다르게 생각하고, 다른 사람들이 보지 못하는 면을 보며, 느끼지 못하는 것을 느낀다. 특별히 뛰어난 감각과 능력을 가진 사람도 있으나, 사람들과 잘 어울리지 못하고 경계의 대상이 되기도 한다. 하지만 그 정신병적 특성으로 인해 '사이코패스/소시오패스'가 저지르는 범죄에 본능적으로 반응하니, 두 존재는 동전의 양면과도 같다. 그렇기에 가장 뛰어난 프로파일러는 '사이코패스/소시오패스'이기도 한 것이다.

◆ ◆ ◆

잘 알려진 대로, 프로파일러는 (연쇄)강력 사건의 범인을 잡는 최고의 전문가이다. 내가 농담 반 진담 반으로 "강력팀 하나, 과학수사팀 하나만 지휘할 수 있게 해 주면 '유병언 사체'에 얽힌 의문도 3주안에 해결할 수 있다"고 말하면 의심쩍게 바라보는 사람도 있지만, 수사 여건만 잘 갖추어진다면 강력 범죄나 미제 사건 해결은 그리 어려운 일이 아니다.

이렇게 말하니 프로파일러라는 직업이 꽤 멋있어 보이는 것도 같다. 사람들이 프로파일러라는 직업에 매력을 느끼는 것도 이 때문일 것이다. 하지만 프로파일러는 현실에서 삼족구처럼 환영받지 못하는 존재이다.

'범죄'는 그 자체로 인간 삶의 한 유형이며, 범죄를 해결한다는 것은 결국 인간 혹은 인간관계의 적나라한 밑바닥까지 낱낱이 파헤치는 작업이다. 그 과정에서 범죄를 둘러싼 인간들의 감추고 싶은 민낯이 드러날 수밖에 없다. 모순투성이 삶 속에서 크고 작은 죄를 저지르며 사는 인간들로서는 곁에서 항상 눈을 부라리고 있는 삼족구가 곱게 보일 리 없다. 무당을 마을 밖 성황당으로 쫓아내듯, 삼족구도 인간 사회 울타리 밖으로 내치는 것이다. 프로파일러로 살면서 늘 경험하는 일이다. 내가 어떤 일을 하는지 모르다가 나중에 알게 된 사람들은, 처음에는 호기심에 신기해 하다가 만남이 계속되는 것을 피하고 관계 맺기를 두려워한다.

이는 범죄 수사와 관련될 때 더 적나라하게 드러난다. 특정 범죄를 해결하려면 그 범죄의 맥락을 파악하고 관련 시스템에 접근해야 한다. 그러다 보면 필연적으로 시스템의 모순이 까발려지고 상처를 입거나 불쾌한 상황이 연출되곤 한다. 그런데 대부분의 인간(사회)은 그것까지는 원치 않는다. 그저 '그 사람'만 족집게처럼 잡아내기를 바랄 뿐이다.

세상에서 일어나는 모든 범죄는 아무리 작은 것이라 해도 그 사건만의 '스토리story'가 있다. 그 스토리에는 범죄와 관련된 인간과 사회의 모순이 녹아 있다. 프로파일러는 그 '스토리'를 중심으로 사건의 본질에 접근하며, '그 사람'을 잡는 것 이전에 맥락을 이해하려 한다. 그래서 프로파일러는 범인을 잡기 전에는 물론이고 범인을 잡은 뒤에도 항상 이런 질문을 품고 산다. "과연 진짜 범인은 누구인가?"

그러나 현실에서는 본질에 접근하는 것보다 오직 '그 사람'을 잡는 것만이 중요하다. 우리나라를 포함하여 대부분의 나라에서 발생하는 장기 미제 사건의 95퍼센트 이상은 시스템의 문제에서 비롯되며, 대부분의 강력 사건은 사회구조적 모순과 깊은 관련이 있다. 하지만 범죄를 해결하겠다고 사회를 개혁하는 나라는 없다. 사회에서 바라는 가장 훌륭한 범죄 해결사는, 문제의 본질과 사회의 모순에 접근하지 않고 '바로 그 사람'만 잡아내는 사람이다. '그 사람'이 '구미호'이자 '사이코패스/소시오패스'라는 존재이다. 프로파일러에게 주어진 임무는 '그 사람'을 잡는 것인데, '그 사람'을 잡는다고 해서 범죄 문제 자체가 해결되지는 않는다. 맥락과 구조가 그대로인 한 '또 다른 그 사람'이 나타날 것이기 때문이다. 프로파일러가 고민하고 갈등하는 지점이 바로 이것이다.

◆　◆　◆

나는 이 책에서 범죄와 그 범죄가 놓인 사회 모순 속에서 고뇌하는 프로파일러의 삶을 있는 그대로 보여 주고 싶었다. 그래서 이 책에는 화려하고 멋있게 범인을 검거하는 내용보다는, 실패하고 좌절하고 분노하는 프로파일러의 모습이 더 많다. 또한 잘 짜인 범죄학, 범죄심리학 이론보다는 프로파일러로서 고민해 왔던 우리 사회의 범죄, 폭력, 정의, 공동체, 경찰 등의 문제를 진지하게 다루고자 했다.

나는 잘생기지도 않았고, 언변도 그닥 좋지 않으며, 머리가 좋은 것도 운동 능력이 뛰어난 것도 아니다. 그래도 '나쁜 놈'이나 '미친놈'들을 대번에 정확히 알아보는 재주는 좀 있는 것 같다. 프로파일러에게 맞춤한 능력이니 좋지 않겠냐고? '나쁜 놈들 전성시대'에 나 같은 사람들은 그저 '미생'일 뿐이다. 너무 많은 '나쁜 놈' '미친놈'들이 활개를 치고 사는 세상에서는, 그런 놈을 가려내는 능력이 굳이 필요 없으니 말이다.

2015년 3월

배상훈

차례

4장 우리 안의 범죄

5 장 사건은 오래 지속된다

누가 진짜 범인인가

제1장

프로파일러란
무엇인가

나는 왜 프로파일러가 되었는가

'프로파일러' '범죄 수사' '과학수사'라고 하면 무엇이 떠오르는가? 아마도 많은 사람들이 〈CSI 과학수사대〉 같은 미드(미국 드라마)를 가장 먼저 떠올릴 것이다. 〈CSI〉 시리즈 초기부터 시즌 9까지 팀을 이끌었던 길 그리섬 반장은 곤충학 전공자로서 과학수사 업무를 지휘했고, 뒤를 이어 팀장을 맡은 레이 랭스턴은 그 자신이 이른바 '폭력 유전자'를 갖고 있는 정신과 의사 출신이다.

〈CSI〉 시리즈는 랭스턴 박사가 등장하면서 일반적인 과학수사물에서 탈피하여 프로파일링 수사 드라마에 좀 더 가깝게 발전했다. 랭스턴 박사와 연쇄살인범 네이트 헤스켈의 대결 구도가 펼쳐지면서 범죄심리 분석이 강화된 덕분일 것이다. 이런 드라마들 덕분에 우리나라 시청자들도 그동안 추리소설이나 〈수사반장〉〈공공의 적〉 같

은 국내 드라마와 영화를 통해 부분적으로 접했던 과학수사에 대해
좀 더 구체적인 경험을 하게 되었다.

'대한민국 1호' 프로파일러

그래도 아직 프로파일러가 어떤 일을 하는지 잘 모르겠다는 사람들
이 많다. 프로파일러profiler를 한 마디로 정의하면 범죄와 관련한 '이
론적 지식'으로 무장하고 풍부한 '현장 경험'을 통해 실전 속에서 단
련된 범죄심리 수사관이라고 할 수 있는데, 프로파일러로 활동하는
사람들이 모두 똑같은 업무를 수행하는 것은 아니다.

　프로파일러들은 각자 자기만의 전공 영역이 있다. 범행이 발생한
장소를 분석하여 지리적으로 범죄에 취약한 지역을 찾아내는 프로
파일러, 용의자의 진술에서 허점을 찾아내 범죄를 증명하고 원인을
분석하는 프로파일러, 사건 발생 현장에서 수집된 증거들을 통해 범
인의 연령대와 성격·직업 등을 통계적으로 파악하는 프로파일러 등
각자 특화된 영역에서 활동하고 있다. 나의 전공 분야는 가족사 재
구성을 통해 연쇄방화범·연쇄살인범·연쇄강간범 등이 왜 범행을
저지르게 됐는지 그 최초 원인을 분석하는 것이다.

　나는 2004년 경찰청에서 공식 특채로 선발한 1기 프로파일러로
서 2009년까지 현직에서 활동했고, 퇴직한 뒤부터 현재까지 사이버

대학 경찰학과 교수로서 학생들에게 프로파일링 범죄 수사를 가르치고 있다. 우리나라에서 프로파일러 활동 경력을 갖고 있는 사람이 워낙 소수이다 보니 현직에서 물러난 뒤 (사이코패스와 관련된 연쇄성) 강력사건이 발생하면 신문·방송 등 여러 매체에서 인터뷰와 자문 요청이 들어왔고, 그 과정에서 내가 우리나라 '1호 프로파일러'로 소개되곤 했다.

그런데 뜻밖에도 '1호 프로파일러'라는 호칭에 딴지를 거는 사람들이 나타났다. 경찰청에서 처음 '프로파일러' 호칭을 붙여 준 사람이 따로 있다는 문제 제기였다. 워낙 유치한 시비인 데다가 깊은 내용을 모르는 사람들의 말이니 그냥 무시하고 넘길 수도 있겠으나, 이는 개인에 대한 시비를 넘어 '프로파일러'의 정의와 역할, 제도 운영 등과도 관련이 있는 문제여서 짚고 넘어갈 필요가 있을 것 같다.

우선 강조하고 싶은 것은, 범죄심리학자 혹은 범죄심리 컨설턴트와 프로파일러는 분명히 다르다는 사실이다. 앞서 말했듯 프로파일러가 범죄심리 '수사관'이라면, 범죄심리학자는 수사관들이 가져다 준 파일을 분석하는 학자이다. 하는 일 자체가 전혀 다르다. 범죄심리 컨설턴트도 마찬가지다. 그들은 범죄심리 수사에 몇 가지 조언을 해주는 사람일 뿐 프로파일러는 아니다.

2000년 초반 우리나라에 프로파일링profiling 개념이 처음 들어올 당시에 그러한 차이를 적확하게 인지하지 못했기에 언론이나 경찰 내부에서조차 범죄심리를 바탕으로 특정 범죄를 분석하는 사람들을 뭉뚱그려 '프로파일러'라고 불렸고, 그중 몇몇 사람이 대중적으로 널리 이름을 알리고 활동하기도 했다. 그러다 보니 이에 편승하여 사이비들까지 얼렁뚱땅 프로파일러라는 명칭을 도용하는 등 혼란이 가중된 측면이 있다.

우리보다 앞서 프로파일러 제도를 운영하고 있는 미국 등 여러 나라들은 엄격한 기준에 따라, 곧 풍부한 실전 수사 경력이 있으며 동시에 관련 연구 경력을 갖고 있는 자격(주로 박사학위) 소지자에게만 '프로파일러' 호칭을 부여한다. 이러한 기준에 따른다면 나를 우리나라 '1호 프로파일러'라고 소개한다고 해서 크게 문제될 것은 없을 것이다.

경찰청에서 범죄심리 수사를 담당하는 사람에게 붙여 줄 명칭이 필요하다는 현실적 이유(그리고 당시 수사권 독립 문제로 수세에 몰린 경찰이 언론에 경찰의 수사 능력을 적극적으로 홍보하는 차원)에서 프로파일러로 불렸던 사람들은 현직 경찰 출신으로 분석 업무를 담당하는 정도였을 뿐 제대로 된 이론적 기반을 가진 사람은 전무했다. 국립과학수사연구원NFS에서 분석 업무를 담당했던 사람 역시 현장에서 직접 수사에 참여한 것이 아니라 기존의 사건 파일을 분석·정리하는 업무를 주로 했다.(유영철 사건을 다룬 영화 '추격자'에서 하정우를 면담하는 장면에 나왔던 바로 그 사람이다.)

물론 이론적 기반이 미약하다고 해서 그 성과가 적거나 무시될 것은 아니다. 그중 한 사람이 김 모 연구관으로, 이 분은 경찰 강력수사와 범죄심리학의 강력수사 적용, 그리고 초기 프로파일링 체계를 만드는 데 결정적인 공헌을 했다. 이 분의 성과는 경찰 과학수사 전문가들 사이에서 잘 알려져 있으며, '수사 연구' 관련 잡지에도 많이 기사화되었다. 이 분은 별다른 학문적 기반 없이 오직 독학으로 우리나라에서 발생한 거의 모든 강력사건(주로 살인사건)들을 (범죄심리학적, 수사학적으로) 체계적으로 정리했다. 그렇기에 우리나라 프로파일링 역사에서 제일 앞에 위치해야 한다고 인정받는 분이다. 그렇지만 이 분 역시 처음부터 현장에서 프로파일러로 일하면서 그 결과를 만들어 낸 것이 아니라, 본인이 강력 수사관 생활을 한 뒤 다양한 사건을 분석하고 정리한 것을 기반으로 결과를 만들어 냈으므로 일정한 한계를 갖고 있었다.

2004년 경찰에서 프로파일러를 공식 채용한 것은 바로 이 때문이다. 충실한 이론적 배경을 갖추고 실전에 투입되어 직접 수사할 수 있는 프로파일러가 필요했던 것이다. 그렇게 해서 처음 활동을 시작한 프로파일러가 바로 나와 나의 동기들이고, 이는 1기 프로파일러들의 가장 큰 자부심이기도 하다. 프로파일러 선발 당시 동기들 중 유일하게 박사학위를 가진 사람이 나였으니, 내가 한국 프로파일러들 중 제일 앞쪽에 서 있는 사람이라고 한들 문제될 것은 없을 것이다.(나와 함께 프로파일러의 길에 들어선 1기 동료들은 채용 당시 대부분 석사학위를 갖고 있었고, 지금은 대부분 범죄심리학 박사학위를 취득했다.)

무엇이 그리 맘에 들지 않아 유치하게 경력을 문제 삼는지 모르는 바 아니지만, 어쨌든 나는 앞으로도 '대한민국 1호 프로파일러'라는 호칭을 계속 쓸 것이다. 나와 함께 활동했던 1기 동기들에게 혹여 누가 되지 않을까 걱정스럽기도 하지만, 프로파일러의 개념을 바로잡고 현장에서 발로 뛰는 진정한 전문가가 누구인지 분명히 하여 일부 사이비들과 확실하게 구분짓기 위함이니 너그러이 이해해 줄 것이라 믿는다.

프로파일러 길로 이끈 '소박한 열정'

프로파일러가 무엇인지 설명하고 나면, 그 다음 가장 많이 받는 질문이 '어떻게' 프로파일러가 되었느냐는 것이다. 사실 나는 우연한 기회에 프로파일러의 길에 들어서게 되었다. 그래서 이런 질문을 받을 때마다 질문의 의도를 알면서도 종종 뜬금없는 답을 해 주곤 한다.

대학에서 화학을 공부하고 대학원에서 가족 생애사를 전공하여 사회학 박사학위를 받았으니 얼핏 경찰 혹은 범죄 수사와 전혀 동떨어져 보이는 경력을 갖고 있는 내가 프로파일러가 되기로 결심한 것은, 다름 아닌 '정의'를 찾기 위해서였다.

민주화운동이 불붙기 시작한 1987년 대학에 입학한 나는, 그 시대 학생들이 으레 그렇듯 학교 공부보다는 사회문제에 더 관심을 쏟았다. 집회에 참여하고 시위에도 나가고, 좀 더 나은 사회를 만드는 길을 찾고자 토론 모임에도 적극적으로 참석했다. 그때 내가 고민했던 문제는 '평등'과 '민주주의'였다. 불평등한 사회를 어떻게 하면 좀 더 평등한 세상으로 만들 수 있을까? 그 과정에서 민주주의는 어떻게 작용하는가?

대학을 졸업한 뒤 나의 학과 동기들은 대부분 전공을 살려 화학 관련 분야로 진출했지만, 나는 인류학·사회학 쪽으로 학문의 방향을 바꾸었다. 새로운 학문의 길로 나아가면서 후회스러운 순간도 있었고 무엇 하나 제대로 이루지 못할 거라는 불안에 괴로워한 적도 많았지만, 내가 할 수 있는 한 민주주의와 인권에 기여하는 길이라는 생각이 나를 지탱해 주었다.

시간이 흐르면서 나와 같은 생각을 가지고 함께 행동했던 동료들, 선후배들의 행로를 보며 종종 씁쓸한 기분을 느끼곤 했다. 많은 사람들이 초심을 잃지 않고 자신의 신념을 지키려고 애쓰면서 살아가지만, 그에 못지않게 많은 사람들이 자신이 맞서 싸운 바로 그 대상이 되어 있었다. 소외된 사람들의 편에 서겠다고 소리 높여 외치던 사람들이 어느새 스스로 권력자가 되어 있거나 그들의 앞잡이가 되어 있기도 하고, 겉으로는 민주주의의 수호자인 양 하지만 실제로는 민주주의에 역행하고 민주주의를 짓밟는 사람이 되어 있기도 했다. 정의로운 사회를 만들겠다는 같은 꿈을 꾸었지만, 그들이 말하는 정의는 이미 그들만의 정의가 되어 버린 듯했다. '386세대'가 기득권자라는 손가락질을 받고 비웃음의 대상이 된 것도 그 때문일 것이다.

나 역시 그런 손가락질에서 얼마나 자유로울 수 있을까?

가족 생애사를 전공한 사회학 박사인 내가 프로파일러가 되기로 결심한 것은, 나도 그들과 별반 다르지 않는 삶을 살게 될지 모른다는 두려움 때문이었는지도 모르겠다. 우연한 계기였지만 경찰이 될 생각은 꿈에도 해 보지 못했던 운동권 학생이 프로파일러의 길에 접어들기까지, 대학 초년생 때 가슴에 품었던 '민주주의'와 '인권' 그리고 '정의'의 문제가 나를 이끌었던 것이다.

"죽을 때 200명만 데리고 가고 싶다!"

2004년 프로파일러로 입직할 당시는 참여정권 중반기로, 한국의 민주주의가 많은 한계를 안고 있고 여러 진통을 겪고 있지만 어느 정도 자리를 잡고 궤도에 진입하는 과정이라고 평가받던 시기였다. 나뿐만 아니라 많은 사람들이 조금이나마 확대된 민주주의 속에서 불평등 문제도 해결해 나갈 수 있을 거라고 기대했다. 하지만 이런 생각이 매우 순진한 기대였음을 확인하기까지 그리 오랜 시간이 걸리지 않았다. 사회 불평등은 날이 갈수록 심화되었고, 정권이 바뀌면서 한국 사회의 민주주의는 모든 면에서 퇴보하여 그나마 이루었던 작은 성과도 급격히 사라져 버렸다. 그 과정에서 개인적으로는 연쇄 살인범을 쫓아야 할 시간에 과거의 망령을 피해 다녀야 하는 아이러니에 봉착했다.

　나름의 신념과 뚜렷한 목표를 갖고 들어선 길이지만, 프로파일러로 살아간다는 것이 녹록하지만은 않았다. 범죄자의 생각과 감정을 들여다보고 내 것으로 만드는 작업은 매우 고통스러운 일이었다. 살인자, 학대 가해자, 강간범, 방화범의 감정과 생각으로 살아야 하니 정상적인 삶이 가능하겠는가?

　한 언론 매체와의 인터뷰에서 마지막으로 꼭 하고 싶은 일이 무엇인지 묻기에, 할 수만 있다면 내가 죽을 때 극악무도한 범죄자 200여 명을 함께 데리고 가고 싶다고 답한 것은 그런 고통스런 감정 때문이었던 것 같다. 현직에 있을 때부터 친딸을 성폭행한 아버지, 연쇄 강간범, 재미로 사람을 살해한 살인범, 불을 지르고 사람이 타 죽는 것을 구경한 방화범, 의붓자식을 잔혹하게 학대한 계모 등 극악무도한 범죄자 목록을 정리해 두었는데, 비록 모두 법의 처벌을 받았지만 인간적으로 도저히 용서받기 어려운 이들이라는 생각이었다.

　하지만 다시 돌이켜 보니, 대학 초년생 시절 꿈꾸었던 사회정의는 범죄자 몇 명을 법의 심판대 위에 세우고 사회에서 격리시킨다고 해서 이룰 수 있는 것이 아니었다. 그로부터 많은 시간이 흘렀지만, 지금 우리 사회를 둘러보면 짓밟히는 사람은 여전히 짓밟히고 억울한 사람은 억울함을 풀기 어렵다. 비정규직이 넘쳐나고 탐욕스런 자본가들은 수천억, 수조 단위의 비리를 저지르면서도 이 사회에서 갑 행세를 하고 있다. 인권위원회, 노동청, 경찰서 앞에 가 보라. 억울함을 호소하며 피켓을 들고 시위하는 사람들이 줄을 잇지만, 기득권과 연결된 범죄 수사는 대부분 시간이 지나면서 묻혀 버리기 일쑤다.

사회정의 구현에 반드시 필요한 한 가지

모든 범죄 수사에서 정의 실현의 핵심 기제는 그 사회의 권력관계이다. 우리 사회에서 권력을 가진 자가 행한 범죄행위에 대한 심판은, 그 처리 과정이 지지부진하며 처리 방법 또한 교묘하고 난해하다. 유죄판결이 난다 해도 실형을 사는 경우는 드물고 벌금형이나 병보석, 형 집행정지 등으로 다 빠져나간다.

반면 권력이 없는 자가 행한 범죄행위에 대해서는 번갯불에 콩 구워 먹듯 일사천리로 처리하며 그 방법도 단순하고 가혹하다. 유죄판결을 받은 뒤 이들이 병보석이나 형 집행정지를 받아내는 것은 하늘의 별 따기다. 가난한 자의 자식들은 늘 교도소 담장을 걷고 있다. 가난을 대물림 받은 이들은 항상적인 (국가 혹은 사채업자의) 채무자로서 살아가게 된다.

세월호 침몰 사고도 같은 맥락이다. 세월호의 실질적 소유주로 지목되었던 유병언은 이 사회 지배자들이 부와 권력을 축적하는 전형을 보여 주었다. 우리 사회 재벌과 권력자들 중에 유병언을 욕할 수 있는 사람이 몇이나 될까? 종교를 이용했다는 점만 다를 뿐, 그의 삶의 궤적은 우리 사회 지배층의 불패신화의 축소판이나 다름없다. 유병언은 부를 축적하는 과정에서 앞길을 막는 사람이 있으면 자기 방식으로 제거했다.

유병언은 1987년 '오대양 집단 자살 사건'에 연루되어 구속 수감되었다가 출소한 뒤, 매우 빠른 시간 안에 재기에 성공했다.(법적으로 오대양 사건과의 관련성은 입증되지 않았다.) 온갖 돈과 인맥과 권력을 동원해 치부를 감추고, 법을 위반하는 일도 서슴지 않으며 부와 권력을 재생산했다. 우리 사회에서 정의를 책임지고 있다는 사법 집단이 그들 편에 서서 도왔다고 말한다 해도 반박하지 못할 것이다.

적절하게 통제되지 못하는 사법 집단은, 그 자체로 정의의 적이자 민주주의의 적이다. 정의를 실현하는 데 가장 필요한 것은 경찰이나 검찰이 아니라 민주주의이다. 정의로운 사회는 민주주의가 실현되는 사회이다. 범죄는 개인의 속성에 의해 발생하기도 하지만, 그보다 더 핵심적인 범죄 발생 기제는 사회다. 민주주의가 실현된 사회일수록 범죄율이 낮다. 이는 부정할 수 없는 사실이다.

사회적 맥락 속에서만 범죄를 본질적으로 해결할 수 있다는 것! 범죄 전문가인 프로파일러로서 살아가는 내가 민주주의의 신봉자가 될 수밖에 없는 이유다.

프로파일러는 스토리텔러다

저명한 사회심리학자 필립 짐바르도Philip Zimbardo의 책《루시퍼 이펙트The Lucifer Effect》는 '무엇이 선량한 사람을 악인으로 만드는가?'라는 난해한 의문을 다루고 있다. 짐바르도의 이 질문은, 아직도 우리 기억에 선명하게 남아 있는 이라크 '아부 그라이브' 교도소 사건과, 2015년 현재도 미군이 운영하고 있는 쿠바 '관타나모' 수용소의 인권침해와도 밀접하게 연결된다.

집에서는 착한 딸이자 선량한 시민인 20대 초반의 미군 여성이, 아부 그라이브 교도소에 수용된 이라크인 포로를 더없이 잔인하게 고문(성적인 고문을 포함하여)하고 천연덕스럽게 활짝 웃으며 찍은 한 장의 '셀카' 사진은, 인간과 인간성 그리고 범죄의 본질이 무엇인지 깊이 고민하게 만든다.

짐바르도는《루시퍼 이펙트》에서 1971년 8월 자신이 수행했던 '스탠포드 교도소 실험'을 전면 공개하고 세밀하게 분석했다. 짐바르도가 창안한 이 실험은 당시 사회적으로 큰 파장을 일으키며 많은 사람들에게 충격을 안겨 주었고, 2001년과 2010년 두 번에 걸쳐 영화(〈엑스페리먼트Experiment〉)로 만들어지기도 했다. 2주 동안 진행될 예정이었던 실험을 6일 만에 끝내야 했을 정도로 실험에 참가한 사람들은 실로 놀라울 정도의 잔혹함을 드러냈고, 이는 범죄학자는 물론이고 일반 대중들에게 '악마적 인간', '선악의 기준' 등에 대한 심각한 고민을 던졌다.

'스탠포드 교도소 실험'의 구조는 매우 간단하다. 무작위로 선발한 24명의 '보통 사람'을 특별한 기준 없이 두 무리로 나눈 다음, 외부와 격리된 공간에 가두고 한 무리에게는 교도관 역할을, 또 다른 무리에게는 죄수 역할을 주었다. 두 무리를 구성하는 개인들은 처음에는 장난스럽게 서로를 대하는 등 부자연스럽게 역할을 수행했다. 그렇게 단순한 역할 놀이 정도로 끝날 것 같았던 실험은, 이틀 정도의 시간이 흐른 뒤 특별한 변인變因 없이 전혀 다른 양상으로 전개되었다.

어느 누구도 피실험자들에게 지시나 유도·명령을 내리지 않았지만, 피실험자들은 스스로 자신이 맡은 역할에 빠져들었다. 놀라운 것은 그 몰입의 시간과 방법이었다. 마치 이전에 그 일을 해 본 것처럼 각 개인은 누가 가르쳐 주지 않았는데도 스스로 매우 빠른 시간 안에, 매우 적합한 방식을 찾아 충실한 교도관과 죄수가 되었다.

교도관 역할을 맡은 한 대학생은 자기보다 덩치가 큰 죄수에게 린치를 가하고, 다른 교도관 역할 담당자와 협력하여 육체적인 고문까지 서슴없이 자행했다. 시간이 지날수록 교도관 역할을 맡은 사람들은 실제 교도관보다 더 교도관답게(?) 변했다. 죄수들도 마찬가지였다. 처음에는 교도관을 똑바로 쳐다보면서 말을 했지만, 시간이 지날수록 똑바로 쳐다보기는커녕 항상 눈을 아래로 깔고 존댓말을 쓰며 실제 죄수처럼 변해 갔다. 시간이 흐를수록 두 집단은 고유의 정체성을 형성했으며, 폭력의 수위가 높아져 6일 만에 실험을 중단하게 되었다.

짐바르도의 실험은 그때까지 범죄 원인의 다양한 요소를 두고 갑론을박하던 사회학자·심리학자·범죄학자들을 단번에 KO시킬 만큼 대단히 충격적이었다. 이 실험은 이전까지 학자들이 집중했던 범죄의 생물학적 요인이나 심리학적 요인 등과 무관하게, 모든 인간은 특정 상황에 놓이면 충실한 역할(행위)자가 된다는 것을 보여 주었다. 특별한 누군가가 '범죄자' 혹은 '악인'이 되는 것이 아니라, 특정한 상황에 처하게 되면 모든 사람이 다 '범죄자' 혹은 '악인'이 될 수 있다! 이는 인간을 이해하는 본질주의적 관점에 대한 부정이자, 인간의 자질이 경험과 실천을 통해 형성되며 상황에 따라 모든 인간이 사회적으로 규정된 '나쁜 짓'을 할 수 있다는 점진주의적 관점을 뒷받침하는 경험적 증거였다.

점바르도의 연구로 인해, 개인의 생물학적·심리학적 요인을 중심으로 범죄행위를 설명하거나, 범죄적 인물과 그렇지 않은 인물을 명확히 구분하는 관점은 혼란에 휩싸이게 되었다. 지극히 평범한 사람이 잔인하고 폭력적인 범죄자가 되는 이유는? 고등교육을 받고 합리적인 이성을 가진 사람이 교육 받지 못한 사람보다 더 폭력적인 범죄자가 되는 이유는?

모든 범죄에는 이야기가 있다

'범죄도 인간 삶의 한 양식'이라는 관점은 '범죄행동과학자'인 프로파일러에게 가장 중요한 명제 중 하나다. 범죄란 특별한 누군가가 저지르는 것이 아니라 보통 사람 누구나 할 수 있는 행동이라는 것, 다만 그 사람이 범죄 행동을 하게 된 요인이 무엇이며 그중에서 무엇이 심리적·문화적으로 뚜렷한 행동의 결과를 야기하는지 밝히는 것, 그것이 프로파일러의 역할이다.

프로파일러는 범죄 현장을 한 번 둘러보고 단번에 범인을 지목할 것 같지만, 실제로는 그렇지 않다. 이것은 프로파일러 개인의 능력 문제가 아니라, 범죄를 바라보는 근본적인 관점의 문제이다. 다양한 속성을 가진 개인이 특정한 상황에 처하게 되면 개인의 속성과는 일정 정도 무관하게 범죄적인 행동을 할 수 있다.(물론 경우에 따라서는 개인의 속성이 뚜렷하게 범죄행위(현장)에 각인되기도 한다.)

따라서 범죄자 개인의 속성을 '특정'하는 방향이 수사의 중심에 놓이게 되면, 오히려 정확한 범죄자 개인의 속성을 파악하기 어려울 수 있다. 다시 말해 '범죄 행동'은 개인의 속성에서 발생하기도 하지만 많은 경우 사회적 상황과 맥락의 산물이며, 누구나 범죄자가 될 수 있기에 모든 범죄와 범죄 현장을 개인 속성에 따른 범죄행위로부터 추론하는 것은 큰 오류를 낳을 수 있다. 범죄자가 단지 몇 가지 유전병이나 생물학적 기질, 심리적인 이유 때문에 범죄 행동을 하는 경우는 매우 드물다.

우리나라는 우리만의 학문적 특수성으로 인하여 범죄심리학적 기반을 가진 사람이 프로파일러의 다수를 차지하고 있지만, 사실 프로파일러에게 필요한 것은 심리학적 기반보다는 범죄학적 기반이다. 또한 범죄 행동을 이해하는 데 가장 중요한 것은 범죄 속에 내재된 '스토리story', 곧 '이야기'를 이해하는 것이다. 그래서 뛰어난 프로파일러는 곧 '창의적인 스토리텔러'이다.

사람의 삶과 죽음에 모두 사연이 있듯이, 모든 사건에는 '이야기'가 있다. 그래서 모든 범죄 현장은 단순하지 않다. 그 이야기 안에는 범죄와 관련된 사람의 개인적 속성뿐 아니라 구체적인 상황에서 어떻게 범죄자가 만들어지는지, 범죄 자체가 어떻게 사회적으로 구성되는지, 범죄를 사회(국가) 통제의 수단으로 작용하게 만드는 기제가 무엇인지 등 다양한 내용이 포함된다.

유사한 유형의 사건은 그에 따른 스토리도 유사하다. 예컨대 범죄의 목적이 재물, 치정, 원한 등에 가까울 때는 비교적 스토리가 단순하면서 사건의 규모가 크다. 그래서 뚜렷한 윤곽을 찾기 힘들다. 스토리는 단순한데 규모가 크니까 전체를 파악하는 것이 쉽지 않은 것이다. 따라서 이런 종류의 사건은 주로 '돈'이나 '관계'의 흐름을 찾는 것이 중요하다. 즉, 물적 증거를 따라가야 규모에 가려진 단순한 스토리를 찾아낼 수 있다.

그에 비해 범죄의 목적이 심리적인 것, 즉 반사회적 인격장애, 분노, 폭력 등과 관련될 때는 스토리가 복잡한 반면 사건의 규모는 작은 경우가 많다. 따라서 스토리가 복잡하더라도 비교적 쉽게 윤곽을 파악할 수 있다. 이런 종류의 사건은 '행동'을 따라가야 한다. 즉, 행동 증거를 찾아야 한다. 현장에 있는(보이는) 것보다는 없는(보이지 않는) 것이 더 중요할 수 있으며, '현장'이라는 것도 시공간적으로 확정하기 힘든 경우가 많다.

여기서 말하는 '이야기'는 해당 범죄를 둘러싼 개인의 스토리 즉 '생애사life-history'로서, 주요하게는 개인이 해당 사건과 관련된 방식을 의미한다. 그렇기 때문에 전자보다는 후자의 경우에 그 스토리를 파악하는 것이 좀 더 중요하다. 전자의 경우 범죄와의 관련성이 범죄자 자신보다는 그 이외의 요소와 관련되었을 가능성이 높지만, 후자의 경우 범죄자 자신의 내면적인 문제와 관련되었을 가능성이 높기 때문이다.

2004년부터 2007년까지 구로 · 신도림 지역 사람들을 공포에 떨게 만든 일명 '구로 신도림 발바리 사건'의 범인을 보자.

연쇄 강간범 발바리 J는 대도시 지역 중산층 출신의 남성이었다. 그의 성장 과정을 보면 평범한 외모에 성격이 온순하고 학교 성적도 보통이어서 학창 시절 선생님들에게 지적받은 일이 거의 없었다고 한다. 하지만 J의 가정사는 그리 순탄하지 않았다. J의 어머니는 J가 초등학교 때 다른 남자와 춤바람이 나서 가출했다가 친정 부모의 강압에 못 이겨 다시 집으로 돌아왔다. J의 아버지는 부모와 처가의 설득으로 아내를 용서하고 받아들였다. 1년 정도 그럭저럭 잘 사는가 싶더니 J의 아버지는 다시 과음을 하고 그때마다 바람났던 아내에게 폭력을 행사했다. 결국 J의 어머니는 집을 나가 소식을 끊고 미국으로 이민을 가 버렸다.

아버지와 단 둘이 살게 된 J는 아버지의 술주정과 폭력을 고스란히 감내해야 했다. J는 고등학교를 졸업하자마자 미련 없이 아버지 집을 나와서 군대를 마친 후 지독하게 돈을 벌어 작은 배달 음식점을 차렸다. J는 가게 점원으로 일할 당시 그를 좋게 본 사장의 소개로 여자를 만나 가정을 꾸리고 아이까지 낳았다. 이웃들은 젊은 부부가 착실하고 주변 사람들에게도 잘한다며 J부부를 좋게 보았다고 한다.

J의 스토리를 보면, 어려서는 평범한 아이였으나 불우한 가정환경 속에서 심각한 '외상 후 스트레스 장애'를 갖게 되었음을 알 수 있다. 아버지의 폭력과 학대의 영향이 컸겠지만, J의 이후 행동을 보면 그보다는 오히려 어머니의 부재가 더 큰 영향을 미쳤던 것 같다. 이는 과도한 폭력을 행사하는 거부할 수 없는 '절대자'(아버지)에게 복종하면서, 동시에 그 상황을 유발시킨 원인을 어머니에게 돌리는 아버지의 논리에 일정 정도 세뇌당한 결과로 보인다.

미국 연쇄(살인 · 강간) 범죄자들의 가족사를 분석한 결과를 보면, 그들 역시 불우한 가족사가 있고, 특히 '주정뱅이 폭력 행사자인 아버지와 폭력의 피해자인 어머니'라는 가족 형태를 보이는 사례가 많다. 이런 경우 폭력을 행사한 아버지에게 복수를 할 것 같지만, 오히려 피해자인 어머니와 유사한 여성들을 공격의 대상으로 삼는 경우가 많다. 거부할 수 없는 절대자와 그에게 속수무책으로 당하는 보잘것없는 자신의 모습을 보면서, 자신의 모습이 투영된 어머니 혹은 젊은 여성을 공격함으로써 스스로 폭력적인 아버지와 동일시하여 초라한 자아에서 벗어나는 메커니즘이다.

더욱이 어머니가 전업주부일 때보다 직업을 가진 경우 상황을 더욱 심각하게 받아들여, 외부에서 일상적으로 다른 남자를 만나는 '일하는 젊은 여성'에 대해 부정적인 이미지를 갖게 되고, 나아가 '바깥에 나간 더러운 여성'의 대명사인 사창가 여성들에게 매우 잔혹하게 범죄를 자행한다.

발바리 J는 외상 후 스트레스 장애로 인해 여성을 공격하는 전형적인 사례로서, 아버지에게 받은 학대와 불우한 어린 시절의 기억을 어머니의 모습이 투영된 특정한 여성에게 폭력을 가함으로써 해소하려 한 것으로 보인다.

그런데 이처럼 한 가족의 가족사를 재구성할 때 유의할 것이 있다. 'J의 어머니가 춤바람이 났다'는 것은 J 혹은 J 아버지의 기억일 뿐이라는 것이다. 실제 그런 일이 있었는지 또 그 원인이 전적으로 어머니에게 있었는지는 알 수 없다. 사람 사이의 관계, 특히 가족(부부) 관계는 상호작용이지 어느 일방의 결과인 경우는 매우 드물다. J의 사례에서도 확실한 것은 '아버지의 폭력'과 '어머니의 부재' 정도이다.

범죄 행동의 계기를 찾아라

발바리 J의 사례처럼, 우리나라는 사회적 특성상 개인의 생애사가 곧 '가족 생애사family life-history'인 경우가 대단히 많다. 가족 문제가 성장기 아이에게 투영되었을 가능성을 포함하여, 가족의 문제가 곧 아이의 문제였을 가능성까지 그 스펙트럼이 다양하다.

통상 범죄를 일으키는 몇 가지 요인 중에 그로 인해 그 결과가 뚜렷하게 반복되는 경우를 '연쇄 범죄'라고 정의하는데, 이러한 '연쇄적 serial' 경향은 개인의 스토리에서 형성된 핵심 명제가 사회적 방향으로 해결되지 못한 상태에서 반복되는 것으로 볼 수 있다.[¶] 연쇄 범죄는 해결되지 못한 명제가 반복되는 것이므로 행동의 결과물에 그 이유가 뚜렷하게 나타나며, 따라서 범죄 현장이나 시체·도구·환경 등을 분석하면 해당 범인의 문화적·심리적·사회적 행동 특징을 어느 정도는 추정할 수 있다. 범인의 행동 특징 속에 범인의 과거 기억과 습관이 녹아 있기 때문이다. 이처럼 범인의 행동 특징을 추정하는 작업이 바로 '프로파일링'이다.

물론 어린 시절 학대받은 아이들이 모두 J처럼 성장해서 연쇄 범죄자가 되는 것은 아니다. 그렇게 단순하지 않기 때문에 '가족 생애사'의 재구성이 필요하다. 해당 범죄자가 어떤 이유로 동기화되었고, 어떤 계기에 따라 범죄 행동이 활성화되었는지를 찾는 것이 가족 생애사 재구성의 목적이다.

전자의 개연성을 찾는 것은 비교적 쉽지만, 어떤 계기가 내부의 동기를 활성화시켰는지를 찾는 것은 고도의 분석 능력이 필요한 작업

[¶] 연쇄 범죄자 중에서 약 20퍼센트 정도는 생물(유전)학적인 요인 때문이라는 보고도 있다. 즉, 특정한 폭력 지향적 유전자 혹은 물질의 작용으로 인해 특정 자극에 민감하게 반응하여 과도한 폭력을 행사한다는 것이다. 그러나 그 상세한 메커니즘은 아직 밝혀지지 않았고, 개연성에 대한 연구가 활발하게 이루어지고 있다.

이다. 누구든 J의 인생사를 들어보면 그런 범행을 저지를 개연성이 충분하다고 생각할 것이다. 그러나 그와 비슷한 인생을 산 사람이 모두 범죄자가 되는 것은 아니므로, 결국 J의 가족사에서 그 계기를 찾아내야 하는 것이다.

발바리 J처럼 정신적 상처와 장애를 가진 사람뿐만 아니라 모든 사람의 인생 스토리가 몇 개의 핵심 명제로 구성된다. 그리고 사람들의 인생 스토리를 구성하는 핵심 명제는 대부분 문화적 · 사회적 · 심리적 · 역사적으로 일정한 틀을 공유하며, 그 틀을 중심으로 지속적으로 재구성된다. 이 과정에서 삶의 맥락이 형성되는데 바로 그 지점, 곧 외부의 사물(물질) · 환경과 접촉하면서 삶의 맥락이 재구성 · 재해석되는 바로 그 지점에서 범죄 행동의 계기를 포착할 수 있다. 이러한 계기를 포착하는 작업이 중요한 이유는, 그것이 특정 상황에서 '행동'을 선택하는 지점이기 때문이다. 그것을 찾는 것이 바로 프로파일러의 역할이다.

모든 행동에는 '이유'가 있다

'프로파일링'은 행동 증거를 분석하는 수사 방식이다. 여기에서 '행동'이란 상황, 맥락(주어진 조건)이라는 제한된 시공간 속에서 나타나는 인간 개인의 행위 양태(선택)를 의미하며, 그러한 행동을 이해하는 데에는 사회학·심리학·문화인류학·생물학·의학·통계학·경영학·군사학 등 다양한 학문적 지식이 동원된다.

'그냥' 하는 행동은 없다

한번 상상해 보자. 어떤 사람이 아무 목적도 기약도 없이 길을 나섰다. 길을 걷던 그 사람 앞에 네 갈래 길이 나타났다면? 그는 분명 네 가지 길 중 하나를 선택할 것이다. 그는 왜 그 길을 선택했을까? 처음에는 아무런 목적이 없었지만 걷다 보니 여러 가지 이유로 뚜렷한 목적지를 정했을 수도 있고, 어쩌면 아무 이유 없이 '그냥 내키는 대로' 골랐을 수도 있다. 전자의 경우라면 목적지를 고른 의도를 파악해 보면 될 것이다. 후자의 경우처럼 '그냥' 선택했다고 하더라도, 이 또한 아무런 이유가 없는 선택은 아니다. 본인은 인지하지 못하지만 평소 어려운 선택을 할 때 첫 번째 선택지를 고르는 습관을 가졌을 수도 있고, 평소 숫자 '3'을 좋아해서 세 번째를 선택할 수도 있다. 이렇듯 선택에는 본인이 인지하든 그렇지 않든 간에 분명한 '이유'가 있다.

프로파일링은 그러한 이유(의도)를 파악하는 작업이다. 행동의 이유를 파악하는 데 중요한 것은 '관찰'과 '유형화'이다. 행동 혹은 행동의 결과를 관찰함으로써 행위자가 갖는 적합한 경우의 수를 추정하고, 가능한 추정치를 일반적인 조건과 그 외 다양한 조건 속에서 비교·대조하여 그 추정들 중에서 최적의 선택 가능성을 찾는다.

인간은 살아가면서 수많은 '다양한' 행동을 한다. 그런데 '인간이 다양한 행동을 한다'는 명제는 '다양한 환경 속에서'라는 전제 안에서 성립 가능하다. 환경 요인을 제외하면 사실 인간은 매 순간 이전과 절대적으로 완전히 다른 행동을 하지 못한다. 이것이 바로 '문화'이다. 인간은 '문화화'된 존재이며 문화 속에서 살기 때문에 인간 행동의 변이는 상당 부분 제한적이다.

개인은 문화적·사회적으로 특정하게 분류된 행동 양식을 지속적으로 반복하면서 살아간다. 그런데 인간은 왜 스스로를 다양한 행동을 하는 창조적인 '존재' 혹은 '집단'이라고 생각하는 것일까? '역사', '인류' 등과 같은 개별 인간이 경험하지 못하는 차원에서 축적된 지식을 간접 체험(추체험)하기 때문이다. 이를 통해 인간은 생각과 마음을 가진 존재로서 스스로를 인지하고 규정할 때 나름의 의미를 부여하는 것일 뿐, 실제는 그렇지 않은 경우가 많다.¶

프로파일러가 과거의 기억에 집중하는 것도 인간의 현재 행동이 과거 경험했고 습관화된 것의 결과물이기 때문이다. 프로파일러는 한 인간이 가지고 있을 가능성 높은 습관과 기억을 재구성해서 과거

¶ 이것이 '인간행동과학human behavioral science'이다. 인간행동과학은 파블로프Ivan Pavlov나 스키너Burrhus F Skinner 등의 행동주의 심리학과는 차원이 다르다. 행동주의 심리학의 '조건화'뿐 아니라 사회 학습까지 포괄하며, 그런 면에서 문화인류학에 가깝다. 일찍이 영국과 미국의 문화(사회)인류학자들은 식민지 혹은 신식민지 지배와 관련하여, 지구상에 존재하는 다양한 소수(다수)집단, 곧 부족·종족·민족 등에 대한 기초 자료를 방대하게 집대성하고 주기적으로 보완·수정해 왔다. 그 자료들은 횡단적 자료는 물론이거니와 종단적인 자료를 모두 포함하고 있다. 대표적인 데이터베이스가 미국의 HRAFHuman Relation Area Files와 SCCSStandard Cross-Cultural Samples이다. 물론 현대사회는 매우 다양한 외부 환경(조건)을 가지며, 그에 적응하는 인간의 반응 속도도 빨라지고 과거의 습관과 기억을 벗어나는 행동을 할 가능성이 더 높아지고 있다. 그렇기에 좀 더 신중하게 많은 요인들을 찾아내는 노력이 요구된다.

와 현재, 미래의 행동을 예측하는 사람이다. 범죄 행동 분석가로서 프로파일러는 그가 선택한 범행 수단, 공격 부위, 공격 시점, 범행 장소 등을 통해 범죄행위자를 좀 더 입체적이고 생생하게 재구성한다.

혼자 생각할 시간을 주지 말라

보통 수사 면담은 4시간에서 길면 8시간 정도 진행되는데, 프로파일러는 그 시간 안에 면담 대상자의 스토리와 명제, 맥락, 계기 등을 파악해야 한다. 노련한 점쟁이들을 보면, 점을 보러 온 사람과 몇 마디 이야기를 나누는 동안 재빨리 그 사람의 스토리를 파악한다. 대상자의 표정과 행동, 말 속에 많은 정보가 담겨 있기 때문이다. 그런 면에서 노련한 점쟁이는 뛰어난 행동 분석가이자 프로파일러라고 할 수 있다.

2008년 여름, 30대 남성이 70대 친모의 머리를 망치로 가격하여 사망에 이르게 한 사건이 일어났다. 범인과 면담을 통해 그의 행동을 재구성해 보니 이 잔인하고 참혹한 존속살인 사건의 배경에 참으로 불행한 가족사가 있음을 알 수 있었다.

범인의 친모는 한국전쟁 중 남편과 함께 월남하였는데, 월남 후 남편이 조강지처를 버리고 다른 여자와 딴 살림을 차렸다. 전쟁 직후 홀로 생계를 책임져야 했던 어머니는 아들의 얼굴을 볼 때마다 자신을 버린 남편이 떠올라 아들을 학대했다. 음식 장사를 했던 어머니는 손에 쥐고 있던 주방 기구로 아들의 얼굴을 때리면서 남편 욕을 했다. 그것이 어머니와 아들의 일상이었다. 어머니는 아들을 식당에서 머슴처럼 부렸다. 음식 장사로 돈을 번 뒤, 그것을 밑천으로 '달러 장사'를 시작하여 더 큰 돈을 벌게 된 이후에도 아들은 머슴 처지에서 벗어나지 못했고, 늘 화풀이와 학대의 대상이 되었다.

이렇게 굳어진 두 사람의 관계는 아들이 결혼을 하면서 변화를 겪게 된다. 어머니는 아들을 머슴처럼 부리면서도 아들이 결혼할 때 한 푼도 도와주지 않았다. 아들은 자기 가족을 꾸리면서 자신의 처지를 객관적으로 인식하기 시작했다. 그래서 늘 언제나처럼 동일한 방법으로 자신을 학대하는 친모에게 거의 순간적으로 범행을 저지른 것이다. 범행은 순식간에 이루어졌지만, 사실 아들의 머릿속에는 오랜 세월 동안 어떤 수단으로 어떻게 어머니를 공격할 것인지 이미 프로그램화되어 있었을 것이다. 다만, 촉발 시점이 문제였을 뿐. 아들은 처음에는 진술을 거부하다가, 두 시간 만에 자신의 이야기를 모두 털어놓았다.

대부분의 용의자들은 프로파일러가 방으로 들어오는 순간 위축이 되지만, 지나칠 정도로 태연하고 여유로운 사람도 있다. 경찰과 마주한 경험이 많기 때문이다. 2005년 자신의 전처와 장모를 살해한 것을 시작으로 7명을 살해하고 암매장한 연쇄살인범 강호순과, 2003년부터 불과 1년 사이 21명의 사람을 살해한 유영철은 평온해 보일 정도로 불안한 기색이 전혀 없었다.

이런 용의자들은 프로파일러를 만나기 전 이미 자신의 범행을 숨기고 속이려고 각오를 한 상태이기 때문에, 사건에 대한 자신만의 방어 논리를 세우고 있어 아무리 능숙한 프로파일러라도 그들에게 자백을 이끌어 내기가 쉽지 않다. 강호순 같은 사이코패스형 범죄자의 경우, 범행 방식을 통해 범행 당시의 심리를 추측할 뿐이다. 예컨대 강호순이 시신을 처리한 방식은 '매장형', 그중에서도 '얕은 매장형'이다. 사람이 죽으면 깊게 무덤을 파서 묻어 주는 게 우리의 풍습인데, 강호순은 살인을 저지른 후 시신을 아주 얕게 묻음으로써 시신을 모욕한 것이다. 이런 특징들도 프로파일러에게는 큰 의미가 있다.

프로파일러들은 피해자가 죽은 곳에 누워도 보고, 범인처럼 행동해 보기도 한다. 그러다 보니 수많은 고질병을 '훈장'처럼 달고 산다. 한동안 나를 괴롭힌 질병은 방광염이었다. 용의자와 수시간 넘게 면담하는 중에는 소변이 마려워도 화장실을 다녀올 수 없기 때문이다. 화장실을 다녀오는 사이 용의자가 혼자 생각할 시간을 갖게 되면, 자신이 한 진술의 허점을 스스로 발견하고 혐의를 모면하고자 수정할 것을 우려해서다.

한번은 면담을 진행할 때 상관에게 전화가 와서 잠시 방에서 나가 전화를 받고 돌아왔더니 용의자의 표정이 달라져 있었다. 그 잠깐 사이에 자기가 한 말을 생각해 보고 해서는 안 될 말을 한 걸 깨달은 것이다. 그렇게 되면 면담은 처음부터 다시 시작할 수밖에 없다. 몇 시간 동안의 노력이 모두 무용지물이 되어 버린 것이다.

　아무리 잔인한 연쇄살인범이라도 대부분 '아픈 과거'가 존재한다. 이 때문에 프로파일러들은 면담 과정에서 용의자에게 '연민'을 느끼기도 한다. 그 범행이 아무리 엽기적이고 잔인하다 하더라도 불쌍하다는 생각을 하게 되는 경우가 있다. 그들을 동정하거나 연민을 느끼지 않으려 해도 사람을 대하는 일이다 보니 불쌍하다는 생각이 들 때가 있다. 하지만 그것은 어디까지나 그 사람의 사연일 뿐 잘못이 지워지는 건 아니다.

제2장

수사는
시스템이다

나의 프로파일링 실패기

수사는 일종의 '과제 수행 게임'과 같다. 첫 단계에서 과학적이고 합리적인 결론을 얻지 못하면 다음 단계로 넘어갈 수 없다. 우선 범죄현장을 재구성하여 용의자를 추정하고 과학적 추론으로 용의자를 한 사람씩 배제하는 과정이 이루어져야 한다. '막연한 가정'은 반드시 '수사 실패'로 귀결된다. 이때 과학적 추론을 뒷받침하는 것이 '물적 증거'다. '현장 중심의 물적 증거CSI : Crime Scene Investigation'가 중요한 이유다.

 살인, 절도, 강도, 방화, 성범죄를 막론하고 어떤 범죄든 현장에서 수집한 물적 증거만큼 분명한 과학적 기준을 제공해 주는 것은 없다. 단, 그 물적 증거가 최적의 상태에서, 최적의 방법으로, 최적의 기간 안에 분석되었을 경우에 그러하다. 따라서 적절한 시간 안에,

적절한 범위의 물적 증거를 확보하는 것이 중요한데, 현실은 그렇게 녹록하지 않다.

모든 사건에 최고의 기술과 비용을 투입할 수 있다면 좋겠지만, 수사는 현실이기 때문에 기술(시간)의 한계와 비용의 한계를 안고 있다. 영구 미제 사건으로 남은 '화성 연쇄살인 사건'의 경우처럼 용의자의 정액 샘플은 확보했지만 DNA 분석 기술이 본격적으로 도입되기 전이어서 (외국에 DNA 분석을 의뢰했으나 결과를 얻지 못했다.) 범인을 특정하지 못할 수도 있고, 다른 종류의 증거를 확보한다고 해도 그것을 분석하는 데 막대한 비용이 들어 결과적으로 그 증거가 무용지물이 되기도 한다.

그래서 차선책으로 채택하는 것이 '행동 증거'다. 물적 증거가 완벽하게 확보되기 어려울 때에는 행동 증거를 통해 수사를 진행해야 하며, 그래서 프로파일러의 역할이 중요하다.

택시 기사가 범인일 거라는 막연한 가정

초동수사, 곧 수사 초기의 사건 범위 설정에서의 잘못된 판단과 사소한 실수, 막연한 가정이 얼마나 위험한 결과로 이어질 수 있는지를 잘 보여 주는 사례가 2013년 '대구 여대생 살인 사건'이다.

2013년 5월 25일 오후 5시경 대구에 사는 여대생(22세)이 가족에게

"아는 언니와 술을 마시고 들어가겠다."는 문자를 보낸 뒤 실종되었다. 이 여대생은 이튿날(5월 26일) 오전 경주의 한 저수지에서 변사체로 발견되었다. 범인은 6월 1일 경찰에 체포되었는데, 성범죄 전력이 있어 '성범죄자 알림e 사이트'에 등록되어 있는 공익 근무 요원이었다.

사건의 경과는 이러하다. 피해 여성은 5월 25일 아르바이트를 마치고 대구 시내 번화가인 동성로 소재 심야 술집에서 여자 친구 2명과 술을 마시던 중 범인과 또 다른 남자 1명과 합석하게 되었다. 새벽 4시경 술에 취한 피해자가 혼자 택시를 타고 귀가하자 범인은 피해자를 쫓아가 택시에 탑승하여 남자 친구 행세를 하며 피해자를 데리고 내렸다. 범인은 피해자를 끌고 모텔로 갔으나 방을 구하지 못하자 자신의 원룸으로 끌고 가서 성폭행한 뒤 살해하고 그날 새벽 사체를 경주 인근(KTX 경주역) 저수지에 유기하였다.

사건 경과만 보면 복잡할 것 없는 단순한(?) 사건이었다. 젊은 여성이 무참히 살해되고 그 시신이 참혹하게 유기된 사건을 '단순하다'고 말한 것은, 사건의 무게가 가볍다는 의미가 아니다. 어디까지나 범죄 수사 차원에서 '단순하다'는 뜻이다. 피해자의 신원이 분명하고 사체 유기 현장이 명확하며, 앞뒤 맥락에서 막히는 부분이 많지 않다는 점에서 그리 난해한 사건은 아니었다. 그러나 경찰이 엉뚱하게 택시 운전기사를 범행 용의자로 지목하면서, 수사가 갈팡질팡 길을 잃고 자칫 미궁에 빠질 뻔하였다.

나는 SBS의 시사교양 프로그램 〈궁금한 이야기 Y〉의 자문을 맡아 취재에 동행하면서 이 사건의 수사 과정을 현장에서 지켜볼 수 있었다. 내가 담당 작가의 자문 요청을 받은 것은, 사건 발생 5일 뒤인 5월 30일 경찰 수사가 혼선을 빚고 있는 와중이었다. 나는 다음 날 취재팀과 함께 곧바로 대구로 향했다. 취재팀과 함께 가장 먼저 찾은 곳은 피해자를 태웠을 것으로 추정되는 택시 기사가 근무하는 대구 시내 A택시 차고지였다. 그곳에서 담당 PD에게 전해들은 수사 진행 상황에 따르면, 경찰은 피해 여성이 마지막 목격된 장소부터 사체 발견 장소로 연결되는 CCTV를 분석하고 피해자를 마지막으로 태운 택시 기사를 수배하고 있다고 했다.

목격자 진술의 신뢰도는 51퍼센트

담당 PD의 설명을 듣고 나는 가장 먼저 피해자가 실종되기 직전 마지막까지 함께 있었던 사람들을 주목했다. 피해자와 피해자 주변 사람의 행적을 수사하는 것은 강력 범죄 수사의 기초다. 우선 피해자의 신원을 파악한 뒤, 피해자의 행적을 재구성하면서 그 과정에서 범죄 용의점을 추출하는 작업이 이루어져야 한다. 피해자와 그 주변인의 행적을 살펴보면 일상적인 것과 특이한 것이 나타나기 마련인데, 일상적인 행적을 재구성해 보면 자연스럽게 특이 행적이 드러난다.

이 사건에서도 피해자의 당일 행적, 즉 아르바이트를 마치고 친구들과 술을 한잔 한 것, 그 술자리에 평소와 달리 면식이 없는 이들이 동석한 것, 술자리 후 택시를 탄 것까지의 행적이 기본 수사 대상이 되어야 했다.

그래서 마지막 순간 피해자와 함께 있었던 사람들의 행적을 확인하려 했는데, 이 지점에서 그만 첫 번째 실수를 저지르고 말았다. 즉, 처음 진술을 받은 형사들에게서 나온 피해자 친구들의 진술을 그대로 믿고 다음 분석을 진행하는 우를 범한 것이다. 원칙적으로 모든 사건에서 목격자 진술은 51퍼센트만 신뢰해야 한다. 그들은 표면적으로는 목격자이지만 사건에 따라 범죄 용의점을 가질 수도 있기 때문이다. 또한 같은 맥락에서 목격자들은 사실에 입각하여 진술하기보다는 자기 자신을 변호하기 위해 정확하지 않은 진술을 할 가능성도 있다.

이 사건의 경우 피해자 친구들은 본인들도 취하고 몹시 피곤한 상태였으며, 동이 터 오는 시간이기는 하지만 늦은 시간에 술에 취한 친구를 혼자 택시에 태워 보내는 실수 아닌 실수를 함으로써 친구를 참혹한 죽음에 이르게 했다는 일말의 책임감을 느끼고 있었을 것이다. 따라서 그들은 죄책감에서 벗어나려고 몸을 가누지 못하는 피해자를 안전하게 택시에 탑승시켰다고 진술하고, 더하여 '눈매가 날카로운 젊은 택시기사'라는 가공의 인물을 만들어 냈을 가능성이 충분하다. 마찬가지로 동석했던 남성들에 대해서도 사실과 일정 정도 거리가 있는 진술을 했을 수 있다.

　이러한 맥락과 스토리를 염두에 두고 신중하게 접근했어야 하는데, 담당 형사들은 목격자의 진술을 그대로 믿었고 그에 따라 피해자를 태운 '눈매가 날카로운 젊은 택시 기사'를 추적하는 방향으로 수사를 선회하면서 쉽게 갈 길을 어렵게 간 것이다. 내가 재차 술집에서 피해자와 동석한 사람들에 대해 물었으나, 담당 PD는 경찰에서 나온 정보는 그것이 전부이고 피해자의 여자 친구들에게는 접근할 수 없는 상황이라고 했다.(사실 이때 경찰은 이미 여자들과 동석했던 두 남성의 신원을 간략하게 파악한 상태였다.)

　이때 나는 사건이 발생하고 5일이 지났으니 수사팀에서 관련자들에 대한 기초 조사는 이미 끝냈을 것이라는 '안이한 믿음'을 가졌다. 현장 수사팀에서 반드시 해야 하는 조사를 누락시키는 일이 비일비재하다는 것을 익히 알면서도, 그래서 프로파일러는 목격자의 진술과 마찬가지로 현장 수사관들의 수사 관련 진술도 51퍼센트만 신뢰해야 한다는 것을 알면서도 말이다.

단서는 유기 현장이 아닌 실종 현장에

나는 취재팀과 함께 택시 회사에서 나와 곧바로 사체 유기 장소인 KTX 신경주역 근처 저수지로 향했다. 대구에서 경주 저수지로 가면서 살펴본 바, 저수지는 외진 곳에 자리 잡고 있어서 범인이 실종 당일 이곳으로 향했다면 지리감이 없고서는 올 수 없는 곳으로 보였다. 범인이 한 번 정도 와 본 곳이 아니면 이곳으로 향할 수 없다는 판단이었다.

이때 나는 두 번째 실수를 저질렀다. 피해자가 무언가에 가리거나 싸이지 않고 속옷 차림인 채로 유기되었다는 점에 주목한 것이다. 범인이 시간적인 여유를 가지고 사체를 유기했다면 적어도 가방에 넣거나 혹은 천으로라도 한 번 정도는 감쌌을 텐데, 그렇지 않은 것으로 보아 시간에 쫓기는 촉박한 상황에서 벌어진 일이고, 그렇다면 범행 당일에 유기한 것이니 이 공간이 범인에게 유의미한 공간일 거라고 생각한 것이다.

한데, 그렇게 보면 앞뒤가 맞지 않았다. 실종 장소에서 저수지까지는 아무리 빨리 와도 45분~1시간이 걸리는 곳이다. 실종 시간이 새벽 4시 30분이니 범행 없이 곧장 달려와도 5시 반은 되어야 도착할 거리다. 그때는 이미 밝은 새벽이다. 아랫동네 어르신들이 농사일 나오는 시간이고 노선버스도 운행하는 시간이다. 더욱이 피해자가 발견된 장소는 도로에서 20미터밖에 떨어지지 않은 곳으로, 낚시하는 장소이며 중간에 농막도 있었다. 범인이 피해자의 시신을 급히 물에 넣었다 해도 쉽게 발견될 수 있는 장소인데, 사체는 하루가 지난 다음 날 아침 10시가 넘어서 발견되었다. 물에 떠 있는 사체가 하루 내내 발견되지 않다가 그 다음 날 발견되었다는 것은 납득이 가지 않았다. 당일 범행을 하고 범행 공간에 사체를 방치한 후 밤 시간에 사체를 유기했다고 보는 것이 타당한데, 그렇게 보기엔 사체의 유기 상태가 이해가 되지 않았다.

나의 두 번째 실수는 첫 번째 실수에서 비롯된 것이었다. 담당 PD에게 전해 들은 수사 정보를 의심 없이 받아들임으로써 피해자와 마지막까지 동석했던 이들을 주목하지 않았고, 그 결과 택시 기사가 여성을 우발적으로 성범죄 대상으로 삼아 살해했다고 판단하여 일반적인 성범죄자 유형으로 분류한 것이다. 택시 기사의 '우발적 범행'이라는 전제에서 벗어나면, 범인이 반드시 사체를 가리거나 무언가로 싸야 하는 것은 아니다. 오히려 이 사실로부터 특이 성향의 성범죄자 유형을 도출할 수 있다.

사체가 유기된 저수지를 확인한 뒤, 풀리지 않은 의문을 안고 취재팀과 함께 피해자가 실종된 현장인 동성로로 향했다. 동성로에 도착해서 현장을 둘러본 뒤에야 '아차!' 싶었다. 동성로는 대구의 대표적인 유흥가로 클럽과 술집이 집중되어 있어 밤새 술 마시는 사람들이 들끓고, 화려하고 자극적인 옷차림의 여성들이 많은 장소였다. 이것은 그 공간이 성범죄자들이 대상을 물색하는 데 매우 적절한 장소이며, 특이 성향의 성범죄자가 숨어 있을 가능성이 매우 높다는 것을 의미했다. 피해자와 동석한 사람이 아니더라도 범죄 의도를 가지고 피해자를 지켜본 사람이 있었을 가능성이 충분했다.

범인을 잡고 난 뒤 밝혀진 일이지만, 범인은 아동 성범죄 전력이 있고 그 때문에 현역 입영이 아닌 공익 요원으로 근무 중이었다. 따라서 동석한 사람들의 전과를 조사하고, 주거지를 중심으로 간단한 행적 수사만 진행했어도 수사가 갈팡질팡하지 않았을 것이다. 수사 팀은 (그들의 말에 의하면) 동석한 사람들에게 의심을 품었다고는 하나, 목격자 진술에만 의지하여 피해자를 태운 택시 기사만 쫓았다. 다행히 용의자로 지목됐던 택시 기사는 택시에 설치된 타코미터(엔진 회전수를 기록하는 장치) 덕분에 용의 선상에서 벗어났고, 범인이 여성을 데리고 가는 모습이 담긴 모텔 주변 CCTV가 확보되어 사건 발생 8일 만에 진범을 검거할 수 있었다.

섣부른 예단만큼 위험한 것은 없다

왜 경찰은 동석했던 남성들의 행적을 수사하지 않았을까? 수사팀은 수사 초기부터 범인을 용의 선상에 올렸다고 했지만, 그것은 범인을 잡은 뒤에 한 이야기다. 범인이 용의 선상에 올랐다면 전과 조회나 거소지 수색이 이루어졌어야 한다. 아마도 경찰은 피해자와 동석했던 신원 정도만 확인하고 넘어갔을 것이다. 관련자가 수십 명도 아니고 달랑 두 명인데? 이렇게 경찰이 당연히 해야 할 기초적인 수사를 진행하지 않은 것은, 사건 초기부터 피해자를 '대구 동성로 거리에서 노는 날라리 클럽 여대생'으로 예단했기 때문일 것이다.

사건이 발생하고 수사가 진행되는 내내 인터넷에서는 피해자에 대한 악성 댓글이 난무했다. 피해자가 일했던 술집, 피해자의 옷차림, 피해자가 심야에 대구 번화가인 동성로에서 남성들과 술을 먹었다는 점 등을 물고 늘어지면서 피해자를 심각하게 모욕하는 일이 벌어졌다. 그러나 피해자가 일한 술집은 동네에서 흔히 볼 수 있는 일반적인 호프집이었고, 피해자의 옷차림도 동성로에서 흔히 마주치는 여성들에 비하면 오히려 수수한 편이었다. 심야에 남성들과 술을 마신 장소도 클럽이 아니라 심야 영업을 하는 평범한 술집이었고, 합석도 남성들 쪽에서 먼저 요청해 이루어진 것이었다. 또한 새벽 4시 반까지 술집에 있었던 것은 12시에 아르바이트를 마치고 친구들과 만나다 보니 귀가 시간이 늦어질 수밖에 없었고, 심야에 택시를 타면 할증 요금이 붙으므로 할증이 풀리는 시간을 기다렸기 때문이었다. 실제 실종 당일 일출 시간은 새벽 5시 7분으로, 4시 반 정도에 나와서 택시를 타고 귀가하면 날이 밝아 올 시간이었다.

피해자에게서 흔히 말하는 '노는 여자'의 흔적은 찾아보기 어려웠다. 그럼에도 "날라리 여대생이 클럽에서 밤새 남성들과 술을 마시다가 택시를 탄 후 실종됐다"는 식의 예단이 인터넷 공간에서 피해자를 '당해도 싼 노는 여자'로 만들어 버렸고, 그 과정에서 동석했던 남성들의 범죄 용의점은 슬쩍 빠진 채 술이 취해 '떡실신'한 여성을 납치 살해한 눈매가 날카로운 젊은 택시 기사가 범인으로 등장하게 되었다.

문제는 그뿐만이 아니었다. 잠시나마 과학수사팀에 몸담았던 사람으로서, 피해 여성의 사체가 유기된 저수지에 도착했을 때 참으로 안타까운 심정이 들었다. 사체 발견 후 5~6일 지난 뒤라고는 하지만 사건이 아직 종결된 상태가 아니었는데 현장 통제가 전혀 이루어지지 않고 있었다. 폴리스 라인 설치 같은 기본 조치조차 취해 놓지 않은 상태였다. 물론 과학수사팀에서 이미 증거를 수집하고 채취했을 테지만, 증거 채취는 한 번에 100퍼센트 완벽하게 이루어질 수 없다. 여러 가지 변수로 수사를 다시 시작해야 하는 상황이 벌어졌을 때 가장 중요한 것이 현장과 증거이다. 그래서 증거 및 현장 보전이 중요하다. 경찰이 현장의 중요성을 모르지 않았을 텐데도 방치한 이유는 매우 단순하다. 이 또한 사건을 예단했기 때문이다. 이 사건은 택시 기사에 의한 강간 살인이 확실하다고 판단하고 사건 현장보다는 CCTV에 집중하려 한 것이다.

물론 그 예단이 맞을 수도 있다. 그렇지만 만약 그렇지 않다면? 범인의 행적이 기록된 CCTV를 확보하지 못한다면 그 다음 수사는 어떻게 할 것인가? 그래서 수사는 체계적·구조적으로 진행되어야 하며 관련 절차에 따라 현장과 증거를 보전하고 관련자 진술도 초기에 정확하고 적절하게 확보해야 한다. 그래야 길이 막혀도 다른 길로 갈 수 있다. 만약 CCTV가 발견되지 않았다면 이 사건도 오랫동안 돌고 돌아 미제 사건이 됐을 가능성이 높다.

꽤 오랜 시간이 흘렀지만 지금도 이 사건을 생각하면 나 자신에게 화가 나고, 아직 갈 길이 멀다는 생각이 든다. 그래서 부끄럽지만 다른 사건을 분석하거나 학생들에게 강의할 때 늘 강조하곤 한다. 과제 수행은 하나의 단계를 완전하게 마무리해야 다음 단계로 넘어갈 수 있다. 그래야 특정 단계에서 막히면 그 이전 단계로 되돌아가서 다시 시작할 수 있다.

범죄 수사의 역사에서 대표적으로 꼽히는 실패한 수사들을 꼼꼼히 복기해 보면 공통점을 볼 수 있는데, 그것은 대부분 상식적으로 이해할 수 없는 수사 시스템의 무능과 실수, 전문 수사팀의 수사 주도 능력 부족 등이다. 수사의 첫 단계를 완전하게 수행하지 못하면, 요행히 다음 단계로 넘어간다고 해도 거기에서 막히는 것이다. 그때는 다시 돌아가려고 해도 돌아갈 수 없는 상태가 된다.

장기 미제 사건과 공소시효

단언하건대, 장기 미제未濟 사건의 90퍼센트 정도는 사법기관의 무능과 사소하지만 매우 기본적이고 기초적인 실수에서 비롯된다.

　미제 사건이라고 하면 매우 어렵고 복잡한 사건일 것 같지만, 꼭 그렇지는 않다. 물론 사건 자체가 난해한 경우도 간혹 있으나, 대부분은 사건 자체의 문제가 아니라 사건을 다루는 수사 시스템, 곧 관련자의 단순한 실수, 담당 수사관의 무능력, 증거 처리 능력의 미흡 혹은 부재, 부족한 시간과 인력 등에서 기인한다.

범죄 수사 초기에 가장 중요한 작업은 사건의 성격을 파악하는 것이다. 해당 사건이 '살인 사건'인지 '자살 사건'인지 '단순 사고'인지, '복수—살인 사건'인지 '강도—살인 사건'인지 '치정—살인 사건'인지, '실종 사건'인지 '가출 사건'인지, '성범죄'인지 '사기 사건'인지부터 확인해야 한다. 사건의 성격을 파악한 뒤 수사선을 설정하여 물적 증거를 수집하고 그 결과를 바탕으로 다음 단계 수사를 진행한다.

사건의 성격을 파악하려면 범죄에 대한 전문적인 지식과 풍부한 수사 경험을 가진 전문 수사관이 수사를 지휘해야 한다. 이들이 제일 처음 현장을 확보한 후 이론적·경험적 근거를 바탕으로 사건을 파악하고 수사의 방향성을 제시하면서 물적 증거 취득과 기타 인적 수사 지침을 제시한다. 이 과정에서 법의관, 감식 요원, 현장 수사관 등의 의견을 충분히 청취하고, 처음 제시한 사건 파악과 수사선에 오류가 발견되면 즉시 수정하는 작업도 동시에 이루어져야 한다. 하지만 이런 이상적인 수사 모델은 한국의 현실과 거리가 멀다.

변시變死 사건이나 강력 사건이 발생했을 때 수사선을 설정하는 것은 분초를 다투는 작업이며, 사건 수사가 얼마나 효율적으로 적확하게 진행되는지를 좌우하는 핵심 작업이다. 이는 세월호 침몰 사고에서도 계속 얘기되었던 '골든 타임'과 같다. 골든 타임을 놓치면 재난 사고든 범죄 수사든 속된 말로 산으로 가게 되어 있다. 한번 잘못 설정된 수사선은 되돌리기가 대단히 힘들다. 대형 강력 사건이라고 해도 두 달 이상을 지속하기 힘들기 때문에 수사선을 한번 되돌리면 그게 바로 장기 미제 사건이 되는 것이다.

실제로 미제로 남는 사건들의 가장 큰 공통점이 바로 '미흡한 초동 수사'이다. 해당 사건이 어떤 종류의 사건인지 파악하지 못하고 대충 경험적으로 수사를 시작한 경우가 많다. 단순한 가출인지 아니면 강력 사건 관련 실종 사건인지 엄밀하고 과학적으로 판단하지 못한 채 무의미한 수사를 펼쳐 쳇바퀴 돌 듯 제자리걸음만 하는 것이다.

2006년 3월 25일자로 공소시효가 끝나 영구 미제 사건으로 남게 된 '대구 개구리 소년 사건'이 대표적인 예이다.

개구리 소년들, 제대로 수색했나?

1991년 3월 26일, 대구에 사는 초등학생 다섯 명이 도롱뇽 알을 주우러 간다며 집을 나섰다가 실종되었다. 아이들이 앵벌이로 팔려 갔다는 설, 북한으로 납치되었다는 설 등 무성한 낭설과 소문이 나돌았고, 경찰이 4200만 원의 포상금을 걸고 대대적인 수색 작업을 벌였지만 별다른 성과를 얻지 못한 채 사건 발생 5년 만인 1996년 수사가 실질적으로 종결되었다.

그런데 사건 발생 11년 6개월 만인 2002년 9월 26일, 대구시 달서구 용산동 와룡산 중턱에서 개구리 소년으로 추정되는 아이들의 유골이 발견됐다. 유골이 발견되면서 다시 수사가 시작되었지만 끝내 범인은 밝혀지지 않았고, 2006년 3월 25일 공소시효가 만료되면서 개구리 소년 사건은 영구 미제 사건으로 남게 되었다.

아이들의 유골을 처음 발견한 사람은 산에서 도토리를 줍다가 사람의 뼈가 나와 등산용 지팡이로 주변 땅을 파보니 유골과 어린이의 신발 등이 발견돼 경찰에 신고했다고 진술했다. 발굴된 유골은 4구 가량이었고, 주위에서 어린이 신발 다섯 켤레와 운동복 등 옷가지 10여 점도 함께 발견됐다. 유골이 발견된 현장은 개구리 소년들의 집에서 불과 3.5킬로미터 가량 떨어진 곳으로, 평소 사람들의 통행이 거의 없는 한적한 지역이었다. 소년들의 유골은 30센티미터 두께의 흙더미에 엉켜 붙은 채 묻혀 있었다.

무수한 소문을 낳았던 '개구리 소년'들의 주검이 발견되면서 사건 해결의 실마리가 잡힐 거라는 기대가 컸지만, 오히려 의문과 논란만 증폭되었다. 무엇보다 사건 발생 당시 군과 경찰을 포함해 연인원 31만 명이 동원된 유례없는 대규모 수색으로도 찾지 못한 시체가 11년 만에 나타난 것이 의문이었다. 깊은 산도 아닌 야산에서, 그것도 많은 사람이 이 잡듯 뒤졌던 곳에서 유골이 발견되었기 때문이다.

나를 비롯한 프로파일러들은 수사 당국에서 발표하는 "이 잡듯이 뒤졌다"는 말을 믿지 않는다. 그래서 수색이 필요하면 다른 사람에게 시키지 않고 아무리 힘들어도 직접 한다. 뉴스 자료 화면만 봐도 알 수 있듯이 떼로 몰려다니면서 여기저기 쇠꼬챙이로 쑤시고 다니는 것이 수색 작업의 실체인 경우가 많다. 게다가 수색에 주로 동원되는 의경, 전경, 군 병력 등은 전문가가 아니다. 그런 사람들이 막대기로 헤집고 다닌 것을 "이 잡듯 뒤졌다"고 할 수 있을까?

2013년 5월 경북 의성에서 발생한 '수도 검침원 살인 사건'과 2013년 7월 '군산 여성 살인 사건' 때도 마찬가지였다. 의성 사건의 경우 경찰이 몇 번을 수색했다고 했던 바로 그 지점, 실종 현장에서 채 1킬로미터도 떨어지지 않은 지점에서 시신이 발견되었다. 군산 사건의 경우에는 폐건물에서 시신이 발견되었는데, 그 장소가 뻔히 보이는 곳이었다. 그것도 시신을 땅에 묻은 것이 아니라 폐건축 자재로 겨우 덮어 놓은 상태였다.

이것이 우리나라 경찰에서 실종자를 수색하는 방식이다. 지금도 그럴진대 20년 전에는 어땠겠는가. 개구리 소년 사건도 크게 다르지 않았을 것이다. 대대적으로 인원을 동원했다고 떠들었지만, 이미 수색한 지역은 이미 했던 곳이니까 수색하는 시늉만 했을 가능성이 높다.

'실종'을 '가출'로 보는 태도

허술한 수색은 그렇다 치고, 유골 발견 이후 사인 규명에 결정적인 단서를 제공할 수 있는 현장을 훼손한 것도 문제였다. 유골에 심하게 구타당한 흔적이 남아 있고, 돌과 흙으로 유골을 은닉한 것 등으로 볼 때 타살 가능성을 배제할 수 없다. 그 장소가 살해 장소가 아니라, 제3의 장소에서 살해한 뒤 옮겼을 수도 있다. 어쨌든 여러 가지 가능성을 열어 놓고 신중하게 접근해야 하는데, 경찰은 유골이 겹쳐져 있었다는 것을 근거로 소년들이 길을 잃고 추위를 피해 모여 있다가 '저체온사凍'했을 거라고 추정했다. 단순한 조난으로 인한 저체온사라니, 수사의 문외한이 들어도 어이없는 발상이었다.

국립과학수사연구소에서는 유골들을 부검한 결과, 피해자 3명의 두개골 骨에 남은 상흔이 강한 외부 힘에 의한 것이라는 소견을 내놓았다. 각각 뾰족한 둔기에 의한 상흔들로 보이는데, 이 정도 크기와 깊이라면 적지 않은 출혈과 함께 정신을 잃었을 것이라는 부검의의 판단이었다. 특히 한 어린이의 두개골은 우측 측면에 가로로 10센티미터 정도의 골절이 확인됐다. 타살되었을 가능성이 상당히 높았다. 물론 기절한 상태에서 묻혔다면 저체온이 사망 원인이 될 수 있겠지만, 그렇다 해도 저체온사는 부차적 사망 원인이다.

'개구리 소년' 사건은 애초 경찰이 다섯 아이의 실종을 단순 가출로 가볍게 여겼고, 이러한 안이한 인식이 미흡한 초동수사로 이어졌다고 볼 수 있다. 우리나라에서 '실종' 사건을 '수사'의 관점에서 접근하게 된 것은 2008년 '경기 서남부 연쇄살인 사건'(일명 '강호순 사건') 이후부터다. 이때부터 개별 경찰서에 실종 전담반이 만들어졌다. 그 이전에 경찰에서 실종 사건을 다루는 기본 관점은 '미추귀가', 즉 '가출'이었다. 그러니 대부분 신고만 받아 놓고 수사는 하지 않는 것이 관례이자 업무 지침이었다.

물론 그중에는 단순 가출도 분명 있다. 떠들썩하게 전담반을 편성했는데 이틀 만에 실종자가 귀가해서 모두를 허탈하게 만드는 일도 종종 일어난다. 모든 실종이 범죄와 연결되는 것은 아니며, 대략 5 퍼센트 정도가 강력 사건과 연관된다. 그렇지만 범죄 연결 가능성에 대한 기초적인 분석을 하는 것과, 아무런 조치도 없이 무작정 기다리는 것에는 엄청난 차이가 있다.

개구리 소년들이 실종되었을 때 경찰이 주변 지역 수색 작업만 제대로 했다면, 유가족들이 11년이라는 긴 시간을 슬픔과 고통 속에 보내지 않았을 수도 있지 않을까? 그럼에도 당시 수사 책임자가 경찰 고위 계급까지 올랐다는 사실에 할 말을 잃게 된다. 어디 '개구리 소년 사건'뿐이겠는가. 이외에도 많은 사건이 경찰의 무능과 부실로 미궁에 빠진 채 공소시효가 마감되어 영구 미제 사건으로 남게 되었다.

공소시효를 없애야 하는 이유

1998년에 일어난 또 다른 '대구 여대생 살인 사건'도 자칫 미궁에 빠질 뻔한 것을 유가족이 나서서 해결한 경우이다. 15년 만에 딸의 억울한 죽음의 진실을 밝혀낸 피해자 아버지는 "경찰 조사가 잘못됐으면 공소시효는 없애야 한다. 수사가 종료된 뒤에도 잘못이 확인되면 경찰이 벌을 받을 수 있는 법이 만들어져야 한다."고 울분을 토했다.

'공소시효公訴時效'는 어떤 범죄에 대하여 일정 기간이 지나면 공소 제기를 허용하지 않는 제도로, 수사기관이 법원에 재판을 청구하지 않는 불기소처분의 한 유형이다.¶ 공소시효가 지나고 나면 범인을 검거한다 해도, 아무리 극악무도한 범죄를 저지른 자라도 처벌할 수가 없다. 물론 지금도 위법한 경찰관의 행위는 처벌을 받으며, 이는 경찰 수사에도 적용된다. 그렇지만 공소시효는 정지되지 않는다. 고의가 아니라 무능해서 수사를 잘못한 경우에도 경찰은 처벌이 아니라 징계를 받으며 역시 공소시효는 정지되지 않는다.

피해자와 그 유가족의 억울한 사연, 경찰의 부실 수사 문제가 부각될 때마다 공소시효 제도를 손봐야 한다는 목소리가 힘을 얻고 있

¶ 우리나라에서는 2011년 영화 〈도가니〉의 영향으로 그해 11월 17일 '성폭력특별법'이 개정되어 13세 미만 아동이나 신체적·정신적 장애가 있는 사람에 대한 강간·준강간이 공소시효 적용에서 제외되었다. 이어 2013년 6월 13세 미만 아동이나 장애인에 대한 강제 추행·준강제 추행까지 공소시효 배제로 확대되었고, 살인죄 중에서도 강간 등 성폭력살인죄에 한해 공소시효 적용에서 제외되었다. 공소시효 제도를 두는 근거는 시간이 많이 지남에 따라 생겨난 사실관계를 존중하는 차원에서 법적 안정성 도모, 시간 경과에 의한 증거 판단 곤란, 사회적 관심의 약화, 피고인의 생활 안정 보장 등이다. 공소시효 기간은 범죄의 종류에 따라 다르다. 사형에 해당하는 범죄는 25년, 무기징역에 해당하는 범죄는 15년, 10년 미만 징역에 해당하는 범죄는 7년의 공소시효를 둔다.

다. 실제로 적지 않은 나라들이 특정 범죄에 한해 공소시효를 두지 않고 있다. 미국은 와이오밍 등 7개 주를 제외한 전역에서 살인죄에 관한 공소시효가 없고, 영국과 독일도 살인죄에 대해 과실에 의한 것을 제외하고는 공소시효 적용을 엄격하게 제한하고 있다. 일본은 2010년 4월 27일 살인 등 12가지 흉악 범죄에 관한 공소시효를 아예 폐지하고, 강간치사죄의 공소시효를 15년에서 30년으로 늘렸으며, 살인죄 외에 사람을 사망에 이르게 한 범죄에 대해서도 공소시효를 두 배로 연장했다.

최근 과학수사 기법이 발달하면서 공소시효가 지난 뒤에도 사건 발생 당시 채취한 증거를 분석하여 범인을 확인할 가능성이 높아지고 있다. 범인이 누구인지 확인했지만 처벌할 수 없는 상황이 얼마든지 벌어질 수 있는 것이다.

예컨대 '화성 연쇄살인 사건'의 경우, 영화 〈살인의 추억〉에 나온 바와 같이 당시에도 DNA 분석을 통해 범인을 특정할 수 있다는 것은 알고 있었지만 해당 증거물을 검사에 적합한, 변질 불가능한 시료 상태로 만들지 못한 것이 문제였다. 그래서 일본으로 분석을 의뢰하며 보낸 증거물이 오염되어 쓸모없게 되어 버렸다.

그러나 지금은 DNA 증폭 기술이 있어 증거물에서 채취한 미량의 시료를 증폭해서 보관해 둘 수 있고, 이를 가지고 얼마든지 다시 검사할 수 있다. 또한 이전에는 쓸모없었던 쪽지문(부분 지문)도 발달된 컴퓨터 기술을 통해 전체 복원이 가능해져 대조가 가능하다. 공소시효가 지난 뒤에도 범인을 특정할 가능성이 그만큼 높아진 것이다. 공소시효 제도와 관련하여 과학수사의 기술적인 진보를 고려해야 하며, 강력 범죄의 경우 아예 공소시효 제도를 없애야 한다는 목소리가 설득력을 얻고 있는 이유다.

과학수사의 조건

수사는 당연히 '과학'적이어야 한다. 그런데도 굳이 '과학'을 붙여 '과학수사'의 중요성을 강조하는 것은, 역설적이게도 지금까지는 과학수사가 아니었음을 반증한다. 과학기술 수준이 발전하지 못했기 때문이라고 말할 수도 있겠지만, 이는 비겁한 변명이다. 사극에서도 보듯이 이미 조선시대에도 범죄 수사에 과학적인 방법을 채택했으며, 이는 《신주무원록新註無寃錄》[1] 등의 여러 기록을 통해 확인할 수 있다.

---

[1] 조선시대 살인 사건 사체死體 조사 지침서. 원元나라의 《무원록無寃錄》을 저본으로 하여 편찬하였다.

사회는 발전하는데 범죄 수사는 오히려 뒷걸음질친 안타까운 현실
은, 식민지시대와 군사정권을 거치면서 훌륭한 제도를 발전시키지
못했기 때문일 것이다. 물론 시대의 암울함과 박봉의 어려움 속에서
도 나름 원칙에 따라 수사를 진행하며 누구도 돌보지 않는 소외된 사
람들의 정의를 위해 싸운 많은 선배 경찰들이 있었다. 그들의 값진
노력이 묻혀 버린 것은 매우 가슴 아픈 일이다. 그런데 한 걸음 떨어
져 '왜 그럴 수밖에 없었을까?' 곰곰이 생각해 보면 아주 간단한 원칙
을 확인할 수 있다.

그 원칙은 바로 '수사는 시스템'이라는 것이다. 수사는 셜록 홈스
같은 천재 수사관/탐정이 홀로 해치우는 일이 아니다. 훈련된 기술
자/장인들이 분업화된 시스템에서 병렬적·종합적으로 진행하는 작
업이다. 천재 수사관이 단번에 상황을 파악하고 사건을 해결하는 것
은 말 그대로 공상일 뿐, 수사는 각 분야의 전문 기술자가 자기 역할
을 수행해야 하는 하나의 산업 시스템이다.

제대로 된 수사 시스템이 자리를 잡으려면 꼭 충족되어야 할 대전
제가 있다. '범죄는 누구에게나 발생할 수 있는 일'이고, '모든 국민은
적절한 수사 서비스를 받을 권리가 있다'는 인식이다. 즉, '정의'와 '인
권'이 전제되어야 한다.

그동안 우리 사회는 이러한 인식이 매우 부족했다. 범죄는 내가

재수 없어서 당한 일이고, 범죄 수사도 운이 좋으면 잡는 것이고 잡힐 때까지 기다리다 못 잡으면 그냥 기억 속으로 사라지고 말았다. 물론 이전에도 수사 지침은 있었고 의도적으로 사건을 외면하거나 축소한 경우는 많지 않았을 테지만, 실제 현장에서는 관례와 경험에 따라 판단해서 사건을 처리했을 가능성이 다분하다. 그래서 '시스템'이 중요한 것이다.

우리나라에서 과학수사가 언제부터 시작되었는지 물으면, 나는 2000년대 중반이라고 이야기한다. 일제 식민지시대에도 지문 감식을 담당하는 기술과 담당 부서가 있었지만, 그렇다고 과학수사의 시작을 식민지 경찰부터라고 하지는 않는다. 중요한 것은 과학수사의 대상이 모든 사건으로 확대되고, 모든 국민이 과학수사의 서비스를 받을 수 있는가이다. 2000년대 중반부터 서울지방경찰청에서 감식반(과학수사반)이 24시간 3교대로 운영되기 시작하면서 서울에서 발생하는 거의 모든 사건에 투입되었다. 이것이 왜 그렇게 중요한 일일까?

서울 노원구의 한 아파트에서 40대 남성이 사망했다는 신고가 들어왔다. 가족들은 평소 그 사람이 우울증을 앓고 있었고 자살을 암시하는 말을 자주 했다며, 자살한 게 확실하니 편하게 보내기 위해 빨리 장례를 치렀으면 좋겠다고 했다.(이런 상황을 사법 시스템에서는 '변시變死'라고 한다. 죽었으되 의사가 사인을 확인하지 못한 경우를 말한다. 죽었다는 사실 외에는 아무것도 확정된 것이 없다.) 그러나 경찰 조사 결과, 이 사건은 가족들이 재산으로 노리고 공모하여 그 남성을 살해한 뒤 자살했다고 한 사건임이 밝혀졌다. '재산상속' 문제가 개입될 때 가족은 적극적으로 범인의 범주에 포함된다.

그러니까 요점은 이것이다. '억울한 죽음'이라는 불확실한 상황을 해결해 주는 것이 바로 공권력에 의한 수사이며, 모든 국민은 수사 서비스를 받을 권리가 있고, 그것이 현실적으로 가능하려면 적어도 개연성이 충분한 모든 사건에 과학수사가 실행되어야 한다. 그렇지만 현실에서는 그런 개연성이 무시되는 경우가 허다하다. 1998년 발생한 '대구 여대생 살인 사건'은 억울한 죽음이 어떻게 발생하며, 이를 회복하는 데 얼마나 많은 노력이 필요한지를 잘 보여 주는 사례이다.

범인을 잡고도 처벌할 수 없는 상황

1998년 10월 17일 새벽, 대구광역시 달성군과 북구를 잇는 구마고속도로 중앙분리대 근처에서 여대생의 시신이 발견되었다. 여학생은 전날 학교 축제에서 친구들과 간단히 술을 마신 후 동아리 친구를 집에 데려다 주려고 교문을 나선 뒤 실종되었고, 6시간이 지난 다음 날 새벽 5시쯤 학교에서 7킬로미터 떨어진 구마고속도로에서 덤프트럭에 치여 숨진 채 발견되었다. 경찰은 이 사건을 단순 교통사고로 규정하고 사건을 종결 처리하려 했다.

그러나 유가족들은 피해 여학생이 속옷 없이 겉옷만 입은 상태였고 사람이 통행하기 어려운 고속도로 중앙분리대에서 숨질 이유가 없으며, 피해자의 현금과 신분증이 없어진 점, 일반적인 교통사고와 다른 몸의 상처가 발견된 점 등을 들어 재수사를 수차례 요구했으나 끝내 이 요구는 받아들여지지 않았다. 경찰은 여학생이 "갑자기 뛰어들어 자신도 어쩔 수 없었다."는 트럭 운전사의 진술에만 의존하여 이 사건을 단순 교통사고로 처리했다.

경찰 수사 결과를 납득할 수 없었던 유가족은 직접 범인을 잡겠다고 나섰고, 사건 현장을 뒤진 끝에 피해자가 사망한 지점에서 30미터 떨어진 고속도로 가드레일 밑에서 피해자의 속옷을 찾아냈다. 검사 결과 이 속옷에서 남자의 정액이 검출되었으나, 정액의 DNA와 일치하는 남성의 DNA를 발견하지 못해 사건은 그대로 종결되었다.

딸을 잃은 아버지는 이후 생업까지 포기한 채 사건의 진상을 파헤치는 데 매달렸고, 재수사를 요구하는 진정서와 고소장, 탄원서를 여러 기관에 보내는 등 백방으로 노력한 끝에, 15년 만에 대구지검의 재조사를 이끌어 냈다. 그리고 검찰 조사 결과, 피해 학생은 당시 산업연수생 신분이었던 스리랑카인 K와 또 다른 외국인 노동자 2명에게 집단 성폭행을 당한 뒤 도망치다가 고속도로에서 교통사고를 당한 것으로 드러났다.

15년이라는 긴 시간이 지난 뒤 범인을 잡을 수 있었던 것은, 피해자 가족이 찾아낸 속옷에서 검출된 DNA 덕분이었다. 스리랑카인 K

가 2011년 청소년을 꾀어 성매매를 권유하다가 입건돼 경찰이 DNA 를 채취하여 보관하고 있었는데, 그 DNA가 15년 전 대구 피해 여대 생 속옷에서 검출된 정액의 DNA와 일치하는 것으로 확인된 것이다. 검거 당시 K는 한국 여자와 결혼하여 식료품 수입회사를 운영하며 살고 있었으며, 나머지 공범 2명은 이미 2003년과 2005년에 불법체 류자로 적발돼 스리랑카로 강제 추방된 상태였다.

검찰은 K를 특수강도강간죄 등의 혐의로 기소했다. 특수강도강간 죄의 공소시효는 15년이지만, 2010년 성폭력범죄처벌 등에 관한 특 례법이 제정되면서 DNA가 확보된 성범죄의 공소시효가 25년으로 변경됨에 따라 K에게 죄를 물을 수 있게 되었다.(스리랑카에 머물고 있는 공범 2명은 한국과 스리랑카 사이에 '범죄인 인도 조약'이 체결되지 않 아 현실적으로 검거와 기소가 불가능한 상황이다.)

하지만 2014년 5월 30일, 스리랑카인 K에 대해 1심 법원(대구지방 법원)에서는 특수강도강간에 대해서는 증거 부족으로 무죄, 특수강 도·특수강간·강도강간 혐의에 대해서는 공소시효 경과로 면소 판 결을 내렸다. 법원이 특수강도강간 혐의에 대해 무죄를 선고한 것 은, 집단으로 강간을 시도했다는 사실을 실체적으로 입증할 만한 증 거가 부족하다고 판단했기 때문으로 보인다.

이는 우리 형사 사법 체계가 안고 있는 현실적인 한계인 증거 보관 실과 시체 공시소의 부재 때문이라고 할 수 있다. 증거를 보관하지 못했으므로 증거를 다시 분석하는 것이 원천적으로 불가능하고, 시체에 대한 적절한 부검이 이루어지지 않았으니 증거가 부족할 수밖에. 결과적으로 이 사건도 과학수사에서 시스템의 중요성과 깊이 관련된다고 할 수 있다.

범인은 잡았지만 처벌할 수 없는 상황! 경찰의 무능과 허술한 사건 처리로 피해자와 그 가족들은 두 번 죽임을 당한 셈이다. 피해자의 아버지가 범죄의 결정적 증거인 속옷을 현장 근처에서 찾았을 때 재수사를 하지 않은 것은 명백한 경찰의 직무 유기다. 경찰이 사건 관련 자료도 모두 폐기해 버려, 재수사 과정에서 검찰이 더 조사하고 싶어도 할 수가 없었으니 이 억울함을 누가 책임질 것인가.

증거 보관실과 시체 공시소가 없는 현실

참으로 안타깝고 부끄럽게도, 우리 수사기관은 과학수사의 기본이 되는 중요한 두 가지 시스템을 갖추지 못하고 있다. 바로 증거 보관실과 시체 공시소morgue이다. 해외 범죄 관련 드라마를 보면 법원이나 경찰이 관리·감독하는 거대한 증거물 보관실이 종종 나온다. 재수사가 필요한 상황이 발생하면 판사의 영장에 의거해 증거물 보관함을 개봉하여 다시 수사를 시작하곤 하는데, 현재 우리 사법 시스템 아래에서는 요원한 일이다.

내가 일선 경찰서 강력형사팀에서 근무할 때의 일이다. 사무실 구석 캐비닛에 작은 망치가 하나 굴러다녀서 그것으로 호두를 까먹기도 하고 비품에 못질도 하는 등 여러모로 유용하게 사용했는데, 알고 보니 그 망치는 몇 년 전 발생한 살인 사건의 증거물이었다. 인력이 교체되고 사무실 배치가 바뀌면서 담당 형사가 관리하던 증거물이 어느 순간 호두까기 망치가 되어 버린 것이다. 그 사실을 알고 어찌나 황당했던지……. 단적인 예지만, 경찰에서 증거물을 허술하게 관리했다는 것은 부정할 수 없는 사실이다. 일선 경찰서 과학수사팀에서 사무실 한쪽 벽에 큰 선반을 두고 증거물 보관실 대용으로 사용하는 게 고작이었다.(경찰에서 증거자료를 체계적으로 분류하여 보관하기 시작한 것도 2000년대 후반쯤부터다.)

시체 공시소는 또 어떤가. 유명한 '만삭 의사 부인 살해 사건' 때 치열한 법정 공방이 오간 끝에 유력한 용의자였던 남편이 유죄를 선고받아 20년형을 받았는데, 그 과정에서 남편에게 유죄를 선고한 1심, 2심 판결을 대법원에서 파기환송시킨 일이 있다. 파기환송의 이유는 증거 불충분이었다. 피해자의 시신을 공적으로 관리되는 장소에 보관하지 않았으므로 시신 사진 등 관련 증거물을 인정할 수 없다는 것이었다. 누가 몰래 시신에 증거를 심거나 훼손할 가능성을 배제할 수 없기 때문이다. 이 사건은 파기환송 1년 후인 2013년 4월 대법원에서 원심대로 징역 20년형을 확정판결하면서 끝이 났다.

현재 우리나라에는 시체 공시소가 없다. 그래서 사건이 발생하면 시신을 가까운 병원으로 옮겼다가 국립과학수사연구원 부검실로 옮기는데, 그 전 과정이 사법기관의 관리감독 하에 이루어져야 한다는 것이 대법원 파기환송의 취지였다. 한순간이라도 사법기관의 관리에서 벗어나면 '증거물 처리 과정의 절차적 완결무결성chain of custody(적법성)'에 문제가 생겨 시신에서 채취한 증거의 신뢰성도 인정받을 수 없게 되는 것이다.

이처럼 수사 관련 자료의 보관은 과학수사에서 핵심적인 문제이다. 이는 사건의 재수사와도 관련되며, 최종적으로 공소시효와도 연결된다. 증거를 보관하고 있지 않으니 재수사를 하더라도 실익이 없고, 그래서 공소시효 제도를 유지하는 것이다.

법을 집행하는 사법기관은 예외 없이 공평무사해야 하며, 다른 어떤 기관보다 유능해야 한다. 인간의 생명과 재산을 다루는 매우 어려운 고차원의 작업이기 때문이다. 대구 여대생 살인 사건의 범인이 밝혀진 뒤, 15년 전 이 사건을 맡았던 대구경찰청에서 유족에게 "사망 사고 수사가 미흡했다"고 공식 사과했지만, 유족들의 고통을 어루만지고 잃어버린 시간을 되찾기에는 턱없이 부족하다.

제3장
우리 주변을 서성이는
강력 범죄

계산된 미소, 소시오패스
인천 교생 살인 사건

언제부턴가 경악할 만한 범죄 사건이 일어나면 용의자가 사이코패스psychopath 혹은 소시오패스sociopath로 의심된다는 언론 보도가 꼭 나오고, 일상 대화에서도 두 용어가 자주 등장하기 시작했다. 사이코패스와 소시오패스는 무엇이며 어떻게 다른 걸까?

소시오패스 범죄의 심각성

'사이코패스'와 '소시오패스'는 정신분석학 및 심리학에서 사용되는 정식 용어가 아니며, 그 특성에 대해서도 전문가들 사이에 의견이 분분하고 명확히 구분하기 어렵다는 주장도 있다. 일반적인 수준에서

두 개념을 구분 정의해 보면 다음과 같이 설명할 수 있다.

사이코패스와 소시오패스는 미국 정신의학회에서 만든 정신장애 표준분류체계 DSM-V 중 반사회적 인격 장애ASPD : Antisocial Personality Disorder 범주에 속한다. 범죄 행동을 저지르고 자신의 행동에 책임감이 없다는 점에서 비슷하지만, 사이코패스는 '잘못된 행동'이라는 개념 자체가 없는 반면, 소시오패스는 잘못된 행동이라는 것을 알면서도 반사회적 범죄를 저지른다는 점에서 다르다. 즉, 특정한 행동 혹은 범죄를 실행하기 전 그것을 인지하는 능력에 분명한 차이가 있다. 또한 사이코패스가 선천적 · 유전적 기질로서 충동적 · 즉흥적이며 두려움을 느끼지 못한다면, 소시오패스는 정상적인 기질을 갖고 태어나지만 유년기 학대 혹은 방임 등과 같은 사회 · 환경요인으로 성격장애를 갖게 된다고 한다. 그래서 사이코패스는 '정신병질', 소시오패스는 '사회병질'이라고 한다.

감정 조절 능력도 차이를 보인다. 사이코패스는 사회성이 부족하며 선천적으로 미숙하고 통제되지 못한 감정으로 인해 순간적인 반응을 보이지만, 소시오패스는 감정 조절이 뛰어나고 타인의 감정까지 잘 이용하여 자신의 이익을 위해 필요하다면 착한 미소를 짓고 친절을 보일 수 있다. 이러한 성격적 특성은 범죄 양상에서도 그대로 드러난다. 사이코패스는 잔혹한 범죄를 책임 없이 충동적으로 저지르지만, 소시오패스는 계산적이고 치밀하게 반사회적 행동을 저지른다.

소시오패스는 일반적으로 평소에는 너그럽고 관대한 모습을 보이다가 자신의 이익을 위해 비도덕적인 행동 심지어 살인도 스스럼없이 저지르며, 자신의 행동을 합리화시키고 후회나 죄책감을 느끼지 않는다. 타인을 이용하여 돈을 벌거나 남을 짓밟고 높은 지위에 올라갈 수 있는 사람인 것이다. 주변에서 돈도 많고 지위도 높고 겉으로는 최고의 인격자인 듯하지만, 속은 무자비하고 악마 같은 사람들을 종종 보게 되는데, 이런 사람들도 일종의 소시오패스라고 할 수 있다.¶

소시오패스는 평소 겉모습이나 행동, 말 등에는 특별히 이상한 점이 없기 때문에 전문가가 세심하게 관찰하지 않는 한 찾아내기가 쉽지 않다. 그럼에도 몇 가지 감출 수 없는 특징이 있으니 가짜 웃음, 억지 미소, 과장된 자기 자랑, 감정/행동 불일치 등의 행동을 보인다. 우리 사회에서 일어난 강력 사건들은 '사이코패스 범죄'보다는 대개 '소시오패스 범죄'에 가깝다.

¶ 그렇다고 사회적으로 지위가 높은 사람들이 저지르는 범죄가 모두 소시오패스 범죄는 아니다. 예컨대 이들이 자주 저지르는 범죄 중 하나인 '몰카(몰래카메라) 범죄'는 관음증, 곧 사회성이 약한 사람들이 '관음'이라는 비접촉적 방법으로 자신의 욕구를 충족시키려고 하는 성性과 관련된 사회성 장애이다. 그에 비해 소시오패스는 비접촉적 방법보다는 직접적인 괴롭힘, 성희롱, 성추행, 성폭력 등과 같은 대면적 방법으로 자신의 욕구를 충족시키려 한다.

2013년 6월, 20대 후반의 여성 B가 자신이 공부를 가르치던 남학생 C
를 폭행하여 사망에 이르게 한 사건이 일어났다. 처음에 B는 남학생
이 자신을 강간하려고 해서 정당방위 차원에서 폭력을 행사하고 끓
는 물을 부었다고 주장했다. 조사 과정에서 B의 친구인 D(남성)도 같
은 주장을 하며 당시 상황을 촬영한 동영상을 경찰에 제출했다. 동
영상에 등장하는 또 다른 친구 A(여성)도 같은 취지로 정당방위라고
진술했다.

그러나 경찰에서 A와 D의 휴대전화에 저장된 메시지를 토대로 A,
B, D 세 사람을 추궁한 결과, 이전에도 B가 남학생을 때린 적이 있다
는 진술을 확보하여 B를 상해치사죄로 구속하여 검찰에 송치했다.
검찰 조사 과정에서 B뿐만 아니라 A와 D도 지속적으로 남학생을 폭
행한 사실이 확인되었다.

이 사건에서 가해자로 지목된 A, B, D는 친구 관계이고, 사망한 남
학생 C는 A와 B가 교생실습 때 만난 학생이었다. 그러니까 여자 교
생 2명이 제자를 때리고 뜨거운 물을 부어 학대한 후 죽을 때까지 방
치한 것이다. 얼핏 이해가 되지 않는다. A와 B는 무슨 이유로 그렇게
까지 C를 학대하고 죽음에 이르게 했을까?

이 사건은 사건 자체만으로는 범죄행위 전체를 이해할 수 없다. 사
건과 관련된 두 여성 A와 B, 두 남성 C와 D, 이 네 사람의 관계와 전

체 맥락을 살펴봐야 한다.

일반적인 교생보다 나이가 많은 두 여자 교생이 있었다. 두 여성은 29세의 늦은 나이에 강원도 강릉시에 있는 남자 고등학교로 교생 실습을 나갔고, 그곳에서 사건의 피해자인 C를 만났다. 교생실습 기간 동안 A와 C는 스승-제자 사이를 넘어 '특별한 관계'를 맺게 되었다. 시간이 흘러 A와 B가 실습을 마치고 떠나야 할 때가 왔다. A와 B는 인천광역시 부평구에 원룸을 구해 C를 데려다 과외를 시키겠다고 C의 부모를 설득했다. C가 자퇴하고 집을 떠나 인천 원룸으로 온 뒤, A는 뒤로 빠지고 B가 전적으로 나서서 C를 관리했다.

첫 몇 달 동안은 C의 성적이 어느 정도 올랐지만 곧 한계에 부딪혔다. 매달 C의 부모에게 돈을 가져다 썼으므로 가시적인 성과를 올려야 했던 이들은 C에게 폭행을 가하기 시작했다. 격투기도 배웠다는 거구의 고등학생 C는 왜 맞고만 있었을까? C는 이미 정신적으로 통제된 상태였으므로 속수무책 당할 수밖에 없었다. 매 맞는 남편들이 몸집이 작고 힘이 없어서 맞는 것이 아닌 것과 마찬가지다.

A와 B 그리고 C의 관계는 교생과 학생으로 만났을 때부터 시작되었다. 두 사람은 조련사가 동물을 조련하듯 몇 달 동안 서서히 체벌 수위를 높였을 것이다. 결국 골프채, 몽둥이 등으로 무차별 폭행이 이루어졌고, 실제로 감금된 상태는 아니었지만 C는 도망갈 생각도 하지 못한 채 착취당했다. A와 B가 좀 더 정교했다면 C가 스스로 도망가게 만들고, 폭행과 학대 때문이 아니라 공부하기 싫어서 도망 간

것으로 조작했을 것이다. 어쨌든 가혹한 폭행을 가해도 성적이 오르지 않자 A와 B는 C를 정리할 특단의 방법을 강구했다.

A와 B가 생각한 방법은 C를 강간범으로 만드는 것이었다. 이 과정에서 D가 등장한다. D가 스마트폰 카메라로 촬영한 영상을 보면 사건 당일의 정황을 알 수 있다. C는 벌거벗은 채 전신에 3도 화상을 입고 두려움에 떨고 있었다. 아마도 자고 있는 C에게 뜨거운 물을 들이부었을 것이다. 당연히 B 혼자 했을 가능성은 거의 없으며 그 장소에는 A, B, D 모두 있었을 것이다. 그들은 촬영한 영상을 가지고 C의 부모를 협박했다. 그러던 중 C가 사망했다. 이들은 C의 상태가 얼마나 심각한지 몰랐을 것이다. 적당히 겁을 줘서 C를 떼어 낼 계획이었을 것이다.

D가 녹화한 영상을 보면, B가 C에게 강간을 당할 뻔했다는 상황을 설명하는 목소리가 담겨 있는데 감정의 변화 없이 '평탄음'이 지속된다. 대본을 그냥 읽은 것이다. 또, 셋이 함께 차로 걸어서 이동하는 CCTV를 보면 이들 사이의 권력관계를 추정할 수 있다. A는 당연한 듯 제일 상석인 오른쪽 뒷자리에 타고 B는 조수석에, D는 운전석에 자연스럽게 자리를 잡는다. 세 사람은 모두 친구 사이라고 말했지만, 이들 사이에는 이미 주종 관계가 형성되어 있는 것이다.

아울러 B의 주장, 그리고 A와 C가 주고받은 문자를 보면, B와 C의 관계는 스승과 제자 사이보다 더 깊은 관계였을 것으로 추정된다. 하지만 둘의 관계를 단순하게 '사귀는 사이'라고 확증하는 것은 사건의 본질을 잘못 짚는 것이다. 원룸에서 B는 C에게 공부를 가르치고 폭행만 가했을까? B는 A와 마찬가지로 C를 성적 노리개로 대했을 가능성이 높다. 물론 A도 가끔 이 원룸을 방문했을 것이다. 이들의 기묘한 관계와 기형적인 동거를 어떻게 이해해야 할까?

더없이 잔인한 '마음 조종자'

이 사건에서 주목할 것은 두 가지다. 하나는 A와 B의 주 생활 근거지는 서해안의 대도시(인천)인데, 교생으로 간 학교는 동해안의 중소도시(강릉시)라는 점이다. 일반적으로 교생실습은 주 생활 근거지에서 가까운 곳으로 간다. 한 달 정도 출퇴근을 해야 하기 때문이다. A와 B가 다니던 학교가 강릉에 있었고 그곳에서 자취 생활을 했다는 것 외에, 두 사람이 실습 학교를 굳이 강릉으로 정할 이유가 없어 보인다.

그렇다면 두 사람은 왜 강릉에 있는 학교에서 교생실습을 하려 했을까? 두 사람은 이전에도 인천 근처에서 유사한 범죄를 저지른 일이 있다. 자신들의 과거와 완전히 단절된 곳에서 전혀 다른 얼굴을 하고 또 다른 범죄를 벌이려 한 것이 아니었을까.

두 번째로 주목할 것은 A와 B의 관계이다. 교생실습 때 C와 특별한 관계를 맺은 사람은 A였다. 그런데 C를 자퇴시켜 원룸에 데려온 뒤 A는 뒤로 빠지고 B가 전면에 나서서 C를 관리한다. C가 죽음에 이르는 과정에서 폭행을 가하고 사망한 뒤 신고한 사람도 B이다. 둘의 관계에서 A가 대장·머리·주인이라면, B는 부하·손발·하녀였다.

사실 이러한 관계는 이들이 중학교 때부터 시작되었다. B는 '의존성 성격장애', A는 '자기애적 성격장애'로, 둘은 거의 한 인격체처럼 붙어 다니는 관계였다. 그러나 B에게 A는 유일한 존재였지만, A에게 B는 여러 B들 중 하나였을 뿐이다. 즉, A는 여왕벌, B는 일벌인 의존/돌봄 관계를 형성했던 것이다.

여중생 혹은 여고생 시절 일시적으로 나타나는 동성애 성향은 성역할과 집단 내 지위를 설정하는 과정에서 어려움을 극복하는 한 가지 방도일 수 있다. 그런데 그 관계가 사회성으로 확대되지 못하고 고립될 때 문제가 발생한다. 동성 관계에서의 고립은 이성 관계에서의 고립보다 더 어려움을 겪을 가능성이 높다. 대개 이런 의존/돌봄 관계는 사회관계가 확대되면 자연스럽게 해소되지만, 그렇지 못한 경우도 더러 존재한다.

또한 A처럼 자기애적 성격장애를 가진 존재는 관계를 유지하기 위해 특별한 기제를 사용하는데, 그 기제가 돈이나 권력일 수도 있지만 때로는 의존성을 가진 상대가 필요로 하는 특별한 존재일 수도 있다. A가 B와의 관계를 유지하기 위해 선택한 기제는 남자 친구의 공급이었다. 문제는 A가 B에게 소개한 남자 친구가 실제 인물이 아닌 가상의 인물이었다는 것이다. A는 가명으로 개설된 대포폰을 이용해서 가상의 남자 행세를 하며 B에게 지속적으로 문자를 보냈고, B는 A가 보내는 문자를 A가 소개해 준 남자가 보내는 문자로 알고 오직 문자로(!) 연애를 했다. 1년이 넘도록.

어떻게 이런 일이 가능할까? B는 이 사실을 전혀 몰랐을까? 아마도 B는 문자를 보내는 남자가 가상의 인물이라는 사실을 알았을 것이다. 사실 B가 원한 것은 실제 존재하는 남자가 아니라, 그것을 매개로 형성되는 A와의 관계였다. B에게 필요한 것은 남자 친구가 아니라 A의 인정이었으므로 사실을 눈치챘다고 해도 모르는 척 연극을 했을 가능성이 높다. B에게는 A와 문자를 주고받고 있다는 사실이 중요했으므로. 이것이 A와 B가 사는 방식이었다. 또한 겉으로는 둘의 관계가 깨지는 것을 B가 더 두려워하는 것처럼 보이지만, 실제로는 A가 B보다 더 두려워했을 것이다. 이것이 바로 '의존성 장애'와 '자기애적 장애'가 맺는 상보적 관계의 특징이다.

A는 여왕벌 같은 존재다. 29세 여왕벌과 18세 남자 고등학생이 정상적으로 사귈 가능성은 거의 없다. 늘 그랬듯 A는 여러모로 자신을 만족시켜 줄 수컷이 필요했을 것이다. A가 살아온 삶의 궤적을 보면, A가 필요로 한 사람은 굳이 사랑하는 남자가 아니었음을 알 수 있다. A에게는 자신의 필요한 부분을 채워 줄 일벌이 필요했을 뿐.

그렇지만 B나 C의 입장에서 보면 A와의 관계는 사랑이고 사귀는 것이다. 또 B는 A와 C 사이의 관계를 알고 부러워했다. B는 A와 C의 관계가 사귀는 사이라고 말했지만, 그 관계의 본질을 알고 있었을 것이다. 그렇다면 D는? A 주변에는 D와 같은 일벌들이 여럿 있었다. D는 전화 한 통이면 언제든지 달려와 불법적인 일도 해 줄 수 있는 여러 일벌 중 하나였다. 곧, A와 B는 '친구'라고는 하지만 사실 한 명은 '주인'이고 다른 한 명은 '노예'의 관계였고, 사건 진행 과정에서 나타난 남자 친구 D는 둘의 관계를 유지하는 데 필요한 일종의 도구였다.

A와 B 둘은 이전에도 몰려다니며 반사회적인 행동을 해 왔다. 그 과정에서 여성으로서 하기 어려운 일은 남자를 꾀어서 시키고 그 다음에는 바로 버렸다. 필요에 따라 범죄행위도 서슴지 않았다. 그러나 부모 형제 등 가족들은 이들이 어떤 존재이고, 어떤 관계인지 전혀 몰랐다. 맨날 붙어 다니는 '절친'이라고만 생각했다. 이들이 이전에는 큰 규모의 범죄를 저지르지 않았기 때문이다.

이 사건의 실질적 주범인 A는 사건 뒤에 숨어서 B를 단독 살인범으로 몰고, C에 대한 부정적인 여론을 만들면서 고소·고발 등으로 경찰과 검찰, 언론 등 관련 기관에 압력을 가했다. B의 자백으로 어느 정도 사건의 전말이 밝혀지고 기소가 이루어졌지만, A는 혐의를 강하게 부정하면서 복원된 C와의 문자 내용 정도만 인정했다. 이후 검찰 수사와 1심 재판 과정에서도 A는 B의 뒤에 숨어서 교묘한 방법으로 B를 조종하고 여러 가지 방법으로 판사와 방청객 등을 속이려 했다.

영화에서나 볼 수 있는 전형적인 소시오패스의 행동양식이다. 어찌 보면 특별할 것 없는 평범한(?) 살인 사건처럼 보이지만, 그 실상은 어떤 잔혹한 살인 사건 못지않게 잔인하다. 범인들은 무차별하게 사람(들)을 자신의 욕구대로 이용해 먹고 이용 가치가 없어지면 가차 없이 버렸다. 성적 대상으로 이용하고, 돈을 착취하고, 분풀이 대상으로 삼아 무자비하게 폭행을 가하고, 강간범으로 몰고, 결국 죽음으로 내몰았다.

1등 제일주의 사회가 소시오패스 만들어

소시오패스는 '소시오 socio'라는 단어의 의미대로 사회성이 결핍된 사람이다. 그러나 이들은 평소 일상생활에서는 보통 사람과 다르지 않기 때문에 이들의 범죄 가능성을 미리 예측하기란 매우 어렵다. 보험 사기(곗돈 사기), 다단계 사기, 종교 범죄 등의 화이트칼라 범죄도 소시오패스 범죄에 해당한다. 이 범죄들은 기본적으로 신뢰 범죄의 영역이다. 범죄 피해자의 약점을 파악하고 그 약점을 파고들어 신뢰를 얻고 그 신뢰를 토대로 주종 관계를 형성한다는 점에서 인천 살인 사건의 주범 A의 행태와 다르지 않다.

우려스러운 점은, 최근 우리나라에서 소시오패스 사건이 너무나도 많이 일어난다는 것이다. 자신의 목적을 위해 다른 사람을 짓밟는 일이 자본주의사회의 경쟁 논리로 포장되고, '성공' '1등'을 최고 가치로 여기며, 한 번 실패하면 영원히 낙오자가 되는 사회는 철저하게 소시오패스가 성공하는 사회이다. 학교와 가정에서 타인을 밟고 승리하도록 가르치고 강요하는 사회에서 소시오패스 범죄가 줄어들기를 바라는 것 자체가 모순이다.

그래서 공허하게 들릴 수도 있겠지만, 소시오패스 범죄 대책을 언급할 때 가장 중요한 전제로 논의되어야 하는 것이 사회의 공정함, 곧 진짜 '정의justice'다. 그동안 우리 사회는 발전, 개발, 근대화 등의 목표를 이루기 위해 거침없이 달려왔고 상당한 성과를 이루었다. 이는 부정할 수 없는 사실이다. 그러나 그 과정에서 가장 중요하고 소중한 것을 잃어버렸다. '사회', 정확히 말하면 '공적 관계'가 완전히 무너져 버린 것이다. 그 빈자리를 철저하게 가족이 메워 왔으나, 가족 가치마저 점차 붕괴하는 가운데 이를 대체할 다른 가치를 찾지 못하고 있다.

현재 우리 사회에서 공적 관계는 거의 사라졌다고 해도 과언이 아니다. 그러나 인간은 공적 관계, 즉 '사회' 없이는 삶을 영위할 수 없으며, 인간의 재생산도 가능하지 않다. '사회' 없이 살아도 별일 없을 거라고 생각하겠지만, 그런 삶이 바로 소시오패스의 삶이다. 타인을 생각하지 않고 오로지 자기만을 생각하는……

지능형 사이코패스, 강호순
경기 서남부 연쇄살인 사건

보통 사람들이 실생활에서 사이코패스를 만날 일은 거의 없다. 일반적으로 사이코패스는 전체 인구의 1퍼센트 정도이고, 이 중 범죄 성향을 외부로 드러내는 경우는 0.01퍼센트에 불과하다. 언론에서 게임 중독자나 히키코모리 같은 은둔형 외톨이들이 벌인 참혹한 범죄를 사이코패스 범죄로 단정하기도 하지만, 엄밀히 말해서 그들을 사이코패스라고 규정하는 것은 무리가 있다.

개인적으로 한국 사회에서 일어난 '사이코패스 연쇄살인 사건'의 최초 사례는 '경기 서남부 연쇄살인 사건', 일명 '강호순 사건'이라고 생각한다.

2009년 1월, 경기도 군포에서(2008년 12월) 실종된 여대생 살해 용의자로 체포된 강호순은, 수사 과정에서 2006~2008년 수원·화성·안산 등 경기 서남부 일대에서 일어난 연쇄 실종 사건의 유력한 용의자로 지목됐다. 처음에는 완강히 혐의를 부인하던 강호순은 증거가 하나둘 발견되자 자신이 군포 여대생을 포함하여 여성 8명을 살해했다고 자백했다.

강호순이 검거되었을 때 나는 서울지방경찰청 산하의 일선 경찰서 과학수사팀 소속 프로파일러로 수사에 참여했다. 사건 발생 지역이 경기도였기 때문에 주요 프로파일링 업무는 경기경찰청과 본청의 프로파일러들이 맡고, 서울경찰청 소속 프로파일러가 2차 지원 업무를 맡는 형식이었다. 하지만 수사가 길어지면서 이런 구분은 무의미해졌고 모든 프로파일러들이 현장에 투입되어 지원 업무를 수행했다. 나 역시 소속 경찰서에서 담당 사건을 처리하고, 저녁에는 사건 발생 지역으로 퇴근하여 수사에 참여했다.

연쇄살인 사건 분석에서 프로파일링의 핵심 요소는, 첫째 피해자 연관성(피해자와 가해자의 관계), 둘째 범죄 방식M.O. : Modus Operandi의 성격, 셋째 지리적 특성이다. 그러나 특정 사건이 다른 연쇄 사건의 일부라는 사실을 즉각적으로 알 수 없으므로, 가장 먼저 선행되어야 하는 것은 사건의 범위를 확정하는 일이다. 일련의 사건들이 하나의 연쇄 사건에 포함될 수도 있지만, 그 반대로 전혀 상관없는 사건인데 시간적·공간적 유사성만 있을 수도 있다. 만약 관련 사건들을 연쇄 사건의 흐름 속에 정확하게 배열하고 무관한 사건들을 배제할 수만 있다면 그 자체로 사건의 본질을 파악한 것이라 해도 무방하다.

그런데 이 작업은 한순간에 결론에 이를 수 없으며, 영화나 드라마에서처럼 누군가가 연쇄 사건에 관련된 시체들을 죽 늘어놓고 비교하기 쉽게 설명해 주는 것도 아니다. 다양한 층위의 사건들을 여러 측면에서 분석하고 가설적으로 사건의 범위를 확정하면서 프로파일링이 시작된다.

사전 분석의 대상이 되는 사건은 시체가 발견된 살인 사건을 비롯하여 가출이나 실종으로 처리된 사건, 절도 사건, 강도 사건, 강간 사건까지 모두 포함된다. 실종, 강도, 절도, 강간으로 처리된 사건들이 연쇄살인의 흐름 속에 배열될 가능성을 완전히 배제할 수 없기 때문이다. 이처럼 일정한 시간적·공간적 범위 안에 존재하는 모든 사건을 사전 분석하는 과정에서 앞서 언급한 피해자 관련성, 범죄 방식, 지리적 연관성 등을 검토하고 그 결과로 사건의 범위를 가설적으로 확정하게 된다.

강호순 사건의 경우, 우리 수사 당국은 초기에 사건의 윤곽을 파악하는 데 많은 시간을 허비했다. 강호순이 2006년부터 2년여에 걸쳐 경기 서남부 일대에서 저지른 연쇄 범죄 행각이, 미국 서북부 시애틀 근교에서 발생한 유명한 '그린리버 살인 사건'과 그 범죄 수법과 피해 대상, 범죄 공간 등 여러 면에서 매우 유사했다는 점에서 수사 초기의 혼선은 안타까운 일이 아닐 수 없다.

짐승의 마음을 가진 냉혈한

강호순이 체포된 뒤 그가 경기 서남부 일대에서 일어난 여성 연쇄 실종 사건의 범인이라는 사실이 드러나고 구체적인 범죄 행적이 낱낱이 밝혀지자, 수사 담당자들은 물론이고 온 나라가 경악을 금치 못했다. 강호순은 짐승의 마음을 가진 냉혈한이면서 이를 철저히 감출 수 있는 '지능형 사이코패스'의 전형이었다.

　그를 알고 지내던 이웃 사람들이 뉴스를 보고 경악할 만큼, 평소 강호순은 인사 잘하고 친절하고 부지런하고 성실한 사람이었다. 번

¶ 1982~1984년 사이 미국 워싱턴 주 켄트 지역에서 일어난 49건의 연쇄살인 사건. 첫 희생자의 시신이 발견된 시애틀 남쪽의 그린 강 이름을 따서 '그린 리버 살인 사건'이라 불린다. 1983년 경찰에서 유력한 용의자 개리 리지웨이Gary Ridgway를 체포했으나 증거 불충분으로 석방했다가, DNA 기술의 발달로 13년이 지난 뒤 그의 타액 샘플과 초기 희생자 시체 3구에서 추출된 DNA 샘플이 일치한다는 것을 확인하고 2001년 11월 범인으로 지목하였다. 개리 리지웨이는 개별 혐의를 인정할 경우 사형 대신 가석방 없는 종신형으로 형량을 경감해 주는 조건으로 49건의 살인 사건 중 42건에 대해 자백했다. 2013년 12월, 미국 법원은 리지웨이에게 가석방 없는 종신형을 선고했다.

누가 진짜 범인인가

98

듯한 상가를 소유하고 있었고, 자동차도 석 대나 보유하였으며 돈도 잘 썼다. 겉으로 보기에는 성실하고 친절하고 예의 바른 자영업자 사장님이었다. 그의 웃는 얼굴 어디에서도 악마의 모습은 찾아보기 어려웠다. 강호순은 그렇게 무서운 인간이었다.

강호순은 사람을 다루는 솜씨도 보통이 아니었다. 그가 검거되기 전 여성 실종사건이 연달아 발생하면서 여성 혼자 낯선 사람의 차에 동승하지 말라는 앰버 경고amber alert[11]가 내려졌음에도 피해자가 계속 나왔다. 강호순의 호남형 외모와 순박한 인상이 여성들의 경계심을 누그러뜨린 것이다. 강호순이 차 안에 비치한 아들의 사진도 큰 역할을 했다. 이는 앞서 말한 '그린리버 살인 사건'의 범인인 사이코패스 연쇄살인범 개리 리지웨이의 수법을 따라한 것으로 보인다. 리지웨이 역시 차로 사람들을 납치할 때 앞좌석에 어린 아들의 사진을 놓고 피해자들을 안심시켰다.

강호순은 살인을 저지르기 전에도 자신이 기르던 개들을 죽였다고 한다. 어린 시절 사이코패스의 폭력적 기질이 표출되는 계기가 바로 애완동물 학대와 살해다. 물론 보통 아이들도 애완동물을 괴롭

---

[11] 1996년 미국 텍사스 주 알링턴에서 납치되어 잔혹하게 살해된 9세 어린이의 이름을 붙인 경고 프로그램이다. 어린이 납치 사건이 발생할 경우 고속도로의 전자 표지판과 텔레비전·라디오 등 방송을 통해 납치된 어린이를 공개함으로써 국민들의 제보를 유도한다.

힌다. 하지만 호기심에 장난으로 한두 번 괴롭히는 것과, 괴롭힘과 학대 그 자체에서 쾌감을 느끼는 것은 전혀 다르다. 강호순은 직접 개 사육장을 운영하면서 개를 학대의 대상으로 삼거나 식용으로 팔았다. 아마도 살인을 할 수 없는 시기에는 개를 학대했을 것이다.

한 가지 흥미로운 사실은, 강호순의 실체와 범죄 사실이 하나씩 드러나면서 사회적 관심이 뜨거워지자 언론에서 강호순의 얼굴을 공개했을 때 강호순이 보인 반응이다. 강호순은 그 사실을 알고 매우 당혹스러워했으며, 이후 얼굴 노출을 극도로 꺼리는 행동을 보였다. 이런 반응은 사이코패스의 전형적인 자기애, 자기중심 성향의 표출로 보인다.

모든 사고의 중심에 자기 자신이 있으며, 그 안에는 자신의 소유물인 자녀도 포함된다. 사람들을 아무런 양심의 가책 없이 처참하게 죽이면서, 그 과정에서 자기 손톱이 조금만 깨져도 눈물을 흘리며 슬퍼한다. 강호순이 자신의 살인 스토리를 책으로 출판해서 자식에게 인세를 물려주겠다는 발언을 한 것도 이런 맥락이다. 실제 수사 면담에서 강호순은 자신이 사용한 살인 기술이나 솜씨를 자랑하기까지 했다. 전형적인 자기과시다.

강호순은 어쩌다가 극악무도한 연쇄살인범이 되었을까? 가정환경의 영향도 있었겠지만 생물학적 영향이 크게 작용한 것으로 보인다. 수사 결과와 여러 심리검사 결과를 종합해 보았을 때, 강호순은 '정신병질자 사이코패스'에 해당하는 것으로 판단된다. 강호순 이전에도 유영철·정남규 등의 연쇄살인범이 있었지만, 이들이 '묻지마 살인범' '사회분노형 살인범' 정도에 해당한다면, 강호순은 서구적 의미 혹은 학문적 의미에서 '사이코패스 연쇄살인범'이라고 규정할 수 있는 인물이다.

한 가지 안타까운 것은, 이 사건에 대해 좀 더 정확한 진단을 내리려면 사건 초기부터 전문가들이 참여하여 심도 깊은 연구와 분석이 이루어졌어야 하는데, 경찰 수사 단계에서 진행되던 프로파일러의 수사 면담이 검찰로 송치된 이후 완전히 단절되어 아예 접근하지도 못하게 되었다는 사실이다. 검찰로 넘어가면서 환경이 바뀌자 강호순은 초기 진술을 번복했고, 그러면서 피해자들의 시체를 찾지 못하는 등 여러 문제가 발생하기도 했다.

'사이코패스 연쇄살인'의 위험성과 대비의 중요성을 끊임없이 이야기하면서도, 정작 사건이 벌어지자 어떻게 접근해야 할지 갈피를 잡지 못하여 허둥지둥하고, 범인을 잡고 난 뒤에도 교훈을 얻지 못한 채 사건이 마무리되고 만 것이다.

강호순은 2009년 8월 사형을 선고받고 현재 복역 중이다. 일반적인 살인범 사형수의 경우 학문적 연구나 교화를 목적으로 범죄심리학자·교정 전문가·종교인 등이 면담을 진행하는데, 강호순 같은 사이코패스 살인범은 면담 진행 자체가 상당히 어렵다. 면회 온 사람들을 지능적으로 이용하려는 경향이 강하고, 사람의 마음을 잘 조종하기 때문이다. 현재 강호순은 교도소 안에서도 추종자를 만들어 마치 조폭 두목처럼 대접받으며 잘살고 있다고 한다.

묻지마 범죄의 원조, 정남규

서울 서남부 연쇄살인 사건

공동체와 타인에 대한 막연한 분노와 공격 욕구를 가진 사람들은 폭증하는데 이를 대비할 사회적 안전망은 거의 준비되어 있지 않은 사회, 자살률 1위 기록에서도 드러나듯 절망감은 너무나 큰 반면 이를 치유할 의지도 방법도 없는 사회, 심화된 양극화로 소수 기득권자들의 천국이 되어 공적 공간에서 버려진 많은 사람들이 절망 속에서 살아가는 사회, 우리 사회 곳곳에서 넘치는 분노는 어디로 향할까?

2004년부터 2006년까지 3년 동안 서울 서남부 지역에서 초등학생과 20대 여성 등을 대상으로 24건의 강도 상해 및 살인 행각을 벌여 총 13명을 살해한 정남규를 기억하는 사람이 많을 것이다. 잔인한 범죄 행각뿐 아니라 그가 재판 과정에서 보여 준 모습, 곧 "사람들을 죽일 때 자부심을 느꼈다"는 발언과 전혀 뉘우치지 않는 태도가 더 충격적이었다. 정남규는 항소심 재판에서도 "부자를 더 못 죽여 안 타깝다. 빨리 사형을 집행해 달라"고 하고, 최후진술 도중 "살인에 대한 배고픔이 여전하다"는 발언을 내뱉어 방청객들을 경악시켰다. 이후 구치소에서 수감 생활을 하던 정남규는 2009년 11월 스스로 목을 매 자살했다.

은둔형 외톨이의 충동적인 '계획범죄'

정남규는 현장검증 과정에서 이를 지켜보는 피해자 가족과 이웃들에게 발길질을 하는 등 전혀 죄책감을 느끼지 않는 모습을 보여 사이코패스라는 의심을 받기도 했다. 하지만 극악무도한 연쇄살인범이 모두 사이코패스는 아니며, 또한 죄책감을 느꼈다는 범죄자 본인의 진술만 놓고 사이코패스가 아니라는 식으로 쉽게 단정 내릴 수도 없다. 정남규가 자살로 생을 마감한 것도 일반적인 사이코패스 성향과는 거리가 멀다.

연쇄살인범, 연쇄 강간범, 연쇄 방화범을 다수 수사하고 면담한 프로파일러들도 이런 문제에는 상당히 조심스럽게 접근한다. 단지 몇 가지 상황과 피상적인 근거로 범죄자를 사이코패스 혹은 소시오패스로 규정할 수 없기 때문이다. 만약 유전적 · 생물학적 이상 없이 정상적으로 성장한 보통 사람이 사회문화적인 요인에 의해 무차별하고 잔인하게 사람을 살해했다면 그 범행 기제가 무엇인지 치밀한 설명이 필요하다. 아무 이유 없이 미쳐서 살인을 했다고 한다면, 밑도 끝도 없는 공포를 양산하는 결과만 낳을 뿐이다.

정남규 사건의 경우, 그가 '사이코패스'('반사회적 인격 장애')인지 여부보다는 그의 범행이 '묻지마 범죄'의 전형적인 특징을 보인다는 데 주목해야 한다. 중요한 것은 정남규가 어떤 유형의 연쇄살인범인가이다. 정확히 말하면 정남규는 '묻지마 연쇄살인범'이며, 그 원인 중 하나로 '반사회적 인격 장애'가 작용했다고 볼 수 있다. 또한 정남규 사건과 범행 시기가 겹쳐 종종 함께 거론되는 '유영철 사건'과 비교해 볼 때, 유영철이 '차가운 분노형'이라면 정남규는 '뜨거운 분노형'에 속한다.

정남규는 칼을 넣은 가방을 어깨에 걸치고, 가방 안에 손을 넣어 뒤로 한 채 길거리를 배회하다가 무작위로 상대를 골라 찌르고 도망가곤 했다. 길거리에서 피해자와 마주치면 숨겨 두었던 칼을 빼서 순식간에 허벅지 등을 찌르고 다시 칼을 숨긴 채 종종걸음으로 도망가는 식이었는데, 피해자들은 워낙 순식간에 벌어진 일이다 보니 자기가 무슨 일을 당했는지도 모른 채 피를 흘리고 쓰러져 큰 상해를 입거나 과다 출혈로 사망했다. 혼자 걸어가다가 당한 사람도 있지만, 두어 명이 함께 지나가다가 당한 경우도 있었다. 순식간에 찌르고 사라지니 동행들도 대응을 못하고 허둥댔다.

이런 무차별적 특징은 정남규가 저지른 또 다른 유형의 침입 범죄에서도 뚜렷하게 나타난다. 정남규는 신림동·봉천동 등 주택가에서 대문 혹은 현관문이 열려 있는 가정집에 무차별 침입하여 상대가 누구든 가리지 않고 칼이나 망치로 상해를 입히고 순식간에 도주했다.

정남규 사건의 실체가 드러난 것은 순전히 우연이었다. 정남규가 강도 사건을 벌이다가 실수로 잡혀 들어왔는데, 그때까지도 수사 당국은 정남규가 벌인 여러 사건의 실체를 제대로 파악하지 못하고 있었다. 강도 사건으로 잡혀 들어온 정남규를 심문하던 중 그의 행동과 행적을 수상하게 여긴 담당 수사관이 추궁한 끝에 일부 사건에 대해 자백을 받았고, 사태가 심각하다고 판단한 담당 팀장이 지방청에 보고하면서 정남규 사건의 실체가 드러나게 되었다.

그의 범죄 행각이 알려진 뒤 경찰은 물론이고 시민들이 많이 놀라고 당황한 것은, 이전에는 이런 종류의 범죄를 경험해 본 없었기 때문이다. 1994년 '지존파 사건'이 있었지만 단기간에 집단적으로 이루어진 범행이었고, 정남규 사건처럼 '은둔형 외톨이'가 오랜 시간 동안 특정 공간을 기반으로 계획적 범행을 벌인 사례는 없었다. 그런 까닭에 혹자들은 '계획적 범행'과 '묻지마 범죄'가 양립할 수 있는지 의문을 품기도 하는데, 충분히 가능한 일이다.

정남규는 살인 등 범행을 저지를 때 아주 치밀하게 세부 계획을 세웠다. 범행 대상을 선정할 때에도 20대 여성을 최우선으로 하고 그 다음 여자아이, 남자아이 등으로 우선순위를 매겼다. 전체적으로 머릿속에 살인과 폭력의 윤곽을 대략 그려 놓고 실행하되, 구체적인 상황에 따라 변화를 준 것으로 보인다. 범행 초기 무차별 흉기 난자에서 급소 공격으로 빠르게 진화한 것, 흉기에서 둔기로 한 단계 높은 수단으로 진화한 것 등도 계획적 범행이라는 판단에 무게를 실어 준다. 그러나 계획 범행 외에도 즉각적으로 대상을 선정하여 폭력 가해한 사건들도 있어서, 폭력 충동을 억제하지 못해 애초 계획을 넘어서는 범위의 범죄도 종종 일으켰음을 알 수 있다.

곧 정남규의 범죄 행각에는 계획성과 활동 공간의 기회 요소 두 가지가 공존하며, 이처럼 계획 범죄에 기회 범죄가 추가된 형태는 그가 주로 활동했던 지역의 공간적 특성에서 비롯된 것으로 보인다. 만약 기회 요소가 약했다면, 다시 말해 범행이 쉽게 노출될 만한 공간이었다면 본래 계획했던 범죄 위주로 실행했을 것이다. 이 점이 유영철 사건과 가장 큰 차이점이다.

정남규가 2년 동안 완전범죄를 저지를 수 있었던 것 역시 공간적 특성의 영향이 컸다. 당시 정남규가 주로 활동하며 범행을 저질렀던 서울 서남부 지역은 좁은 공간에 인구밀도가 대단히 높아서 인적 위협 요인을 확인하기 어렵고, 다세대·다가구 주택과 원룸 주택이 겹겹이 다닥다닥 붙어 있어 좁고 구불구불한 골목길이 많았다. 또한 재개발을 위해 파헤치고 무너진 주택들을 중심으로 곳곳에 슬럼가가 형성되어 있었으며, 조명이 빈약하거나 있더라도 사각지대가 많고, 얕은 보안 의식으로 인해 대문이 열려 있는 집도 많았다.

정남규 사건이 일어나고 10여 년의 세월이 흐른 지금, '이유 같지 않은 이유'로 불특정 다수 혹은 개인에게 분노를 표출하는 '묻지마 범죄'는 그리 놀라운 일이 아니게 되었다. 장기간에 걸친 연쇄살인은 아니더라도, '웃는 게 싫어서' '남들만 잘사는 것 같아서' 등의 어이없는 동기로 사람을 죽이거나 폭행하는 사건도 심심치 않게 뉴스에 등장한다.

이는 비단 우리나라만의 현상은 아니다. 다른 나라의 묻지마 범죄 사례를 살펴보면, 일본의 경우 2012년 심한 스트레스에 시달리던 회사원이 문자로 해고 통보를 받은 것에 충격을 받아 동경 도심 한복판으로 차를 몰아 사람들을 죽이고 차에서 내려서도 흉기를 휘둘러 사람들을 죽인 사건이 대표적이다. 평소 머릿속으로 살인을 계획했던 범인에게 특정 자극(해고 통보)이 방아쇠로 작용해 폭발한 경우다.

미국에서는 재미 한국인 조승희가 총기를 난사하여 32명이 사망한 일명 '버지니아 공대 총기 난사 사건', 'D.C. 스나이퍼 사건' 등이 대표적인 '묻지마 범죄' 사건으로 꼽힌다. 'D.C. 스나이퍼' 사건의 범인 역시 한순간에 폭발했지만 장기간 범행을 계획했다. 유색인종으로서 걸프전과 아프간전쟁에 참전했던 범인은 참전 스트레스와 사회로부터 소외당하고 있다는 고립감에 시달리고 있었다. 결국 범인은 전쟁에서 저격수로 활약했던 실력으로 차량에 소총을 싣고 도시

마다 다니면서 무차별로 사람을 쏘았다.

　이러한 범죄의 원인으로 일본은 장기 불황으로 인한 심각한 양극화 현상, 미국은 인종차별·실업·전쟁 수행 스트레스 등이 지목되었다. 문제는 취약한 상황에 놓인 사람들이 점차 단기간 폭발이 아니라 장기적인 계획성으로 변화하고 점점 더 진화하면서 다양한 방법을 동원하고 있다는 것이다. 우리 사회의 '묻지마 강력 범죄'도 점점 진화하고 다양화되고 있지만, 안타깝게도 범죄 수사와 예방책은 답보 상태를 벗어나지 못하고 있다.

　'묻지마 범죄'는 말 그대로 범행 대상이 무차별적으로 선정되므로 미리 사전에 예방하고 대응하는 것이 사실상 불가능하다. 그러나 정남규 사건에서 보듯이 범행을 용이하게 만드는 기회 요소가 분명 있었다. 최소한의 안전장치로 공간의 특성에 맞는 지역 적합성 범죄 예방 시스템을 마련하는 것이 필요하다. 특히 범죄에 취약한 주택 밀집 지역의 경우, 기본적인 보안장치로 잠금장치와 출입 통제 장치 등을 철저하게 마련해야 하며, 주요 지점에 CCTV를 반드시 설치해야 한다.

　범죄 예방 시스템은 기계적인 것만을 의미하지 않는다. 주민들의 보안 의식, 상호 감시 의식 등 공동체적인 감시와 기계적인 요소가 합쳐질 때 종합 범죄 예방 시스템이 제대로 기능하여 범죄 예방 효과를 가져올 수 있다.

　그러나 이는 말 그대로 최소한의 예방적 차원이며, 좀 더 근본적인 해결책을 모색하려면 범죄를 둘러싼 언술의 사회적 의미를 찾아야한다. 경찰 조사부터 재판에 이르기까지 정남규가 내뱉었던 말들, "사람들을 많이 죽일 때 자부심을 느꼈다." "부자를 더 못 죽여 안타깝다." 등의 발언에는 사회와 타인에 대한 강한 적대감이 담겨 있으며, 그의 범죄행위가 대중과 공공을 향한 것이었음을 의미한다. 즉, 묻지마 범죄는 개인이 극단적으로 사회로부터 소외된 상태에서 벌일 수 있는 가장 높은 수준의 일탈로서, 무차별하게 공동체를 파괴하는 사회적 범죄인 것이다.

개인이 폭력을 행사하는 데는 여러 가지 이유가 있겠지만, 묻지마 범죄와 관련하여 미국의 범죄사회학자 머튼R. K. Merton의 말에 귀를 기울일 필요가 있다. 머튼은 정당한 수단으로 목적을 이루기 힘들 때 폭력을 행사하게 된다고 이야기한다. 정당한 수단을 취득하는 것 자체가 사회적으로 특정한 방식으로 규정되어 있기에, 그로부터 원천적으로 배제된 경우 공동체를 파괴하는 방식으로 목적을 이루려한다는 것이다.

박춘봉이 불러낸 '조선족 괴물'

수원 팔달산 토막 살인 사건

2014년 12월 4일, 수원시 팔달산 등산로에서 사람의 시신 일부가 토막 난 채 들어 있는 검은 비닐봉지가 발견되었다. 그리고 7일 후인 12월 11일, 수원 매교동 수원천에서 살점이 들어 있는 비닐봉지 6개가 추가로 발견되었다. DNA 검사 결과, 토막 난 사체는 모두 한 사람의 것으로 확인되었다.

경찰은 11일 시민의 제보로 범인이 시신을 훼손한 것으로 추정되는 장소를 확인하고, 이어 수원시 한 모텔에서 한 여성과 투숙하려던 유력한 피의자를 체포했다. 범인은 재중 동포 불법체류자 박춘봉이었다. 박춘봉을 검거한 뒤 팔달산 등산로 근처에 매장되어 있는 피해자의 오른쪽 다리와, 수원 야산에 버려진 머리 · 장기 등 시신 일부를 추가로 수습하였다.

경찰은 박춘봉이 임시로 얻은 월세방에서 혈흔을 채취하고 DNA를 분석하여 혈흔의 DNA가 살해된 여성의 것과 일치한다는 것을 확인했다. 박춘봉은 처음에는 묵비권을 행사하였으나, 경찰이 증거를 제시하자 범행을 시인했다. 경찰로부터 사건을 넘겨받은 수원지검은 20여 일간의 조사 끝에 1월 7일 박춘봉을 살인 및 사체 훼손, 사체유기 등의 혐의로 기소했다.

검찰은 박춘봉이 피해자를 계획적으로 잔인하게 살해했다고 보고 여죄가 있는지 집중 수사했지만 다른 혐의는 밝혀내지 못했으며, 경찰의 협조를 얻어 수습하지 못한 다른 신체 부위를 찾기 위해 수색을 진행했으나 역시 찾지 못했다.

장기 밀매? 인육 캡슐?

경찰과 검찰의 조사 결과 드러난 사실을 종합해 보면, 박춘봉은 동거녀였던 피해자가 변심하자 살해를 계획하고 11월 25일 일하던 공사장에 휴가를 내고 다음 날 오후 피해자가 근무하는 대형 마트를 찾아가 강제로 데리고 나온 뒤, 전 주거지로 데리고 들어가 목 졸라 살해하였다. 이후 전 주거지와 급하게 월세로 얻은 반지하 방 두 곳에서 시신을 훼손하고, 팔달산과 주거지 인근 등을 돌며 훼손한 시체를 버리고 귀가했다.

박춘봉은 조사 과정에서 의도적으로 살해한 것이 아니라 말다툼 끝에 피해 여성이 벽에 부딪혀 넘어져 숨졌다고 주장하면서, 중요한 피의 사실에 대해서는 침묵하거나 잘 기억이 나지 않는다는 식으로 얼버무렸다고 한다. 그러나 시신에서 목이 졸린 흔적이 발견되었을 뿐만 아니라, 범행 당일 직장에 미리 휴가를 낸 점, 피해자를 만나 전 주거지에 들어가자마자 10여 분 만에 살해한 점, 범행 직후 시신 훼손에 적합한 화장실이 넓은 방을 얻은 점 등을 미루어 볼 때 우발적 범행이라고 보기 어렵다.

사건 초기 언론에서 '토막 살인'(살아 있는 사람을 '토막' 내서 죽이는 것이 아니므로 '살인 후 토막(훼손)'이 정확한 표현이다.)이라는 엽기적 범죄 형태, 사건 발생 공간이 오원춘 사건 발생지와 거의 근접해 있다는 사실, 신장의 일부를 제외한 장기가 거의 없었다는 사실 등을 지속적으로 강조하며 영화 〈황해〉에서와 같은 조선족들에 의한 장기 밀매나 인육 캡슐 제조와 연결되었을 가능성에 주목하였고, 그 와중에 이름 있는 범죄심리학 교수가 인육 캡슐 가능성을 언급하면서 논란과 공포가 증폭되었다. 일반 시민들은 영화에서처럼 사람을 납치하여 장기를 빼내는 잔혹하고 엽기적인 범죄가 실제로 발생했을지 모른다는 생각에 경악을 금치 못했다. 물론 이는 근거 없는 낭설이었다.

사실 프로파일러라면 사건 초기 시신(일부)이 발견된 공간의 특성과 그 발견 형태만 보아도 이런 가능성이 매우 희박하다는 사실을 알 수 있다. 개인이 아니라 어느 정도 규모 있는 조직이 주도하는 장기 밀매 관련 사건이라면 사체 유기 장소를 이렇게 노출시킬 가능성이 거의 없기 때문이다. 박춘봉 사건의 실체가 어느 정도 확인된 뒤 드러난 증거를 바탕으로 범죄를 평가하고 재구성하는 것이 범죄심리학자의 몫이라면, 프로파일러는 최초 발견된 극히 제한적인 몇 가지 증거와 범죄 행동을 통해 '수사선'을 도출하고 범인상을 추정해야 한다. 이런 종류의 사건은 초기에는 사건과 관련된 증거가 매우 제한적일 수밖에 없다.

훼손 방법에서 드러나는 범인의 심리

이미 검찰 조사가 마무리된 상황이지만 사건 초기로 돌아가 범인의 특성을 유추해 보자.

프로파일러라면 이 사건에서 시신(일부)의 발견 형태와 공간, 훼손의 위치와 방법, 그리고 유기 방법에 특히 주목할 것이다. 먼저 시신 훼손의 위치와 방법을 살펴보자.

우리나라에서 이런 식의 '살인 후 토막' 사건의 경우 대부분 사타구니와 어깨 등을 중심으로 훼손되는 것이 일반적인 형태인데, 이 사건은 특징적으로 배꼽을 기점으로 사체를 훼손하였다. 전자와 같이 사지를 주로 훼손하는 경우는 대부분 유기 자체를 목적으로 하며, 이때 살인의 동기도 계획성보다는 우발성이 강하다. 우발적으로 살해한 뒤 다급한 마음에 가장 빠르고 쉬운 방법으로 시신을 훼손하여 사람들의 시야에서 사라지도록 땅에 깊이 묻거나 물속에 투기하는 방법을 선택한다. 반면 이 사건처럼 허리 부분을 훼손하는 것은 배꼽 아래 생식기와 관련된 부분을 의도적으로 감출 때 주로 사용되며, 이는 범인이 이런 식의 사체 훼손에 경험치가 있다는 증거이자 우발성보다 계획성을 강하게 추정할 수 있는 요소이다.

또한 근육과 뼈로 이루어진 (상대적으로 단단한) 부분과 내부 장기 (부드러운 부분) 등을 명확하게 분리하여 처리하는 수법 역시 경험치를 전제로 범인이 피해자를 대하는 심리 상태를 추정하는 근거가 될 수 있다. 범인은 신원을 추정할 수 있을 만한 신체 부위는 멀리, 알 수 없는 것은 가까이, 중간 정도의 것은 그 둘 사이의 중간 위치에 처리하고, 부패 진행 정도와 설치류 등에 의해 처리될 가능성이 높은 장소와 시간도 고려했다. 이 또한 그가 이전에도 이런 종류의 범죄에 대한 경험치가 있다는 추정을 뒷받침하며, 피해자에 대한 감정 상태를 추정할 수 있는 근거가 된다.

전체적으로 볼 때, 이 사건은 범행 시작부터 종료까지 주도면밀한 판단력과 평가 능력, 수행 능력, 인내심, 회피 능력 등이 일관되게 관철되고 있다. 범인이 어떤 도구를 사용했는지 확인할 수 없지만(비교적 단순한 도구와 육체적 힘을 이용했을 것으로 추정되는데, 이는 그만큼 노출되지 않는 최소치의 활동 반경 안에서 사체 훼손 작업이 이루어졌다는 것을 의미한다.), 비교적 긴 시간 동안 별다른 거부감 없이 꾸준한 작업을 했다는 점 역시 범인의 심리적 특성과 범죄를 대하는 자세와 관련이 있다.

이후 드러난 범인의 행적을 살펴보면 이러한 범행 수법을 선택한 배경이 좀 더 확실하게 드러난다. 범인의 행적에서 가장 눈에 띄는 것은 여성에 대한 과도한 소유욕과 집착이다.

피해 여성은 친언니의 소개로 박춘봉을 만났다. 언니가 착실한 사람이라고 여겨 동생을 소개했는데 실제 동거를 해 보니 본성(과도한 소유욕과 집착)이 드러났고, 이에 범인에게서 떠나려고 했다가 변을 당한 것이다. 범인 소유에서 벗어나려고 하는 행동이 범인의 자존감을 자극한 것으로 보인다. 때문에 존재 자체를 극단적으로 부정하는 방식, 곧 살해 후 과도한 사체 훼손으로 이어졌고, 같은 맥락에서 사체를 비닐봉지에 담아 마치 쓰레기 투기하듯이 야산이나 더러운 개울가에 던져 버린 것이다.

이와 같은 유의 범인들의 특성을 보면, 자신을 잘 감추며 최소한 3명 이상의 이성과 관계를 가진다. 한 여자에게서 만족하지 못하는 점을 다른 여자에게서 찾고 또 그 여자에게서 만족 못하는 점을 또 다른 여자에게서 찾는 식이다. 모두 소유 관계이며, 일반적으로 본인의 사회적 위치보다 낮은 집단에서 대상을 찾는다. 일정 시간이 지나 효용이 다한 여성은 이 사건의 경우처럼 죽이거나 이에 준하는

방식 즉, 다른 남자를 만나지 못하도록 얼굴에 상처를 내거나 여성의
상징 부분(앞가슴, 생식기 등)에 상처를 내기도 한다. 그리고 별다른
감정의 동요 없이 자신이 처리한 여자와 유사한 유형의 다른 여자를
찾는다.

공포를 불러오는 지나친 호들갑

여러 가지 정황상 박춘봉은 사이코패스일 가능성이 높다. 그가 사이
코패스라는 전제 아래 일반 사람들이 갖고 있는 사이코패스에 대한
오해를 하나 언급하고자 한다.

통상 할리우드 영화나 미국·영국 드라마 등에 나오는 사이코패
스들은 알프레드 히치콕의 〈사이코〉에 나오는 사이코패스나 〈양들
의 침묵〉의 '헥터 박사'처럼 말끔한 옷차림에 몸가짐이 정돈된 중산
층 이상으로 표현되지만, 현실의 사이코패스들이 꼭 그런 것은 아니
다. 현실에서는 막노동꾼 차림의 사이코패스도 얼마든지 가능하다.
중산층 사이코패스의 정형화된 이미지는 서구 사회의 일면적 특성
의 반영일 뿐, 곧바로 우리나라에 적용할 수는 없는 것이다.

이 사건에서 또 하나 주목할 점은, 범인이 중국과 우리나라를 넘나
드는 재중 동포, 일명 '조선족'이라는 점이다. 2012년 수원에서 20대
여성을 납치해 살해한 뒤 시신을 훼손하여 14개 비닐봉지에 나눠 담

아 유기한 오원춘도 조선족 출신이었다. 그러다 보니 조선족 범죄에 대한 불안감이 사회적으로 확산되고 있다.

2012년 입국 시 생체 정보 등록을 의무화하기 이전에 입국한 조선족들의 경우에는 신원 확인이 거의 불가능하며, 게다가 중국은 위조의 천국이어서 타인으로 가장하여 입국하는 방법이 너무나도 쉽고 흔한 일이었다. 이러한 조건이 실제 범죄 발생의 자양분이 되었고, 이것이 우리 사회의 도시 외곽 슬럼화 현상과 상승작용을 일으키면서 조선족에 의한 치안 불안이 현실화되고 있는 상황이다. 몇 건의 강력 범죄만 가지고 조선족 범죄에 호들갑을 떨 필요는 없지만, 근거 없는 불안이라고 치부할 것이 아니라 충분한 대응책을 마련하는 것 또한 분명 필요하다.

마지막으로, 이 사건이 갖는 사회적인 의미를 짚고 넘어가려 한다. 이 사건은 발생 초기부터 사이코패스 범죄로 규정되고 인육 캡슐 등 확인되지 않은 사실들이 확대 재생산되면서 사회적으로 커다란 공포를 몰고 왔다. 사건의 실체와는 별개로, 사이코패스라는 괴물을 만들어 내고 그것을 통해 혼란을 조장하며 이미지를 창출하는 전형적인 방식을 여실하게 보여 주었다. 강력 범죄가 공포를 통한 지배에 이용될 가능성을 우려한다면 지나친 걱정일까? 글쎄.

청소년의 '표현형 범죄'
용인 모텔 살인 사건

2013년 7월, 경기도 용인의 한 모텔에서 살인 사건이 발생했다. 10대 남성(19세)이 평소 알고 지내던 여학생(17세)을 모텔로 유인하여 성폭행한 뒤 목 졸라 살해하고 모텔 화장실에서 16여 시간 동안 사체를 문구용 칼로 손괴損壞한 사건이다. 범인은 사체 일부를 변기에 버리고 사체 대부분을 자신의 집으로 가져가 장롱 속에 하루 정도 보관했다. 해외에서 무역업을 하는 피해 여성의 부모가 딸과 연락이 닿지 않는다며 경찰에 신고하여 수사가 진행되는 가운데, 범인이 친구의 설득으로 경찰서를 찾아 자수했다.

서울에서만 하루에 10여 건의 살인 사건이 발생하고 강간 살인 사건도 특별히 주목받지 못하는 상황에서, 이 사건은 엽기적인 사체 손괴로 사회적으로 큰 파장을 불러일으켰다. 처참한 사건 현장을 일상적으로 접했던 나 역시 꽤 큰 충격을 받았다. 범인이 19세 어린 청년이라는 점, 잔혹한 사체 훼손, 16시간에 걸쳐 사체를 손괴하는 동안 SNS와 휴대폰 문자를 통해 친구에게 자신의 범행을 실시간으로 알린 점, 범인이 술이나 약물에 취한 상태가 아니라 맨 정신에 범죄를 저질렀다는 사실 때문이었다.

이 사건은 피해자를 성폭행한 뒤 살해했다는 점에서 2013년 여름 발생한 '대구 여대생 살인 사건'을 떠올리게 한다. 두 사건 모두 범행의 시작이 성폭행과 관련되었다는 점에서 유사해 보이지만, '대구 사건'의 경우 시체를 훼손하지 않고 그대로 저수지에 유기한 데 비해 이 사건의 범인은 상당한 시간을 들여 시체를 훼손했다. 대구 사건이 '잠복 헌터형 성범죄'에 해당한다면, 이 사건은 '분노형 가학 범죄'라고 할 수 있다.

이 사건의 가장 큰 특징은 사체 훼손 행위다. 범인은 살인 후 자신의 범행을 감추기 위해 사체를 훼손한 것일까? 아니면 처음부터 사체 훼손을 염두에 두고 살해한 것일까? 우발적이든 계획적이든 살인을 한 뒤 시신을 훼손하는 심리에는 독특한 특징이 있다. 살인 후 사체를 훼손하는 경우, 사체를 숨겨 검거를 피하려는 목적이 가장 크다. 사체의 부피를 작게 만들어야 산이나 저수지 등에 유기할 때 용이하기 때문이다. 이 사건의 범인 역시 경찰 조사 과정에서 "자신이 살기 위해" 사체를 훼손했다고 진술했다. 시체를 운반할 차량이 없어서 더 작게 시신을 훼손했다는 것이다. 그러나 범인이 여학생을 살해하기 전에 문방구에 들러 미리 칼을 구입했고, 훼손 과정을 실시간으로 SNS에 올려 알렸다는 점 등을 볼 때 미리 계획했을 가능성이 크다.

모든 살인자가 사람을 죽인 다음 시신을 훼손하지는 않으며, 훼손한다고 해도 '토막 살인', 그러니까 가방에 넣을 수 있을 정도의 크기로 훼손하는 것이 일반적이다. 이 사건처럼 16시간에 이르는 긴 시간 동안 엽기적으로 시신을 훼손하는 경우 분명 다른 이유가 있다. 유기의 용이성 차원을 넘어 분노의 표현, 수행 욕구, 지배욕 등이 관련되어 있다고 볼 수 있다.

범인은 어떻게 이런 잔혹한 범죄를 저지르게 되었을까? 범인의 성장 배경 및 주변 환경을 살펴보자.

범인은 초등학교 교사인 어머니와 외국에서 사업을 한 경험이 있는 아버지 밑에서 자랐다. 그의 아버지는 텃밭을 가꿀 때 고추 모종을 정사각형 모양으로 맞춰서 심을 정도로 편집증에 가까운 결벽증이 있었다고 한다. 학창 시절에 공부는 어느 정도 했지만 크게 흥미를 느끼지 못했고, 한 동네에 사는 중학 동창들과 함께하는 음악 활동에 애착을 가지고 있었다. 범인은 5∼6명으로 구성된 또래 집단에서 리더 역할을 하면서 그들과 함께 일탈 행동도 하고 외국 영상물에도 심취했다. 피해 여성도 그 친구들과 어울리다가 알게 되어 사귄 사이였다. 이런 또래 집단에서 대개 그렇듯이 여자를 공유하기도 하고 서로 빼앗기도 하는 그런 관계였다.

규율을 강조하는 교사 어머니, 편집증에 가까운 결벽증 성향의 아버지 슬하에서 자란 범인은 범행 당시 상대적으로 독립적인 공간(부모가 거주하는 주택 옆 공터에 놓인 가건물)에서 생활했고, 잔혹한 외국 영상물에 탐닉했다고 한다. 다음은 피의자 신문조서에 나온 범인의 진술이다.

– 주검을 훼손하는 방법은 어디서 배웠나?

"인터넷에서 돌아다니며 봤다. 유튜브 같은 데서."

– 피해 여성을 불러냈을 때 (인터넷에서) 검색한 내용을 한번 실행해 보겠다는 생각도 했나?

"처음엔 아닌데 나중에 그런 생각이 들었다."

– 훼손한 주검을 장롱 속에 넣은 이유는?

"그땐 너무 피곤해서 잠깐 마음의 여유를 갖고 싶었다."

– (잔혹한) 영화를 보거나 그런 (행동을 하는) 상상을 해 본 적이 있나?

"옛날부터 잔인한 영화를 많이 봤다."

사체를 엽기적으로 훼손하는 범죄에서 주목할 것은, 범죄자가 외부의 영향 없이 창의적으로는 절대 할 수 없는 일이라는 사실이다. 잔혹한 영화나 동영상·게임 등 어디에서든 보고 배운 행위이며, 이런 행위가 첫 번째가 아닐 가능성이 매우 크다. 규모는 작지만 다른 형태의 가학적이고 잔인한 행위가 선행되었을 것이다.

범인이 "잔혹한 공포영화를 자주 봤다"고 진술하면서 대중매체의 악영향에 대한 논란이 뜨거웠다. 실제로 강력 범죄를 저지른 범죄자들 중 많은 수가 대중매체를 통해 범죄 방법을 취득했다고 대답하며, 이러한 비율은 특히 10대 청소년 범죄자들에게서 더 높게 나타난다.

뇌의 성장이 완숙되지 않은 청소년들은 특정 행위를 가치판단이 아닌 상징을 통해 받아들인다. 10대 청소년 시기 비사회적 상황의 학습 기제는 놀라울 정도다. 생각이 아닌 행동으로 사고를 조직한다. 상징을 통한 학습이 청소년 범죄 흉포화의 주요 기제 중 하나로 작용하는 것이다. 청소년 시기 외부 자극을 적절히 관리하는 것이 중요한 이유다. 불안한 현실, 낮은 존재감에 대한 보상으로 좀 더 자극적이고 잔혹한 동영상과 게임에 탐닉하다 보면, 현실과 가상현실을 구분하지 못하고 게임에서 좀비들을 죽이듯 현실에서 사람을 잔인하게 죽이게 된다. 이 사건의 범인이 바로 이런 경우이다.

또 주목할 것은 10대 청소년 범죄의 경우 성인들의 재산 범죄, 폭력 범죄 등과 달리 '표현형 범죄'의 특성을 보인다는 사실이다. 성인 범죄는 필요한 목적 이상의 과도한 방법을 사용하는 경우가 드물지만, 10대들은 범죄행위에 감정을 표현하는 세대적 특성을 드러내며 종종 과도한 폭력을 사용하곤 한다. 통계적으로도 10대 청소년들의 범행은 날이 갈수록 흉포화해지고 재범률도 크게 증가하고 있다. 경찰청에 따르면, 전과 9범 이상 청소년이 2008년 953명에서 2013년에는 3,362명으로 4배 가까이 늘었다.

그렇다면 우리 사회는 청소년 범죄의 증가와 흉포화 경향에 어떻게 대처해야 할까? 용인 사건처럼 엽기적이고 충격적인 사건이 일어나면 여기저기서 대중매체의 악영향을 지적하는 목소리가 높아진다. 하지만 게임이나 영화 자체를 사회악으로 취급하는 것은 곤란할 뿐 아니라 그렇게 해서는 근본적인 처방과 대책을 찾을 수 없다. 한국 청소년들의 상황을 한번 돌아보라. 극심한 학업 스트레스, 혹독한 경쟁과 일상적인 좌절감, 한 번 실수로 영원히 낙오자가 될지 모른다는 공포, 미래에 대한 불안……. 한국의 10대들이 자극적이고 잔혹한 동영상과 게임에 탐닉하는 것은 어찌 보면 당연한 귀결이 아닐까?

게다가 우리 사회는 공교육(학교) 중심으로 구조화되어 있어서, 학교에서 벗어난 아이들은 사회에서 지워진 존재와 다름없다. 서울 외곽 지역이나 대도시 슬럼가의 모텔, PC방, 편의점, 원룸촌, 주유소 등에 가 보면 '가출팸'(가출 청소년 집단)이라는 이름으로 아무도 관심을 가져 주지 않는 청소년 은둔자들이 모여 있다. 아무 곳에도 속하지 못한 채 부유하는 아이들을 그대로 내팽개쳐 두는 것은, 시한폭탄을 끌어안고 있는 것과 같다.

학교가 제구실을 못해 떠난 아이들에게는 그들에게 맞는 방식의 사회화가 필요하다. 제2, 제3의 10대 청소년 범죄자의 발생을 막는 근본적 대책은 적절한 제도적 장치와 사회적 규범을 마련하는 것이며, 무엇보다 학교 밖에 버려진 아이들에 대한 관심이 절실하다. 2005년 이민자 청소년들이 주동이 되었던 파리 소요 사태¶가 남의 일만은 아닐 것이다.

¶ 2005년 파리 소요 사태는 프랑스와 인접 유럽 국가들에서 일어난 연쇄적인 차량 방화 사건 및 이민자 청소년들과 경찰 사이의 충돌이다. 가난한 이민자들이 모여 사는 프랑스의 교외 지대에서 동시다발적으로 소요 사태가 발생했으며, 자동차나 공공건물에 불을 지르거나 경찰을 공격하는 형태를 띠었다. 공식 통계에 따르면, 소요 사태의 처음 20일 동안에 8,973대의 차량이 불탔고 2,888명이 체포되었으며 1명의 사망자가 발생하였고 126명의 경찰이 부상당했다. 2005년 12월 10일, 자크 시라크 대통령은 각료 회의에서 3개월간의 비상사태를 선포하였다. 이 사건은 지난 한 세대 동안의 프랑스 이민정책이 실패했음을 만천하에 드러낸 사건이 되었으며, 프랑스식 사회통합 모델 및 경제모델에 대한 강한 의구심을 가지게 하는 계기가 되었다.

제4장

우리 안의 범죄

누가 내 부모를, 자식을 죽이는가

서울 천호동 친부 살인 사건

2013년 8월, 영화 〈공공의 적〉을 떠올리게 하는 살인 사건이 서울 천호동 주택가에서 발생했다. 아버지를 살해한 20대 아들은 범행 5일 만에 검거됐다. 일정한 직업 없이 이혼한 부모에게 용돈을 받아 생활하던 아들은 자동차 할부금과 사채 등 2,800만 원 가량의 빚을 지고 있는 상태였다.

범행 당일 새벽, 아들이 찾아와 친구들과 여행 갈 돈을 빌려 달라고 하자 아버지는 필요할 때만 아버지를 찾느냐며 꾸짖었다. 말다툼을 하다가 화가 난 아들이 아령으로 아버지 머리를 수차례 내리쳤고, 이 과정에서 아들의 오른쪽 엄지손가락 끝마디 뼈가 부러졌다. 아들은 인터넷에서 '피가 지워지지 않아요!' '가족 살인' 등의 키워드를 검색한 뒤, 지문 등 증거를 인멸하려고 세탁용 가루 세제를 아버지 시신에 끼웠고 이불로 덮었다. 그리고 문제의 아들은 아령과 순금 목걸이와 금팔찌, 현금 20만 원 등을 들고 집을 나왔다. 5일 뒤 청주에서 검거된 아들은 다친 손 때문에 친구들과 가기로 했던 여행은 가지 못했고 훔친 귀금속은 범행을 들킬까 두려워 집 주변에 버렸다며, "아버지가 화를 내서 우발적으로 범행을 저질렀다. 너무 후회되고 아버지에게 죄송하다."고 말했다.

같은 해 9월에도 재산을 노리고 아버지를 살해한 20대 남성이 경찰에 붙잡혔다. 군 제대 후 변변한 직업 없이 생활하며 1,400여 만 원의 빚을 지고 있던 아들은 고교 동창, 여자 친구 등과 공모하여 범행을 저질렀다. 친구와 함께 아버지가 혼자 살고 있는 수원의 아파트를 찾아간 아들 일행은, 거실에서 50센티미터의 쇠파이프와 흉기로 아버지를 살해하고 시신과 살해 도구를 여행용 가방에 옮겨 담은 뒤 콜택시를 타고 전남 나주로 가 시신을 저수지에 유기했다. 범행 당시 아들은 아버지의 팔을 뒤로 붙잡고 공범인 친구에게 흉기로 가격하라고 지시했다고 한다.

한국의 존속살해 비율이 높은 이유

2014년 경찰청 발표(《경찰백서》)에 따르면, 존속살해 사건은 2008년 45건에서 2011년 68건으로 증가 추세를 보이고 있다. 전체 살인 사건 중 존속살해 비율도 영국 1퍼센트, 미국 2퍼센트, 프랑스 2.8퍼센트에 비해 우리나라는 4.2퍼센트로 매우 높은 편이다. 우리나라에서 존속살해 범죄가 많이 발생하고 또 점차 증가하는 이유는 무엇일까?

존속살해 범죄자들이 밝힌 범행 동기를 보면 표면적으로는 돈, 즉 금전적인 이유가 가장 많다. 하지만 범죄 대상이 존속인 경우 대상 선택에 영향을 미치는 여러 가지 요인에 주목해야 한다. 우선 부모에게 학대 혹은 방임을 당한 경우 존속살해는 분노형·표현형 범죄의 성격을 띤다.¶

위 사례 중 두 번째 사건에서 아들이 아버지를 뒤에서 붙잡고 공범에게 공격하라고 지시했는데, 이는 '높은 분노' 혹은 '회피'로 볼 수 있다. 존속살해는 사체 유기나 방치 과정이 잔혹한 경우가 많으며, 살해 현장이 끔찍하고 시체 훼손이 심하다. 특히 얼굴이나 목 위쪽에 대한 공격이 많이 나타나는데, 이는 분노형·표현형 범죄의 성격을 띠기 때문이다. 자신이 당한 모욕이나 학대에 대한 복수의 감정이 표현되는 것이다.

존속 범죄의 또 다른 특징은, 범죄 대상이 범행을 실행하기 용이하

———————

¶ 물론 그 외에도 여러 요인이 있다. 2014년 여름, 미국에서는 스마트폰으로 좀비를 죽이는 게임을 하던 여덟 살짜리 아이가 갑자기 게임을 멈추고 거실에서 TV를 보던 친할아버지를 총으로 살해한 사건이 발생했다. 이렇듯 외부적 요인으로 일어나는 존속살해 사건도 있다.

기 때문에 선택된 경우가 많다는 것이다. 이런 사건에서는 범행 진행 과정 중 가해자가 갖게 마련인 '긴장'의 흔적이 거의 나타나지 않는다.(그래서 어떤 사건에서 범인이 긴장하지 않았다는 특징이 포착되면 면식 있는 사람이나 가족을 범인으로 추정할 수 있다.)

범인의 연령대는 10대도 있지만 주로 20~30대가 많은데, 이는 우리 사회 가족 구조의 특징이 반영된 결과라고 볼 수 있다. 독립해야할 나이에 부모 세대에 의존하는 자식들이 많아지면서 가족 간, 세대간 스트레스가 가중되고 가족 구성원들에게 감정적·물질적으로 큰 하중이 가해지면서 감정이 쌓이고 분노가 모이는 것이다. 이런 스트레스가 가족 안에 쌓이면 가족 구성원들이 서로를 공격하게 된다. 그 극단적 결과가 바로 '가족 살인'이다.

앞에서도 말했지만 인간의 행동에는 아무리 작은 것이라도 반드시 이유가 있다. 행동의 시작과 중간, 그리고 끝이 뚜렷하다. 기승전결, 원인과 결과라고 해도 좋다. 폭력을 행사하는 데에는 그럴 만한 이유가 있다. 피해자들이 당할 만한 이유가 있다는 뜻이 절대 아니다. 가족 폭력은 말 그대로 어떤 것에 대한 분노가 원인이며, 그 분노는 그 주체가 처한 한계상황에서 기인한다는 말이다.

가족을 상대로 하는 범죄, 그것도 부모를 상대로 하는 끔찍한 범죄가 발생하면 많은 사람들이 이렇게 말한다. "아무리 그래도 어떻게 이런 잔인한 일이 벌어졌을까요?" "자식이 어떻게 부모를……, 아무리 그래도 자기 부모인데……." 그때마다 나는 이렇게 대답한다. "가족이니까!"

한국의 가족은 사회가 맡아야 할 공적 임무까지 떠안아 과도하게 수행하고 있다. 한 마디로 우리 가족문화의 특성은 '과도한 가족, 빈약한 사회성'으로 요약할 수 있다. 부모들은 허리가 휘고 자식들은 무능력하다. 가족 발달 개념에서 볼 때, 시간이 흐르고 자녀가 성장하면 가족은 적절한 때에 세대가 분리·독립되어야 한다. 그러려면 가정에서 자녀와 부모 관계가 제대로 성립되어야 하는데, 이것이 참 쉬운 일이 아니다.

우리나라의 많은 부모들이 '나' '내 가족'만 잘살면 된다고 아이들을 가르치지만, 그렇게 배우고 자란 아이들이 생각하는 '나'에는 그것을 가르쳤던 '부모'나 '형제'가 포함되지 않는다. 한국 사회의 비극이다. 이렇게 자란 아이들이 밖에서는 다른 사람을 똑바로 쳐다보고 얘기하지도 못하면서 부모한테는 고함을 지르고 심지어 욕까지 한다. 사회성 교육이 제대로 이루어지지 않으면 사회에서 살아남기 어렵고, 그러다 보니 가장 가깝고 쉬운 상대인 가족과 부모를 등쳐 먹으며 살게 되는 것이다. 여기에 우리나라의 전근대적인 상속 제도도 한몫한다. 세대와 세대가 돈을 두고 투쟁하는 양상을 띠는 것이다.

그렇다면 좋은 부모란 어떤 부모일까? 돈이 많다고 해서, 또 많이 배웠다고 해서 좋은 부모가 되는 것은 아닐 것이다. 성실하게 제대로 사는 부모, 타인을 배려하고 남과 공존하며 살아가는 부모가 진짜 좋은 부모가 아닐까?

무엇보다 부모는 자녀에게 자신의 욕구를 투영해서는 안 된다. 아무리 자기 자식이지만 아이에게는 아이의 인생이 있다. 부모가 자식을 통해 자신의 욕구를 실현하려고 하면 꼭 문제가 생긴다. 자식과 나를 동일시하고 나아가 자신의 소유물로 생각하는 경향은 또 다른 형태의 비극을 불러오기도 한다.

'동반자살'로 포장된 살인

2014년 봄, 목포에서 100억 대 주식 투자에 실패한 50대 부부가 잠자는 중학생 아들 방에 번개탄을 피워 사망하게 한 뒤 집을 나가 잠적했다. 경찰에 검거된 아버지는 아들 성격이 너무 내성적이어서 세상을 헤쳐 나가기 어려울 것 같아 죽이고 부부도 동반 자살하려 했다고 진술했다.

똑같은 2014년 봄, 경기도 동두천시에서는 30대 가정주부가 네 살짜리 아들을 안고 아파트에서 투신하여 두 사람 모두 사망했고, 바로 다음 날 경기도 광주시에서 40대 남성 가장이 13세, 4세 두 자녀와 함께 방 안에 번개탄을 피워 세 명 모두 사망했다. 그 다음 날에는 전라북도 익산에서 30대 가정주부가 두 자녀와 같은 방에서 쓰러진 채 발견되었는데 다행히 어머니와 두 살짜리 딸은 목숨을 건졌지만 일곱 살 아들은 사망했다.

언론에서 '동반 자살' 혹은 '일가족 집단 자살'이라고 보도한 사건들이다. 그러나 엄밀히 말하면 가족 구성원이 스스로 죽음을 선택한 것이 아니라, 부모가 삶을 비관해 자살을 시도하기 전에 아이를 먼저 죽인 사건이다. 아이들은 자신의 의지와는 상관없이 죽게 되었으니 이는 엄연한 살인 행위다. 주체의 의지와 행위를 구분한다면 '가족살해 후 자살'이라고 표현하는 것이 정확할 것이다.

이처럼 부모가 자식과 함께 목숨을 끊는 사건은 매년 20퍼센트 이상씩 급증하고 있다.(2013년 《경찰백서》) 안타까운 일이 아닐 수 없다. 누군들 죽고 싶어 죽겠는가? 자기 아이를 죽이고 싶은 사람이 어디 있겠는가? 그럼에도 극단적 상황에 몰린 부모들은 자살을 결심한 뒤 이후 남겨진 아이들이 사회에서 제대로 살아갈 수 없을 거라고 미리 예단하고 자녀를 살해한다. 앞서 중학생 아들을 죽인 아버지도 "내가 죽으면 아이가 더 큰 고통을 받게 될 것이고 세상을 헤쳐 나가기 힘들 것이니 차라리 함께 죽는 게 낫다"고 털어놓았다.

자녀를 자신과 동일시하다 보니, 자신의 행위가 '살해'라는 것을 인식하지 못하는 것이다. 그러나 아무리 내가 낳은 자식이라고 해도 부모에게 자녀의 목숨까지 좌우할 권리는 없다. 부모가 스스로 목숨을 끊는 선택을 할 수밖에 없을 만큼 어려운 상황에 처했더라도 말이다. 부모들은 자신이 죽으면 남겨진 자녀가 살아가기 어려울 거라고 생각하지만, 반드시 그런 것은 아니다.

이런 사건에 대해 "오죽했으면……"이라는 마음으로 접근하는 것은, 아동의 인권을 침해하고, 자녀는 부모의 소유물이라는 잘못된 인식을 은연중에 유포하며, 사회 안전망 부재에 대한 관심을 무디게 하는 결과를 초래할 수 있다. 이런 비극적인 사건을 막기 위해 우리가 정말 고민해야 하는 것은 기초적인 사회 안전망 구축과 사회적 양육 확대다.

일가족 집단 자살 사건의 증가는 전체 자살률 증가와도 관련이 깊다. 잘 알다시피, 우리나라는 세계 자살률 1위 국가이다. 특히 사회적으로 소외된 계층의 자살률이 심각하게 높으며, 청소년과 노인 자살률도 만만치 않게 높다. 손톱만큼의 희망, 아주 작은 희망이라도 보이면 자살의 고비를 넘길 수 있을 텐데, 그 최소한의 사회 안전망을 마련하려는 노력이 너무 많이 부족하다. 아직도 자살을 한 개인의 선택 정도로 치부하고 사회 공동체가 함께 극복해야 할 절체절명의 사회문제로 받아들이지 않는다.

자녀 부양 역시 마찬가지다. 우리 사회에서 자녀 부양의 책임은 가족, 더 정확히는 부모가 전적으로 맡고 있으며 사회 공동체에 대한 믿음은 거의 없다. 그러니까 부모 없이 사느니 차라리 죽는 게 낫다고 생각하게 되는 것이다.

잠을 자는 중학생 아들 방에 번개탄을 피우고 나가 자살을 하려다 실패한 부모는 어떤 처벌을 받았을까? 우리 형법에서는 이런 경우 살인과 동일하게 처벌한다. 때로는 부모가 집요한 설득 혹은 저항할 수 없는 위력으로 아이 스스로 죽음을 결심하게 만들기도 하는데, 이 또한 살인이다. 모두 아이 스스로 판단하고 결정할 수 없었다는 점에서 마찬가지다. '가족 동반 자살'은 '자살'이라기보다는 '가족 살인 행위'이며, 부부 싸움 도중 격분하여 집에 불을 질러 자살하는 것도 동반 자살이 아니라 '배우자 살인'이다.

부모 존속살해든 자녀 살해 사건이든 가족 내 살인 사건이 일어났을 때 전문가라는 사람들이 해결책으로 가족 가치 복원이 필요하다는 분석을 내놓는 것을 보면 답답하기 그지없다. 우리 사회의 가족 문제는 오히려 가족을 최고의 가치로 여기고 모든 책임을 가족이 오롯이 지도록 하며, 가족 문제를 '가족 내 문제'로만 환원시키는 데서 비롯된다.

가족 문제가 절대 '가족 내 문제'가 아니라 그 자체로 사회문제임을 보여 주는 또 다른 유형의 가족 살해 사건이 2015년 1월 일어났다. 우리 사회에서 부와 권력의 상징으로 여겨지는 바로 그곳, 강남 한복판에 시가 11억 원 대의 아파트를 소유하고 있던 40대 중산층 가장이 부인과 두 딸을 목 졸라 살해하고 본인은 자살에 실패하여 검거된 것이다. 일명 '서초 세 모녀 살해 사건'으로 불리는 이 사건은 이전의 가족 살해 사건과 그 양상이 좀 다르다.

이 사건의 피의자, 곧 남편(아버지)은 유서 내용과 경찰 조사에서 일관되게 '어려운 생활'을 견디지 못해 가족을 죽였다고 진술했다. 2012년 실직한 뒤 아파트 담보대출을 5억여 원 받아 주식 투자에 나섰으나 실패하고 자신의 처지를 비관해 가족과 삶을 끝내려 했다는 것이다. 언뜻 이해가 가지 않는다. 피의자는 시가 11억 원 상당의 44평 아파트와 일제 중형차와 국산 차를 소유하고 있었고, 실직 후에도 아내에게 매달 400만 원 정도를 줬다. 또한 대출금 중 1억 원 정도가 남아 있었고, 아내의 통장에는 3억 원의 예금이 남아 있었다. 아파트를 팔면 대출을 전부 갚고도 생활을 이어 가는 데 큰 어려움이 없었을 것이다.

이 지점에서 우리 사회의 특수성을 봐야 한다. 우리 사회에서 '강남에 산다'는 것은 매우 특별한 의미를 가진다. 이른바 '강남계급'이라고 정의할 수 있을 정도로 우리 사회에서 '강남'은 부와 권력을 상징하는 이름이다. 강남에 들어가는 것 자체가 하늘에 별 따기인 사회에서, 강남에 살던 사람이 그 공간에서 탈락한다는 것은 그 자체로 '루저looser'(패배자)로 인식될 수밖에 없다.

11억짜리 아파트를 팔아서 일산이나 강북으로 좀 줄여 가면 될 게 아니냐고 말하겠지만, 어림 반 푼어치도 없는 소리다. 일단 자녀의 학군이 바뀔 것이며, 이는 계급 재생산에 심각한 걸림돌이 된다. 지금까지 인생에서 큰 어려움(실패) 없이 '1등 시민'이라고 여기며 살아왔던 피의자에게 강남을 벗어난다는 것은 곧 '2등 시민'으로의 추락을 의미했을 테니 이를 감내하기 어려웠을 것이다. 절대적 빈곤보다는 상대적 빈곤이 사람을 분노하게 하고 행동으로 이끄는 절대적 동인으로 작동한 경우이다.

이 사건은 '강남 40대 중산층의 몰락'이라는 점에서 시사하는 바가 적지 않다. 한번 낙오하면 다시 일어서는 것이 불가능한 우리 사회의 구조적 문제가 이제 중산층의 가장 위쪽까지 확대되고 있는 것이다. 강남의 40대 중산층도 유일한 노후 보장 수단인 주택(아파트)을 내놓아야 하는 상황에 처할 수 있다. 그 불안감이 억 대 재산을 보유한 중산층 가장의 가족 살해 사건으로까지 이어진 것이다. 이를 우리 사회가 일본식 버블 붕괴로 향하고 있음을 알리는 전조라고 한다면 지나친 우려일까?

전쟁영화를 보면 적의 어뢰나 폭뢰 공격을 당했을 때 "충격에 대비하라!"고 외치는 장면이 종종 나온다. 이미 충격이 시작되었는데 우리 사회에서 충격에 대비하라고 외치는 사람의 모습은 보이지 않는다.

부모라는 이름의 살인자
칠곡·울산 아동 살해 사건

2013년 8월, 경상북도 칠곡에서 여덟 살 여자아이가 폭행으로 숨을 거두었다. 처음에는 열두 살 친언니가 인형을 뺏기기 싫어 동생을 때린 뒤 이틀 동안 방치하여 동생이 사망했다고 알려졌는데, 재판 과정에서 모든 것이 계모가 한 일이며, 계모가 큰딸에게 그렇게 말하도록 시켰다는 사실이 밝혀졌다. 계모와 친부가 이전부터 아이를 지속적으로 가혹하게 학대했고, 심지어 친부는 딸이 죽어 가는 모습을 동영상으로 촬영해 큰딸에게 보여 주며 협박까지 했다.

2013년 10월, 울산에서도 여덟 살 여자아이가 계모에게 소풍을 보내 달라고 했다가 폭행당하고 욕조에 쓰러진 채 숨을 거두었다. 폭행 사실은 아이가 유치원에 다니던 2011년 즈음부터 발견되었다. 당시 아이의 유치원 교사가 아동보호센터에 학대가 의심된다고 신고

했으나, 가족이 이사를 가면서 흐지부지됐다. 이후 폭행은 점점 더 심해져, 아이가 늦게 들어왔다는 이유로 때려 대퇴부 뼈를 골절시키고, 뜨거운 물을 뿌려 화상을 입히기도 했다. 결국 아이는 소풍 가기 하루 전날 엄마에게 맞아 갈비뼈 16개가 부러졌고, 부러진 뼈가 폐를 찔러 피하 출혈과 호흡 부족으로 숨을 거두었다.

아동 학대의 8할은 친부모

두 사건 모두 아이를 살해한 엄마가 친모가 아니었다. 그래서인지 소식을 접하고 많은 사람들이 이렇게들 말했다. "어떤 미친×이 어린 아이를 저렇게 죽도록 때리고 학대했을까? 계모니까 그랬겠지. 애들이 무슨 죄라고……." 계모니까, 친엄마가 아니니까 아이를 학대했다는 말이다. 계모, 계부에 의한 의붓자식 학대 스토리는 전래 동화에도 등장할 만큼 오랜 역사를 가지고 있다.

그런데 통계적으로 드러나는 아동 학대 현황은 좀 다른 양상을 보인다. 2012년 확인된 아동 학대 의심 사례 9,000여 건 중 아동 학대로 판명된 사례는 6,500여 건이며, 그중 87퍼센트가 가정에서 발생했다.(물론 외부로 알려지지 않은 사건이 훨씬 더 많을 것이다.) 또한 6,500여 건의 학대 가해자 중 양부모는 30여 건에 불과하며, 친부모에게 학대당한 건수는 4,818건으로 전체의 79.5퍼센트를 차지한다.

같은 맥락에서 재혼 가정에서 아동 학대가 훨씬 더 많을 것이라고들 추정하지만, 재혼 가정에서 아동 학대가 더 많이 일어난다는 의미 있는 통계 수치는 확인되지 않는다. 오히려 아동 학대의 대부분이 친부모에 의해 발생하고 있으며, 결과적으로 양부모 · 친부모를 막론하고 부모에 의한 아동 학대 비율은 해마다 증가하고 있다. 따라서 이러한 통계 수치를 적극적으로 해석하면, 아동 학대는 더 이상 가정 내 사건 혹은 부모의 훈육 차원에서 접근해서는 안 된다는 결론에 이르게 된다. 아동 학대는 본질적으로 약자에 대한 '폭력 범죄'다.

학대당하는 아동의 연령은 만 10~12세가 44.7퍼센트로 가장 많이 통계에 잡힌다. 이는 이 연령의 아동들이 학교생활을 하므로 상대적으로 학대 피해 사실이 외부에 노출될 가능성이 크기 때문일 것이다. 반면 자기방어 및 의사 표현 능력이 부족한 만 6세 미만의 아동은 외부 활동이 적어 학대를 받더라도 발견될 가능성이 낮다.

한 가지 눈여겨 볼 점은, 전체 학대 아동 가족의 48퍼센트(2,715건)가 한부모 가정(미혼모 포함)이라는 사실이다. 우리나라의 한부모 가정 비율이 약 8.7퍼센트임을 감안하면 매우 높은 수치다. 학대의 원인은 양육 태도 및 방법 부족, 사회 · 경제적 스트레스 및 고립이 55퍼센트로 나타나 환경적 요인이 큰 문제임을 알 수 있다.

곧 아동 학대가 발생하는 이유는 크게 한부모 가족에 의한 빈곤 요인과, 친부모에 의한 가족 요인을 꼽을 수 있다. 한부모 가정의 경우 홀로 부양을 책임지다 보니 아이를 제대로 돌보기 어려워 손쉬운 방법인 폭력에 의한 양육을 선택하기 쉽다. 이외에도 우리 사회의 뿌리 깊은 가족 의식, 자녀 소유 의식, 폭력을 용인하는 수직적인 사회 문화 구조, 가족을 사적 공간으로 생각하는 혈연문화 등을 원인으로 꼽을 수 있을 것이다.

아동 학대에 관한 한 우리 사회의 인식은 매우 일천한 수준이다. 위의 두 사례처럼 끔찍한 사건이 일어날 때마다 온 나라가 분노하고 가해자를 비난하고 아이를 동정한다. 언론에서도 대서특필하며 공분을 불러일으키고, 조금 더 나아가 가족제도나 사회구조의 문제를 제기한다. 그런데 거기까지다. 더 나아가지를 못한다. 물론 학대 아동 상담, 일시보호 서비스, 심리치료 서비스, 격리 보호 등이 점차 확대되고 있긴 하지만 여전히 갈 길이 멀다. 늘 그렇듯 본질적인 해결책을 모색하기보다는 누구 한 명이 끔찍하게 죽어 나가야 관심을 기울이는 시늉만 할 뿐이다.

더 절망적인 것은, 드러난 사건보다 알려지지 않는 사건이 더 많을 것이라는 사실이다. 우리 사회에는 감춰진 것이 너무 많다. 가족 내에서 훈육이란 이름으로 지속적으로 폭행을 당해도 주변 사람들이 알기 어렵다. 선생님이나 친구는 물론이고 심지어 엄마가 학대를 하는데 아빠가 잘 모르는 경우도 있다. 아동 학대의 심각성이 여기에 있다.

가정 내 아동 학대는 잘 위장되며, 지능적이다. 아이들의 의식을 지배하여 아이 스스로 당연히 맞을 매를 맞았다고 생각하게 만든다.

주위 사람들이 쉽게 눈치채기 어렵다. 그러면서 폭력의 수준이 점차 높아진다. 이른바 '폭력의 에스컬레이팅'이다. 횟수와 방법이 늘고 방법도 교묘해지며, 그 과정에서 가해자도 피해자도 폭력에 길들여진다. 그러다 보면 갈비뼈 16개가 부러질 정도로 때리고 맞는다. 폭력은 단 한 번, 한 대가 용인되면 금세 수십, 수백 배로 되돌아온다.

친권의 벽에 갇혀 홀로 죽어 가는 아이들

만약 외국에서 이런 사건이 일어났다면 어땠을까? 두 아이 모두 사망에까지 이르지는 않았을 것이다. 특히 미국에서는 사건 신고 초기부터 아동복지기관과 사법기관이 가혹할 정도로 깊숙이 개입하여 우선적으로 부모로부터 아동을 격리한다. 전담 사회복지사가 아동을 보살피고 관리하며, 부모의 혐의가 충분히 벗겨진 뒤에야 격리 조치를 해제한다. 부모가 가해자일 가능성을 충분히 염두에 두고 조사를 진행하는 것이다.

이렇듯 아동 학대는 피해자가 어린아이이기 때문에 공적인 제3자에 의한 예방과 감시가 무엇보다 중요하며, 사건이 일어났을 때 적극적으로 가정 내로 개입해야 한다. 사생활 보호보다 공적 접근이 우선이다.

아동 학대 근절을 위해 해결해야 과제가 산더미지만 시급히 해결해야 할 것을 꼽아 보면, 우선적으로 사법기관의 태도와 인식 전환이 반드시 필요하다. 이것이 첫 번째 해결 과제다. 실질적인 강제력을 가진 기관에서 적극적으로 대응하는 것만으로도 큰 효과를 거둘 수 있기 때문이다.

아동 학대 사건이 일어났을 때 사람들이 분노하는 것은, 잔인한 학대 때문이기도 하지만 충분히 살릴 수 있는 아이를 구하지 못했다는 것에 대한 안타까움이 크다. 칠곡 사건의 경우 숨진 아이의 담임선생님이 수차례 신고도 하고 외부 기관에 도움을 요청했지만, 아이는 도움을 받지 못했다. 아동복지법 25조 '아동 학대 신고 의무와 절차'에 따르면 누구든지 아동 학대를 신고할 수 있고, 특히 교사나 아동 관련 시설의 종사자 등은 아동 학대 신고가 의무 사항이다.

울산 사건의 경우에도 유치원 교사가 피해 아동의 상태를 확인하고 신고하는 의무를 다했고, 신고를 받은 아동보호기관도 절차에 따라 처리했지만 가장 큰 장벽을 넘지 못했다. 바로 '친권'의 장벽이다. 피해 아동이 직접 경찰에 도움을 요청해도 친권자인 부모가 혐의를 부인하면 그 벽을 넘기 어렵다. 법 조항에 명시되어 있는 '즉각적인 격리 조치'가 이루어지지 못하는 것이다. 울산과 칠곡의 두 아이도 주변에서 학대 사실을 인지하고 수차례 도움을 요청했지만, 어떤 도움도 받지 못한 채 홀로 죽어 갔다.

다시 한 번 말하지만, 아동 학대는 심각한 범죄다. 또한 통계에서 드러나듯 범죄의 80퍼센트 이상이 친부모 등 친권을 가진 사람에 의해 일어나고 있다. 그런데도 우리 사법기관들은 아직도 가해자의 진술에 의존하고 있다. 아무리 시스템과 법 조항을 잘 만든들 무슨 소용인가? 사법기관에서 적극적으로 실행하지 않는데 말이다.

경찰·검찰·법원 등의 사법기관은 미성년, 특히 어린아이들의 진술을 경청하지 않는다. 범인의 진술은 신뢰하고 피해자의 진술을 무시하며, 내 아이 내 마음대로 하는데 무슨 상관이냐는 주장을 그대로 수용한다. 아동 학대, 가정 폭력이 의심되는 상황에서 좀 더 적극적으로 공권력이 개입해야 한다는 여론이 높아지면서 경찰도 내부 규정을 바꾸어 2011년부터 전국 138개 경찰서에 가정폭력 전담 경찰관을 배치하고 있지만, 일선 경찰들은 아직 '남의 가족 일'에 개입하기를 주저한다.

두 번째 필요한 조치는, 아동 학대 범죄에 대한 처벌 수위를 높이는 것이다. 앞서 언급한 울산 사건의 계모는 1심에서 상해치사죄로 15년을 선고받았다가 2심에서 살인죄가 적용되어 징역 18년을 선고받고 복역 중이다. 칠곡 사건은 1심에서 상해치사 혐의로 계모 10년형, 친부는 3년형을 선고받아 검찰이 항소했지만 상해치사에서 살인으로 공소장을 변경하지 않은 채 재판이 진행 중이다.(2015년 1월 현재)

살인과 상해치사의 차이는 죽이려는 '의도'가 있었는지의 여부인데, 우리 사법기관은 이를 소극적으로 해석하는 경향이 있다. 칠곡 사건의 경우 여덟 살 아이의 복부를 성인이 힘껏 5회에서 10회 이상 찼다. 그 정도 충격이면 아이가 큰 상처를 입었을 것이라는 사실을 객관적으로 인지할 수 있지 않았을까? 게다가 이틀 이상 아이를 방치했다면 부작위(마땅히 해야 할 것으로 기대되는 조치를 취하지 않는 것)에 의한 살인죄 적용도 가능할 것이다.

세 번째 필요한 대책은 피해 아동의 격리 보호 조치를 강화하는 것이다. 가해자를 처벌한다고 끝이 아니다. 칠곡 사건의 경우, 아버지에게 친권이 있는 이상 죽은 아이의 언니는 아버지를 벗어날 수 없다. 아동복지법 18조 '친권 상실 선고의 청구' 등의 조항에 따르면, 아동의 친권자가 아동 학대 등을 저질렀을 경우 아동복지기관 등에서 친권 상실 선고를 청구할 수 있으므로, 친부가 계모의 범행을 방조했는지의 판결 여부에 따라 친권 상실 여부가 결정될 것이다. 그러나 친권 박탈은 피해 아동을 돌보는 사회적 양육 서비스가 뒷받침되지 않으면 무용지물이다.

대다수 아동 학대 사건의 경우 솜방망이 처벌이 많고, 처벌이 이루어져 친권을 박탈한다 해도 폭력에서 빠져나온 아이들을 돌볼 수 있는 사회적 공간이 없다. 아이가 친부모에게 학대당한 경우 가해자를 처벌해도 아이를 가족으로부터 격리시키지 않으면 효과가 없다. 아동 학대는 폭력 가해자를 잘 타일러서 해결할 수 있는 문제가 아니다. 그럼 그 다음은 어떻게 할 것인가? 현재 우리 시스템에서는 거의 대안이 없다.

마지막으로 '가족'을 전공한 프로파일러로서 꼭 덧붙이고 싶은 말이 있다. 아동 학대 사건이 벌어질 때마다 안타까운 마음과 함께 자괴감이 든다. 이른바 아동 문제 전문가 혹은 범죄심리 전문가라는 사람들이 언론에 나와 떠들어 대는 비논리적 언설과, 그런 사람들에 의해 현재의 후진적인 시스템이 연명되고 있을 가능성이 높다는 기막힌 사실 때문이다.

언론은 시청률이 떨어지거나 정부 여당이 정치적으로 수세에 몰릴 때 연쇄성 잔혹 범죄, 성학대 범죄, 잔인한 가족 학대 범죄 이야기를 바리바리 풀어놓기 바쁘다. 여기에 더해 자칭 가족 전문가, 범죄 전문가 명찰을 단 사이비(관변 기생) 학자들은 사건의 본질은 외면한 채 피해자들의 눈물과 아픔을 이용해 소셜-폴리페서Social-polifessor(사회적 인지도를 의식하는 정치 지향적 교수)로 자신을 홍보하기에 바쁘다. 혹세무민의 극치다. 나도 그중 한 사람은 아니었는지 부끄러울 따름이다.

그런 와중에 한 범죄심리 전문가가 일간지에 게재한 다음 글은 이런 고민을 더욱 깊게 하였다. 내용인즉슨 이렇다.

"유영철·정남규·강호순·지존파 등 한국 사회를 충격에 빠뜨린 연쇄살인범들의 공통점은 모두 '아동 학대' 피해자"라는 것이며, 이렇게 된 이유는 "눈에 띄는 신체적 학대뿐 아니라 마음을 멍들게 하는 정신적·정서적 학대와 언어적 학대가 지속되면 아동의 대뇌 전두엽 발달에 지장을 주고, 장기적으로 '불안'과 '공포' 감정을 조절하는 데 심각한 문제를 야기"하기 때문이라는 것이다. 그 근거로 "1991년 마르고 리베라의 '다중인격장애' 연구에서 총 185명의 다중인격장애 환자 중 98퍼센트가 어린 시절 아동 학대 피해자였다는 사실이 밝혀졌고, FBI 보고서는 부모를 살해한 존속살해범 300명 중 90퍼센트가 아동 학대 피해자였으며 피학대 후유증이 살인의 원인이었다는 충격적인 내용을 담고 있다."는 것을 들었다. 그 글은 "이 정도면 아동 학대야말로 '사회악의 근원'이라고 해도 과언이 아니다."라고 끝맺고 있다.

이 글에서 모든 아동 학대 피해자가 연쇄살인범이 된다고 하지는 않았다. 그러나 어느 정도의 학대가 얼마만큼의 영향을 미치는지에 대한 구체적인 근거가 없다. 해석에 따라 모든 아동 학대 피해자가 연쇄살인범과 같은 '사회악'이 될 수도 있다고 이해될 여지가 충분하다. 이는 매우 위험한 접근 방식이다.

물론 학대가 아동의 대뇌 발달에 부정적인 영향을 주고 성인이 된 뒤 우울증과 불안 장애를 야기할 수 있다는 논리에는 동의할 수 있다. 또 다중인격장애 환자와 존속살해범의 대부분이 아동 학대 피해자라는 것도 확인된 통계이므로 동의할 수 있다. 그런데 이 사실이 앞에 열거한 유영철·정남규·강호순·지존파 등 한국의 연쇄살인범들과 어떤 관련성이 있는지에 대한 설명은 없다.

한국의 연쇄살인범들이 아동 학대의 피해자였다는 주장도 사실관계와 부합되지 않는다. 예컨대 강호순의 경우, 어린 시절 학대당했다는 것은 그의 일방적인 주장일 뿐 실제 그것을 확인할 수 있는 정확한 정신감정과 면담은 이루어지지 않았다. 부정확한 정신감정을 근거로 범인의 주장에 따라 몇몇 전문가가 추정한 것이 지속적으로 재생산되었을 뿐이다. 아동 학대와 연쇄살인범의 관련성을 주장하려면 몇몇 단편적인 사례 외에, 아동 학대 피해자나 연쇄살인범에 대한 전수조사는 아니더라도 최소한의 근거가 될 만한 사례 연구 결과라도 제시되어야 할 것이다.

몇몇 연쇄살인범이 아동 학대 피해자라고 해서 아동 학대가 연쇄살인 등의 극악한 폭력과 직접적으로 관련된다는 주장은, 다수의 아동 학대 피해자들에게 부정적인 낙인을 찍을 수 있으며, 아직 많은 부분 밝혀지지 않은 연쇄살인 범죄의 원인에 부당한 면죄부를 줄 개연성이 있다.¶

대부분의 아동 학대 피해자들은 학대로 인한 물리적 · 정신적 고

¶ 연쇄살인범들을 하나의 집단으로 묶는 것 자체가 어불성설이다. 실제 연쇄살인범으로 불리는 범죄자 중에는 대중적 반응에 힘입어 만들어진 연쇄살인범이 훨씬 많다. 학문적으로 정확히 연쇄살인범을 정의한다면 실제 언급되는 연쇄살인범의 5분의 1도 안 될 것이다. 또한 그들이 그런 범죄를 일으킨 이유 중 상당 부분은 아직 규명 중이거나 가설 수준의 것이 많다. 그런데도 마치 엄격하게 과학적으로 증명된 것처럼 언급하는 것은 심각한 오해를 불러일으킬 수 있다.

통을 안고 살아간다. 학대의 공포와 낮은 자존감으로 인간관계에서 어려움을 겪고, 보통 사람들보다 삶의 만족도도 낮은 편이다. 하지만 그들 중 불특정한 사람에게 분노를 표출하는 경우는 극히 적다. 대부분 그저 힘든 삶을 살아가고 있을 뿐이다. 극히 낮은 가능성, 몇몇 연쇄살인범과 '묻지마 살인범'들 때문에 아동 학대 피해자 대부분을 매도하는 것은 심각하게 부당한 처사이다.

연쇄살인범이 범죄를 일으킨 이유를 아동 학대에서 찾는다면, 모든 책임을 가족과 부모에게 전가시키는 결론으로 유도될 가능성이 높고, 그렇게 되면 환경적인 요인이나 심리적인 요인, 경제적인 요인, 교육 문제 등 다른 요인들은 지워지고 마는 것이다.

아동 학대를 근본적으로 해결하려면, 마지막으로 우리 사회 가족제도에 대한 재검토가 필요하다. 우리 사회의 가족제도는 이미 오래 전부터 한계를 드러내고 있다. 1인 가구의 급성장, 비혼 가구 급증, 인구의 급격한 하락세 등이 그 단적인 지표다. 자녀를 동등한 한 인간으로 대우하고 양육하려면 그에 걸맞는 물적 토대가 갖추어져야 한다. 사회적 양육과 공교육 개념이 확립되지 않은 상황에서, 기초적인 생존과 재생산 교육을 부모에게 전적으로 의존하면서 자녀를 동등한 인격으로 대우하라고 강조하는 것은 억지다.

다시 한 번 말하지만, 아동학대는 절대 가족의 문제가 아니다.

믿는 도끼에 발등 찍힌다
결혼 사기와 곗돈 사기 사건

2013년 방송인 김주하 씨가 결혼 9년 만에 이혼소송을 제기하면서
세간의 이목이 집중되었다. 젊은 여성들의 동경을 한 몸에 받는 성
공한 커리어 우먼으로 행복한 결혼 생활을 하고 있는 줄 알았던 김
씨가 결혼 사기를 당했고, 그동안 남편의 폭력에 시달렸다니!

김 씨의 주장에 따르면, 남편 강 씨는 결혼 전 김 씨와 교제하고 있
을 때 이미 혼인한 상태였다고 한다. 유부남이었던 강 씨가 그 사실
을 숨기고 김 씨에게 접근했다는 것이다. 물론 결혼할 시점에는 강
씨는 전 부인과 법적으로 이혼한 상태였다. 김 씨는 이 사실을 첫아
이를 낳고 나서야 알았다고 한다.

김 씨는 어쩌다 이런 일을 당했을까? 결혼할 사람인데 남편에 대해 그렇게 모를 수가 있을까?

김 씨는 같은 교회에 다니는 지인의 소개로 남편을 만났다. 독실한 신자인 김 씨는 교회 인맥으로 연결된 사람이니 전혀 의심하지 않았을 것이다. 일반적으로 사기에 가장 취약한 관계가 동향회, 동문회, 교회, 군대 모임 등이다. 특히 종교적 관계는 신앙을 공유한다는 점에서 절대적인 신뢰 관계를 형성한다.

사기꾼들은 이런 약점을 너무 잘 안다. 절대 의심할 수 없는 사람을 중간에 개입시키고, 상대가 의심을 품을 만한 시간적 여유나 생각할 여유를 주지 않는다. 사기꾼들은 잘 짜인 각본을 갖고 움직이는데, 그 각본이란 것이 보통 사람들은 상상하기 힘들 정도로 정교해서 웬만해서는 미리 알아채거나 제때 대응하기가 어렵다. 사기꾼이 괜히 사기꾼이 아니다.

또, 사람들은 심리적으로 한번 좋게 본 사람은 큰 문제가 발생하지 않는 한 모두 좋은 쪽으로 생각하는 경향이 있다. 게다가 우리 사회는 정식 절차나 서류보다는 아는 사람의 얼굴을 우선하는 문화가 강하며 의심이 가더라도 확인하는 작업, 그러니까 '뒷조사'를 하는 것에 심리적 부담을 느낀다. 그래서 상류층 사회에서는 서류 검증이나 재산 확인 등을 대행해 주는 사업이 성업 중이라고 하는데, 사실 그런

업체도 완전히 믿을 수는 없다. 업체 내부 사람이 사기꾼이거나 사기꾼과 공모를 하면 더 크게 당할 수도 있으니까.

김 씨가 워낙 유명인이다 보니 사건이 크게 주목을 받았지만, 이런 식의 '결혼 사기'는 심심치 않게 일어난다. 대표적인 유형은 상대방의 재산을 노리고 신분 자체를 위조·도용하거나 본인의 재산 상태를 속이는 것이다. 고등학교를 졸업한 여성이 서울대 의대 출신 레지던트 행세를 하며 아이까지 낳고 살다가 들통이 난 경우도 있고, 결혼식을 한 뒤 신부가 가져온 혼수와 돈을 가지고 외국으로 도망가려다가 잡힌 남편도 있다. 집에 돈이 많다고 속이고 결혼한 뒤 배우자의 재산을 탕진하는 사례는 비일비재하다.

재혼이면서 초혼이라고 숨기거나 기혼 상태이면서 싱글이라고 속이고 결혼하는 것도 결혼 사기에 해당한다. 김 씨 남편과 같은 경우다. 이처럼 혼인 사실을 속이고 결혼하는 경우, 심지어 먼저 결혼한 배우자와 공모하는 사례도 있다. 전 배우자가 잘 살고 있는 부부 앞에 나타나 행패를 부리거나 협박하여 돈을 뜯어내는 식이다.

결혼 사기 피해자들은 사기를 당했다는 사실을 알게 된 뒤 엄청난 심적 고통에 시달리면서도 배우자를 바로 정리하지 못한다. 다름 아닌 '결혼'으로 맺어진 관계이기 때문이다. 우리 문화에서 결혼은 서구와 달리 두 사람의 결합이 아니라 집안의 결합이다. 결혼이 당사자 둘의 결합이라면 굳이 결혼 사기를 이용하지 않고 다른 종류의 사기를 칠 것이다. 마찬가지로 결혼과 이혼이 개인사에 그치는 것이 아니라 사회적 위신과도 연결되다 보니 이목이 두려워 차일피일 미루다가 해결하기에 너무 늦어 버리는 일이 많다.

그럼 결혼 사기를 당했다는 사실을 알게 되었을 때 어떻게 대처해야 할까? 참 난감한 일이다. 믿었던 사람, 가장 가까운 사람이 바로 얼굴을 바꾸니 말이다. 그래서 피해자들은 상대를 탓하기보다 자신을 책망하기 쉽다. 하지만 정 때문에 차일피일 미루면서 가해자의 의도대로 끌려 다니다가는 본인은 물론 가족, 지인들까지 피해를 입을 수 있다. 절대 혼자 해결하려 하지 말고 가능하면 변호사의 도움을 받는 것이 좋다.

결혼 사기는 '당연무효'(법률행위에 흠이 있어서 소송을 통하지 않고서도 무효인 경우)가 아니라 특정한 의도를 입증해야 하므로 소송으로 갈 가능성이 높다. 그 과정에서 가해자가 참회하며 헤어지지 않고 그냥 살겠다고 버티는 경우가 많은데, 대개 시간을 벌기 위한 계략일 뿐이다. 우선 주거를 분리하고 차분하고 냉정하게 정리한 뒤 다음 삶을 준비해야 한다. 이때 심리적 안정이 중요하다. 무엇보다 본인을 책망하고 망가뜨려선 안 된다.

대부분의 사람들이 사기 사건은 남의 일일 뿐이라고 생각한다. 결혼 사기뿐 아니라 모든 사기 사건의 피해자들은 자신이 이런 일을 당하리라고는 꿈에도 생각해 보지 않았다고 한탄한다. 사기 사건의 피해자가 되지 않으려면 무엇을 조심해야 할까?

당연한 말 같지만, 사람 보는 눈을 키워야 한다. 욕심이 없으면 사람 보는 눈이 깨끗해진다. 사람들이 사기를 당하는 가장 큰 이유 중 하나가 욕심이며, 사기꾼들이 노리는 것도 바로 그 욕심이다. 욕심 때문에 눈에 뻔히 보이는 상식적인 사실들을 무시하곤 한다. 결혼할 사이로 관계가 발전했을지라도 평소 행동에서 의심 가는 점이 조금이라도 보이면 반드시 확인하고 넘어가야 한다. 특히 허세, 낭비, 과장 등의 행동을 보이면 더더욱. 그리고 아무리 관계가 친밀해지더라도 돈거래는 절대 해서는 안 된다.

곗돈 사기, 제한된 합리성의 오류

결혼 사기는 사람 사이의 신뢰를 파고드는 범죄, 곧 '신뢰 범죄'라고 할 수 있는데 이와 같은 유형의 범죄 중 또 다른 대표적 유형의 범죄가 곗돈 사기다.

곗돈 사기도 결혼 사기 못지않게 잊을 만하면 한 번씩 터져 세상을 떠들썩하게 만든다. 피해자가 수백 명에 이르고 피해 금액만 수십억 원이 넘는 큰 사건이 종종 일어나며, 유명 탤런트나 가수 등 연예인부터 아파트 부녀회장 · 전통 시장 노점상까지 그 주체와 대상이 광범위하고 낙찰계 · 번호계 · 반지계 등 방식도 다양하다. 주로 대도시 전통 시장이나 소규모 평수의 아파트 단지, 특정 직업 집단 사이에서 많이 발생한다.

잘 알다시피 '계'는 우리 민족 고유의 상부상조 모임이다. 시대가 변하면서 지역공동체는 해체되었지만 아직도 곳곳에서 다양한 계 모임이 운영되고 있다. 단순히 친목 도모를 목적으로 하는 소규모 계가 대부분이지만 경제적 목적, 곧 목돈 마련을 위해 구성된 계도 있다. 제비뽑기 등으로 순서를 정해 당첨된 사람에게 해당 회차에 모인 목돈을 지급하는 전통적인 방식부터, 일정액을 투자금 형식으로 내고 정기적으로 수익을 받아 가는 변형된 방식도 있다. 곗돈 사기가 벌어지는 공간이 바로 이 투자·적금 방식의 계 모임이다.

어차피 내가 낸 돈을 모아서 받는 형식인데 안전한 은행을 이용하거나 혼자 모으면 될 것을 왜 위험을 무릅쓰고 남에게 맡겼다가 사기를 당하는 것일까? 일단 계에서 보장하는 이율이 은행 금리보다 상대적으로 높다. 곗돈을 지급받는 순서에 따라 이자율과 불입하는 액수가 달라 높은 이율을 원하는 사람이나 당장 목돈이 필요한 사람에게 계는 큰 유혹이다.

물론 금전적인 이유만 있는 것은 아니다. 계는 친분과 친목으로 구성되는 모임인 만큼 무엇보다 '절대적 신뢰'가 바탕이 되어야 하는데, 바로 여기에 맹점이 있다. 곗돈 사기를 벌인 계주들을 조사해 보면, 평소 계원들에게 그야말로 보통 이상의 특별한 신뢰와 각별한 애정을 쏟으며 정성껏 관리해 왔음을 확인할 수 있다. 돈을 떼일지 모른다는 계원들의 불안감을 상쇄할 만큼의 반대급부를 확실하게 제공하는 것이다.

계를 실질적으로 운영하는 계주는 평판이 좋고 주변에서 신뢰를 얻고 있는 사람이 맡는데, 그 역할상 대개 말솜씨가 좋고 사교성과 친화력이 뛰어나다. 계주가 소수의 주변 사람을 중심으로 계 모임을 발의하면, 알음알음 친분과 입소문을 통해 모임이 주변으로 퍼지면서 점차 규모가 커진다. 공감을 통해 쌓은 절대적 신뢰가 계 가입으로 이어지는 것이다. 함께 어울리는 사람들 대부분이 계에 가입했는데 나만 빠진다면 소외감을 느낄 수밖에 없다. 사기꾼들이 노리는 것이 바로 그런 두려움이다. 현대사회에서 사람과 사람 사이의 빈 공간을 파고드는 범죄라는 점에서, 곗돈 사기는 사이비 종교로 인한 가산 탕진과 맥을 같이한다. 정서적으로 의지할 수 있는 사람들의 무리에 포함되고 싶은 욕구를 계 모임과 계주가 채워 주는 것이다.

곗돈 사기 사건에는 흥미로운 패턴이 나타난다. 거액의 곗돈 사기 사건이 일어난 곳에서 또다시 곗돈 먹튀 사건이 발생할 가능성이 크며, 2차 사건의 범인은 1차 사건 당시 가장 큰 피해를 입은 사람인 경우가 많다. 또한 가해자가 다시 그 공간으로 돌아와 또다시 비슷한 사기를 시도하기도 한다. 한 번 사기당한 사람은 다시는 사기를 당하지 않을 것 같지만 천만의 말씀이다. 상식적으로 얼핏 이해되지 않겠지만, 사기 사건은 가해자 요인보다 피해자 조건에 좌우되는 범죄이기 때문이다.

이런 사기 사건은 범인을 잡는 것도 문제지만, 잡더라도 처벌이나 피해자 보상이 제대로 이루어지기 어렵다. 범인을 잡았을 때 곗돈은 이미 다른 곳으로 빼돌려지거나 대부분 사라져 버린 뒤이다. 사기꾼이라면 그 정도 준비는 미리 다 해 놓는다. 또 피해 금액이 몇 십 억에 이르고 피해자가 수백 명 정도라면 10년 이상의 징역형을 받아야겠지만, 실제로 그런 경우는 드물다. 재판이 진행되는 과정에서 범인의 가족이나 친지들이 인간적인 정을 내세워 피해자들에게 합의를 종용한다. 어차피 피해 금액 전체를 돌려받기는 어려우니 일부라도 건지려면 일단 범인이 감옥에서 나와야 하지 않겠냐는 논리다. 합의서와 탄원서를 쓰라고 요구하며 협박도 서슴지 않는다. 그런 과정을 거치면서 형량은 줄어들고, 돈은 사라지고, 가해자는 다시 나와 비슷한 범죄를 저지른다.

'곗돈 사기 사건'은 우리나라에서만 특수하게 나타나는 범죄 형태이다. 외국에도 이런 종류의 사건들이 있을까? 개인적인 친분을 이용한 사기 사건은 다른 나라에서도 많이 일어나지만, '계'는 한국 특유의 문화다. 근대화로 붕괴된 공동체를 대체하는 역할로 계가 광범위하게 형성된 데다가, '정'에 약하고 내 집단을 중시하는 문화, 저축 외에 개인들이 투자를 통해 재산을 증식할 만한 여건 부족 등 여러 요인들이 얽히고설켜 곗돈 사기라는 독특한 문제가 발생한다.

그래도 이상하다. 많게는 수십억 원에 달하는 돈을 가로채 잠적하는 사건이 종종 일어나는데도 사람들은 왜 위험천만한 계를 계속하는 것일까? 이런 현상을 '제한된 합리성의 오류'라고 한다. 나만은 안 당할 것이다. 내가 가입한 계나 계주는 그런 사람이 아닐 거라고 생각한다. 당연하다. 앞서 말했듯 계주는 계원들이 의심하지 않도록 굳건한 신뢰를 얻기 위해 늘 많은 투자를 하니까.

명심하자. 그들은 잘 준비된 전문가들이다. 보통 사람 백 명이 노련한 사기꾼 한 명을 당해 내지 못한다.

술 마시면 감형받는 나라

인면수심 성범죄 사건

성범죄가 많이 일어나는 계절은 언제일까? 2013년 전남지방경찰청이 발표한 성범죄 통계 분석 결과를 보면, 여름철 발생 건수가 665건으로 전체의 35.6퍼센트를 차지했다. 겨울철 발생 비율 17.1퍼센트보다 2배 이상 많은 수치다.

통계적으로 성범죄는 3월부터 증가하다가 11월 즈음이면 감소하는 추세를 보인다. 이는 굳이 통계를 확인하지 않더라도 논리적인 추정이 가능하다. 여름에는 다른 계절보다 외부 활동이 활발하므로 성범죄도 더 많이 발생할 것이다. 이처럼 겨울철보다 여름철에 성범죄가 많이 발생하다 보니 성범죄 원인으로 여성의 '노출'을 지목하는 목소리가 높다. 정말 그럴까?

성범죄는 몰래카메라·홈쳐보기·노출증 같은 '비접촉성 범죄'와 성추행·성폭행 등의 '접촉성 범죄'로 나뉜다. 이 중 비접촉성 범죄는 노출과 어느 정도 관련이 있지만, 접촉성 범죄는 노출이 원인이라고 보기 어렵다. 즉, 노출이 성에 대한 욕구를 자극할 수는 있어도 그 욕구가 곧바로 강간이나 성추행 등의 '접촉성 성범죄'로 연결되는 경우는 절대적으로 많지 않은 것이다.

성범죄는 모르는 사람보다 아는 사람, 주변 사람들에 의해 더 많이 일어나며, 성을 목적으로 발생하기도 하지만 직장 내 상하 관계 등 권력을 행사하는 수단으로 이용되는 경우가 많다. 곧, 성범죄는 주거지와 직장 등의 생활공간에서 주로 발생하는 '대인 범죄'이자 '기회 범죄'이며[*] 기본적으로 타인에 대한 '폭력 범죄'이다. '노출'을 성범죄의 원인으로 지목하는 것은 성범죄의 본질과 핵심을 모르는 무지의 소치에서 비롯된 선동에 불과하며, 그 바탕에는 범죄 발생의 책임을

---

[*] 이런 이유로 성범죄는 예방은 물론이고 신고와 처벌이 이루어지기 힘들다. 주거지 인근 혹은 직장에서 범죄가 발생한 경우, 피해자는 범인과 같은 공간에서 계속 생활하며 접촉해야 한다. 그래서 2013년 6월 성폭력범죄의 처벌 등에 관한 특례법과 형법이 개정되기 전까지 친고죄, 즉 피해자나 고소권자의 직접 고소 조항의 폐지가 중요한 쟁점이었다.

피해자에게 돌리려는 의도가 깔려 있다.

잘 알다시피 성범죄는 우리나라에서만 일어나는 독특한 범죄 현상은 아니다. 유사 이래 거의 모든 문화권에서 발생했고, 지금도 세계 곳곳에서 다양한 형태의 성범죄가 발생하고 있다. 그래서 위계적 성적 분업 체계가 작동하는 사회문화권에서는 필연적으로 성범죄가 발생한다고 보는 시각이 일반적이다. 그런데 어떤 사회에서 특별히 성범죄 발생률이 높다면 거기에는 나름의 이유가 있을 것이다.

2010년 유엔이 발표한 성범죄 발생 횡단비교 조사 결과를 보면, 인구 10만 명당 강간 사건 발생 건수가 한국 467건, 스웨덴 63건, 미국 27건, 일본 1.1건 등이다. 한국이 압도적 1위 국가다. 이를 우리나라 여성의 노출이 심해서라고 할 수 있을까? 더 큰 문제는 성범죄 발생률이 지속적으로 증가하고 있다는 사실이다.

경찰대 치안정책연구소가 발간한 보고서(〈치안전망 2015〉)에 따르면 국내 성범죄 발생 건수는 2004년 2만375건에서 2013년엔 2만8,786건으로 9년 사이에 2.6배나 늘었다. 성범죄 발생 건수가 전년도보다 감소한 것은 2007년뿐이었다.(1퍼센트 미만 감소) 특히 성범죄 중 정도가 가장 심한 강간과 강제 추행은 2003년 7,332건에서 2013년 2만2,342건으로 10년 만에 3배가 됐다.

흥미로운 점은, 성범죄율 세계 1위 한국에서 강간살인 범죄 발생률은 상대적으로 낮다는 것이다. 그 이유는 무엇일까? 주지하듯이 최근까지도 성범죄가 친고죄였다는 사실, 그리고 한국의 사법 체계가 성범죄자에게 상대적으로 너그러운(?) 형량을 부과한다는 사실과 연관이 있다.

미국의 경우 초범에게도 높은 형량이 부과되므로 아예 피해자를 살해하는 경우가 많지만, 한국에서는 초범의 경우 집행유예가 대부분이거나 아예 그전에 피해자와 합의하는 경우가 다반사여서 굳이 죽일 이유가 없는 것이다. 참으로 울 수도 웃을 수도 없는 현실이다.

다른 나라에 비해 한국의 성범죄 발생률이 높은 이유로는 뿌리 깊은 성차별 의식과 왜곡된 성 의식, 만연된 폭력문화 등이 꼽힌다. 그렇다면 성범죄 증가율이 꾸준히 증가하는 이유는 무엇일까?

우선 피해자인 여성들의 인식이 변화하면서 이전에는 신고 없이 넘어가던 사건이 경찰 통계에 잡히면서 수치상 성범죄 발생 빈도가 늘어나게 된 것을 들 수 있다. 이외에 사회적 원인으로 계층 양극화가 심화되면서 권력관계에 의한 성범죄가 증가한 것, 생계 전선의 벼랑 끝에 내몰린 사람들이 성범죄가 일어나기 쉬운 환경에 편입되면서 발생하는 범죄 피해 기회의 증가, 다양한 매체 발달에 따른 '비사회적 모방 효과'로 인한 범죄의 흉포화 등을 지적할 수 있다. 스마트폰 보급 확산, 카메라 기술의 발달로 '몰카' 범죄 등 새로운 형태의 성범죄가 폭증하고, 인터넷을 통한 성매매가 늘어난 것도 성범죄 증가에 한몫하고 있다.

이처럼 성범죄가 계속 증가하는 추세를 보이고 있는데도 우리나라 사법기관의 성범죄 관련 처벌은 너무 미약하고, 성범죄자 관리도 제대로 이루어지지 않고 있다. 가장 무겁게 처벌받아야 할 13세 미만 아동을 대상으로 한 성범죄조차 솜방망이 처벌에 그치고 있다는 비판의 목소리가 높다.

2008년 12월 경기도 안산에서 50대 남성이 등교 중이던 여덟 살 여자아이를 교회 화장실로 끌고 가 성폭행하는 사건이 일어났다. 피해 어린이는 8시간 동안 대수술을 받았지만 신체 장기의 상당 부분이 훼손될 만큼 큰 상처를 입었다. 2013년 개봉된 영화 〈소원〉의 소재가 되었던 일명 '조두순 사건'이다. 이 끔찍한 범죄를 저지른 조두순은 겨우 12년형을 선고 받았다. 검찰이 무기징역을 구형했지만, 재판부는 고령과 알코올중독에 따른 심신미약 상태였음을 감형의 이유로 들었고, 조두순은 이마저 형이 무겁다며 항소하여 공분을 일으켰다.

2015년 현재, 범인 조두순의 형량은 5년밖에 남아 있지 않다. 피해자가 22세가 되면 범인이 석방되어 다시 사회로 나오게 된다. 피해자는 물론 관련된 모든 사람들로서는 받아들이기 힘든 사실이다. 이는 개인의 문제를 넘어 사회정의의 문제이자 공동체의 상식에 관한 문제이다. 정의가 실종되고 상식이 없는 사회라고 해도 할 말이 없다.

나는 〈소원〉을 보지 못했다. 피해자와 그 가족들의 처절한 아픔을 너무 잘 알기에 차마 볼 수가 없었다. 예전에 한 피해자의 아버지가 나를 붙잡고 절절히 울면서 범인을 잡지 말고 차라리 죽여 달라고 애원했던 적이 있다. 그때 나 또한 차라리 범인을 죽이고 싶다는 생각에 그 아버지를 끌어안고 함께 눈물을 쏟았다.

현직에 근무할 때 청송 제2교도소(예전의 청송감호소)에서 10대 중반의 친딸 둘을 장기간에 걸쳐 성폭행한 범인을 면담한 적이 있는데, 그가 받은 형량은 겨우 8년이었다. 그나마 수감 생활을 잘한 덕에 2년 일찍 가석방될 것 같다며 너무 좋아하던 범인의 얼굴이 아직도 잊히지 않는다. 그때 범인에게 8년을 선고한 판사와 가석방을 허가한 사람들을 찾아가 얼굴을 확인해 보고 싶다는 생각이 들었다. 범인에게 성폭행 당한 딸들은 스무 살이 갓 넘은 나이에 아버지를 피해 주민등록도 없이 떠돌며 숨어 살고, 범인은 출소한 이후에도 절도 등의 범죄를 저지르며 잡범으로 교도소를 들락거리면서 복수를 위해 그 딸들을 찾아다닌다고 한다.

성범죄 중 가장 무겁게 처벌되는 사건이 어린아이를 상대로 한 성폭행 사건인데, 황당하게도 조두순이 받은 형량이 실제 내려진 형량 중 거의 최고 수준에 가깝다. 조두순은 그나마 이전에 다른 범죄 경력이 있어 가중처벌을 받아 그 정도였고, 보통은 그보다 2~3년 정도 낮은 형량을 매기는 것이 관행이다.

대법원의 양형 기준은 물론이거니와 일반 사법기관의 성범죄 처벌 수위도 그리 높지 않다. 음주 상태, 즉 심신미약이라고 감경해 주고, 초범이라고 감경해 주고, 뉘우친다고 감경해 준다. 자의적인 양형이 너무 많다. 처벌 수위가 점차 높아지는 추세를 보이지만, 여전히 초범 강간범의 경우 집행유예가 많고 많이 받아 봐야 실형 1~2년을 넘지 않는다. 수사와 재판을 받는 기간을 빼면 실제 형 집행 기간은 몇 달 되지 않는다.

2013년 국정감사 자료를 보면 아동 성범죄자 평균 형량이 겨우 3.84년에 불과하다. 아동을 상대로 한 성범죄자들이 평균 4년에도 미치지 못하는 형량을 받는다니! 참으로 암담한 현실이다. 다른 나라의 사례와 비교해 보면 강간범들의 천국이라고 해도 과언이 아니다. 술로 인한 심신미약이 감형 이유가 된다면, 절도 · 강도 · 살인 등 어떤 범죄든 술을 먹고 하면 되겠다는 말이 나올 정도다. 이는 제도의 문제 이전에 사법 영역에 종사하는 사람들의 의식 문제이며, 아직도 성범죄를 정조에 관한 범죄로 보는 가부장적 생각이 온존하는 증거이다.

영국에서는 13세 이하 아동에게 성추행 및 관련 행위를 강요했을 시 무기징역에 처한다. 스위스는 예외 없이 종신형에 처하며, 아동 성범죄뿐 아니라 성인을 성폭행했을 시에도 평생 사회에서 격리시킨다. 미국 역시 성범죄에 대한 입장은 단호하다. 미국 루이지애나 법원은 여덟 살 의붓딸을 성폭행한 40대 남성에게 사형선고를 내렸고, 애리조나 법원은 아동 음란물 20건을 가지고 있던 전직 교사에게 1건당 10년씩 200년형을 선고했다. 2000년 7월에는 아동 대상 성범죄로 두 차례 유죄판결을 받으면 무기징역에 처해 무조건 사회에서 격리시키는 내용의 이른바 '투 스트라이크 아웃' 제도를 도입했다. 텍사스 주에서는 성범죄자의 집 앞에 '위험. 성범죄자가 여기 살고 있음'이라는 팻말을 세우고 자동차에도 유사한 스티커를 붙이게 하고 있다.

물론 미국에서도 범죄자의 인권 보호 및 사생활 보호 측면에서 이런 조치를 반대하는 여론이 있었지만, 미 항소법원은 "어떤 문제라도 그에 앞서 아동 보호가 우선"이라는 판단 아래 항소를 기각시키고 법률로 제정했다. 그에 비해 우리나라는 합의 여부에 따라 사형 및 무기징역을 면할 수 있고, 감형을 받는 사유도 앞서 본 바와 같이 다양하게 많다.

법원·검찰·경찰 등의 사법 집단이 시민의 의식과 동떨어진 결정 혹은 판결을 내놓아 공분을 사는 것은 어제 오늘의 일이 아니다. 이는 짚고 넘어갈 필요가 있다. 우리나라의 사법 집단은 문민의 통제를 전혀 받지 않는다. 무능한 집단이라고 늘상 욕을 먹는 국회도 형식적이나마 선거를 통해 정기적인 검증을 받지만, 사법 집단은 자신들만의 성에 갇힌 채 사회와 동떨어진 별개의 집단이 되어 있다. 자신들은 잘못되고 불합리한 제도와 관행에 안주하면서 국민 위에 군림한다. 평범한 시민, 어린아이 한 명이 어떤 억울한 일을 당해도 그들과는 상관없는 일이다.

배심재판을 확대하고 형식적으로 시민 참여를 보장하는 양형위원

회를 시민들 손에 돌려주는 것이 그래서 중요하다. 그래야만 시민의
눈높이에 맞는 사법 집단으로 거듭날 수 있다.

전자발찌와 화학적 거세만으론

물론 사법기관에서 무거운 처벌을 내리는 것만이 능사는 아니다. 경찰청 발표에 따르면, 2013년 성범죄 검거자 2만189명 중 성 관련 전과가 있는 재범자가 9,115명이나 된다. 재범률이 45.1퍼센트에 이르며, 그중 2년 이내 재범률이 64퍼센트를 차지한다. 처벌뿐 아니라 재범 방지를 위한 교정·교화도 효과적으로 이루어지지 않고 있는 것이다. 성폭력 범죄자의 재범을 막기 위해 전자발찌와 화학적 거세 등을 도입했지만, 그 실효성에 의문이 제기되고 있다.

전자발찌는 위치 추적을 빠르고 편리하게 하려고 고안된 장치일 뿐, 그것을 착용하고 있다고 해서 범죄를 저지르지 못하는 것은 아니다. 효과적으로 관리하지 않으면 아무 쓸모없는 기계일 뿐이다. 실제로 전자발찌를 착용한 채 다시 성범죄를 저지르거나 전자발찌를 훼손하고 도망가는 일이 종종 발생한다.

화학적 거세 역시 적용의 법률적 근거와 그 효과를 둘러싸고 논란이 계속되고 있다. 미국을 비롯한 서구 사회에서 화학적 거세를 일부 시행하고 있지만 이를 전면적으로 확대하는 것에는 부정적인 여

론이 적지 않다. 우리나라는 당초 〈성폭력범죄자의 성충동 약물치료에 관한 법률〉에 따라 16세 미만 피해자에게 성범죄를 저질렀을 경우에만 거세를 신청할 수 있도록 했으나, 2013년 3월 법이 개정되어 성인을 대상으로 성범죄를 저지른 경우도 대상에 포함되었고, 이에 따라 검찰도 성범죄자에 대한 적극적인 화학적 거세 청구에 나서고 있다.

화학적 거세 도입의 대표적인 성공 사례로 꼽히는 미국 오리건 주의 경우, 화학적 거세에 동의한 사람에게만 약물치료를 했다는 것을 눈여겨 볼 필요가 있다. 화학적 거세에 동의한 사람들은 그만큼 치료 의지가 강하므로 재범률이 낮아지는 것은 어찌 보면 당연한 귀결이다.

약물의 비용이 너무 고가라는 것도 문제로 지적된다. 비싼 약값을 언제까지 국가가 부담할 수 없는 노릇이다. 경제적 능력이 부족한 사람은 자기 돈으로 약물 값을 부담하기 어려워 일정 시간이 지나면 치료를 못 받게 될 것이고, 화학적 거세를 무력화하는 대응약까지 나와 결국 무의미해질 거라는 반론이 힘을 얻고 있다.

전자발찌나 화학적 거세만으로 성범죄를 막을 수는 없다. 효과적으로 성범죄를 억제하려면 장기적이고 근본적인 대책과 단기적 대책이 동시에 병행되어야 한다. 장기적으로 여성의 권리가 획기적으로 신장되어야 하며, 단기적으로는 종합적인 성범죄자 재범 방지 프로그램을 전 국가적으로 시행해야 한다. 사실 성범죄자를 잡아들이고 화학적 거세를 하고, 성매매를 단속하는 것은 어찌 보면 쉽고 단순한 방법이다. 그런데 그러면 뭘 하나? 그들의 3분의 2가 다시 성범죄를 저지르는데.

공권력 불신의 끝
자력구제와 보복 범죄

2014년 3월, 전북 군산시의 한 상가 앞에서 흉기를 동반한 싸움이 벌어졌다는 112 신고가 들어왔다. 그로부터 40여 분 뒤 근처 건물 뒤에서 피를 흘린 채 쓰러져 있는 남학생이 발견되었다. 남학생은 과다 출혈로 끝내 숨을 거두었다. 중학생 딸이 성폭행 당했다는 얘기를 들은 아버지가 딸이 지목한 가해 상대를 찾아가 살해한 것이다.

여학생의 아버지는 경찰을 찾아와 자수하며, 처음부터 복수하겠다는 마음을 먹고 간 것이 아니라 말로 타이르려 했는데 감정이 격해지면서 우발적으로 범행을 저질렀다고 진술했다. 빗나간 부정이 부른 참극이다.

사건이 알려지고 처음에는 아버지를 동정하는 여론이 형성되었는데, 숨진 남학생 쪽의 주장은 좀 달랐다. 사건 다음 날 저녁, 인터넷에 숨진 학생의 누나 친구라는 여성의 글이 올라왔다. 여학생과 남학생이 사귀던 사이였고, 언론에 알려진 대로 성폭행은 절대 있을 수 없다는 내용이었다. 증거가 불충분한 강간 사건의 경우, 상충되는 진술만 가지고 실체적 진실을 밝히는 것은 매우 어렵다.

이 사실이 알려지면서 인터넷에서는 "아버지의 행동이 정당화될 수 없겠지만 심정은 이해가 간다"는 의견과 "확실하지도 않은 자기 가족의 일방적인 주장만 듣고 한 생명을 죽일 수 있냐"는 등의 공방이 벌어졌다. 논쟁의 초점은 남학생이 진짜 성폭행을 했는지의 여부에 맞춰졌지만, 실제 그 남학생이 성폭행을 했다 해도 여학생 아버지가 살인의 면죄부를 받을 수는 없다. 우리 법은 아무리 억울한 일을 당했다 하더라고 개인이 사적으로 힘을 행사하여 죄를 응징하는 자력구제를 법으로 금하고 있다.

'자력구제自力救濟'란 자기 이익이나 권리를 방어·확보·회복하기 위해 국가기관에 의하지 않고 스스로 사력私力을 행사하는 것을 말하며, 형법상으로는 '자력 행위'라 한다. 오늘날 법치국가에서 자력구제는 원칙상 허용되지 않는 불법행위다. 다만, 국가기관의 구제 절차를 기다리다가는 도저히 회복할 수 없는 손해가 발생할 것이 명백하고, 절박한 상황 하에서 자기의 생명·신체·명예·재산 등을 수호하기 위한 '정당방위'나 '긴급피난'은 예외적으로 허용되고 있다.

여학생 아버지의 행동은 정당방위나 긴급피난에 해당하지 않는다. 공권력이 억울함을 풀어 주지 못할 거라는 불신에서 저지른 행동으로서 감정에 휩싸인 '사적 보복'이다. 자력구제를 금지하는 바로 그 이유에 해당한다. 모든 사람은 죄를 범한 만큼 벌을 받아야 하는데, 그것을 사인私人이 정할 수 없고, 정확한 책임은 사회적으로 인정한 범위에서 결정되어야 하기 때문이다.

이 사건을 접하고, 조금 다른 사례지만 미국 영화 〈타임 투 킬A Time To Kill〉(1996)이 떠올랐다. 실화를 바탕으로 한 이 영화의 줄거리는 이렇다. 미국 남부 미시시피의 소도시에서 백인들에게 잔인하게 성폭행 당한 흑인 여자아이의 아버지가 법정에서 범인을 총으로 사살한다. 아버지는 백인우월주의가 어느 곳보다 심한 미시시피에서 범인들에게 중형이 가해질 리 없다고 판단하고 본인이 직접 나서 응징한 것이다. 영화에서 그 아버지는 우여곡절 끝에 무죄판결을 받게 된다. 국가가 정의를 실현하지 못할 때 개인이 나서는 것을 용인하는 미국적 정의가 잘 드러난 영화다.

미국은 자력구제와 정당방위를 폭넓게 인정하는 편이다. 개척자의 나라답게 국가의 권리보다 시민의 권리를 우선시하는 사회 분위기가 형성되어 시민 스스로 정의를 실현하는 것을 어느 정도 수용하는 것이다. "생명의 위협을 가하는 상대방은 그 자리에서 총으로 사살해도 괜찮다"(플로리다 주의 〈내 자리 지키기 법〉)고 할 만큼 정당방위를 폭넓게 인정하고 있으며, 특히 가정폭력이나 성폭력·아동 학대 사건의 경우에는 '임박한 위협'이 없더라도 또다시 폭행당할 수 있다는 '합리적 염려'에 의한 방어 행위도 정당방위로 인정한 판례가 여럿 있다.

우리 형법도 "현재의 부당한 침해를 방위하기 위한 행위는 상당한 이유가 있을 때에는 벌하지 않는다"고 정당방위를 규정하고 있지만, 실제 법원의 판단은 매우 엄격하다. 대법원은 "심야에 5~6명이 쇠파이프로 차를 파손하고 집단 폭행하자 전기충격기로 대항해 전치 3주의 상처를 입힌 것은 정당방위가 아니다."라고 판결하였다.

적정 수준의 처벌이 이루어지지 않는다고 여길 때 스스로 처벌 방법을 찾는 것이 인간이다. 그래서인지 우리 사회에서는 정당방위나 자력구제 사건이 일어나면 논란이 뒤따르고 가해자를 동정하는 의견이 힘을 얻으며, 영화나 드라마에서 자력구제 범죄자를 영웅시하는 경향이 나타난다. 사법기관에 대한 불신, 수사 공정성에 대한 의심, 강력 범죄에 대한 가벼운 처벌과 가해자 인권 보호에 대한 누적된 불만이 상승작용을 한 결과일 것이다.

군산 사건이 일어나기 얼마 전인 2014년 1월에는 50대 여성이 자신의 딸에게 폭력을 휘두르고 괴롭히던 남자친구를 살해했다고 무려 4년 만에 자수한 일이 있었다. 여성은 딸의 남자친구를 찾아가 따지는 과정에서 시비 끝에 둔기 등으로 살해한 뒤 시신을 강원도의 한

도로변에 유기했다고 밝혔다. 처음의 의도와 달리 살인이라는 극단적 범죄로까지 이어졌다는 점에서 군산 사건과 유사하다.

흥미로운 것은 두 사건 모두 그 발단이 남녀의 애정 관계에서 비롯되었다는 사실이다. 실제로 자력구제 사건은 치정, 이별 범죄와 연결되는 일이 많은데, 이는 우리 사회가 이런 종류의 사건들을 적절히 처리하지 못하고 있음을 의미한다. 그에 대한 부정적 적응이 자력구제라는 방식으로 표출되는 것이다.

그러나 자력구제는 앞의 두 사건에서 확인할 수 있듯이 비극적인 결과로 이어질 수밖에 없다. 정서적으로는 그 심정을 충분히 이해할 수 있지만 개인이 직접 나서서 응징하는 것은 엄연한 범죄이며, 이른바 '보복 테러'를 불러올 수 있다는 점에서 지양되어야 한다.

믿을 수 없는 '보호' 약속

사적으로 폭력을 행사한다는 점에서 자력구제와 유사하지만, 국가 법질서와 사법 체계의 근간을 무너뜨린다는 점에서 그 폐해가 훨씬 심각한 것이 보복 범죄다. 보복 범죄는 범죄 가해자가 자신이 신고당한 것 혹은 처벌 받은 것에 앙심을 품고 피해자 혹은 범죄 목격자·신고자에게 복수하는 것을 말하는데, 이를 적절하게 다루지 못하면 국민들이 국가 공권력을 신뢰하지 않을 것이고, 그렇게 되면 스스로 자력구제의 방향으로 나가면서 극심한 혼란이 일어날 수 있다.

2014년 초 불법 주식 거래 사이트에서 90만 원의 투자 손해를 입은 사람이 금융감독원에 그 사이트를 신고했다가 보복 폭행을 당했다. 범인은 인터넷 포털 사이트를 해킹해서 신고자의 주소와 사진·가족 관계 등을 파악하고 청부 폭력배를 고용해 폭행하도록 사주했다.

2014년 2월에는 전북대병원 로비에서 강제 추행 용의자가 피해자를 찾아가 흉기로 찔러 숨지게 하고 도주하다가 스스로 목숨을 끊었고, 2013년 5월에는 길 가던 여성을 강제 추행한 범인이 이를 경찰에 신고한 피해 여성의 전화번호를 경찰에게 얻어 내 20여 차례에 걸쳐 협박 전화를 했다. 범인은 "피해자에게 사과하고 싶다"며 경찰에게 전화번호를 얻어 냈다고 진술했다.

이처럼 피해자 혹은 목격자의 신고와 증언에 앙심을 품고 해코지하는 '보복 범죄'가 꾸준히 증가 추세를 보이고 있다. 대검찰청에 따르면, 2010년 175건이던 보복 범죄 발생 건수가 2012년 310건으로 무려 2배 가까이 급증했고 2013년에는 84퍼센트 넘게 증가했다.

일반적으로 보복 범죄 가해자들의 주된 목적은 피해자를 위축시키고 처벌을 피하려는 것이다. 그래서 일반 상해와 폭행 사건의 경우 대개 불구속 상태에서 경찰 조사가 진행 중일 때, 혹은 조사 직후 피해자를 찾아가 범행을 하는 경우가 많다. 폭행은 반의사불벌죄(피해자가 가해자의 처벌을 원하지 않는다는 의사를 표시하면 처벌할 수 없는 범죄)에 해당하기 때문에 유형·무형의 협박을 가해 고소를 취하하거나 합의를 이끌어 내려는 것이다. 살인이나 강도 등 강력 범죄의 경우는 교도소에 수감된 상태에서 편지를 보내 교묘하게 협박을 하거나, 석방(가석방)된 뒤 찾아가 보복을 하기도 한다. 이미 처벌을 받은 뒤 보복을 하는 것은 자신의 잘못을 타인에게 전가하려는 행위라고 볼 수 있다.

보복 범죄 발생과 관련해서는 경찰의 책임을 짚고 넘어가지 않을 수 없다. 2015년 한국형사정책연구원이 대검찰청에 제출한 보고서를 보면, 보복 범죄 10건 중 7건이 경찰 수사 단계에서 벌어졌다. 경찰에서 신변 보호를 해 주겠다, 안전을 절대 보장하겠다, 2차 피해가 가지 않도록 조치하겠다고 약속했지만 별 소용이 없었던 것이다. 이처럼 피해자 보호와 참고인 보호 등에 허점이 많으니 경찰을 믿지 못한다.

보복 범죄는 특히 성범죄·가정 폭력과 관련될 경우 그 여파와 후유증이 상당히 심각하다. 성범죄와 가정 폭력 피해자들이 신고를 꺼리는 중요한 이유 중 하나도 보복 범죄에 대한 두려움이다.

2015년 안산에서 아내의 전 남편 집에 들어가 인질극을 벌이고 두 명을 살해한 '안산 인질 살인 사건'도, 아내가 보복이 두려워 남편의 상습 폭행을 신고하지 못한 것이 더 큰 참극으로 이어진 것이다. 가정 폭력 사건은 신고자가 누구이며 어디에 가면 만날 수 있는지를 가해자가 뻔히 알기 때문에 두려움이 더 크다. 신변 보호에 대한 확실한 믿음이 없으니 피해자들이 경찰서를 찾기 전까지 수없이 망설일 수밖에 없다.

2013년 6월 〈경향신문〉이 보복 범죄 판결문 20여 건을 분석한 결과에 따르면, 범죄 피해자와 신고자의 개인 정보 유출이 보복 범죄의 주요 원인 중 하나임을 알 수 있다. 검찰과 경찰이 사건을 수사하는 과정에서, 혹은 법원의 법정 기록 등에서 피해자나 신고자의 개인 정보가 범죄자에게 유출되어 보복 범죄의 빌미를 제공하는 것이다.

실제로 수사기관의 정보 관리는 매우 허술하다. 제대로 된 '수사 정보 유출 방지 매뉴얼'이 없음은 물론이고, 피해자 정보를 유출한 경찰관을 징계하는 일도 거의 없다. 검찰과 법원에서 공소장과 법정 기록 등에 피해자와 신고자의 개인 신상 정보를 너무 상세히 기재하는 것도 문제다.

보복 범죄에 대한 우려의 목소리가 높아지자 경찰과 검찰에서 신변 보호 대책 등 여러 방법을 내놓고 있지만 아직 갈 길이 멀다. 보복 범죄 처벌을 강화하여 법의 무거움을 알리는 것도 중요하지만,[¶] 보복 범죄를 막는 가장 적극적이고 포괄적인 방법은 미국의 증인 보호 프로그램처럼 범죄 피해자에 대한 구조와 지원을 대폭 강화하는 것이다.

증인 보호 개념이 거의 없는 지금과 같은 상황에서 누가 신고에 나서고 증언을 하겠는가? 특히 성범죄의 경우 가해자는 고개를 들고 다니는데 피해자가 죄인처럼 도망 다니고 2차, 3차 피해에 시달리는 상황, 경찰이 피해자와 합의하겠다거나 용서를 구하고 싶다는 가해자에게 피해자 정보를 유출하는 따위의 일은 절대로 일어나서는 안 된다. 이래서야 누가 공권력을 믿을 것이며 정의가 바로섰다고 할 수 있겠는가.

내가 직접 응징하지 않아도 국가가 반드시 합당한 벌을 내려 나의 억울함을 풀어 줄 거라는 처벌의 확실성, 공권력과 법이 사적 폭력으로부터 나의 안전을 반드시 지켜 줄 거라는 믿음을 바로세우는 것이 자력구제와 보복 범죄를 막는 가장 확실한 방법이다.

¶ 보복 범죄는 어떤 처벌을 받게 될까? 우리 형법에는 특정범죄가중처벌 등에 관한 법률 제5조의 9항 보복범죄 가중처벌 규정이 있다. 구체적으로 자기 또는 타인의 형사사건의 수사·재판과 관련하여 고소·고발 등 수사 단서의 제공·진술·증언 또는 자료 제출에 대한 보복의 목적으로 죄를 범한 사람은 사형, 무기 또는 10년, 3년, 1년 이상의 유기징역에 처한다고 되어 있다. 또한 자기 또는 타인의 형사사건의 수사 또는 재판과 관련하여 필요한 사실을 알고 있는 사람 또는 그 친족에게 정당한 사유 없이 면담을 강요하거나 위력威力을 행사한 사람은 3년 이하의 징역 또는 300만 원 이하의 벌금에 처한다.

'조용한' 반사회적 범죄
보험 사기

2013년 말 황당한 일이 일어났다. 3년 전 바다낚시를 하다가 추락한 뒤 실종돼 시신조차 찾지 못했던 안타까운 사연의 주인공이 멀쩡히 살아 있다는 사실이 밝혀진 것이다. 수사 결과, 억 대 보험금을 노린 보험 사기 사건이었음이 드러났다. 그 즈음 일명 '골절치기'라고 해서 엄지손가락과 발가락 등을 일부러 부러뜨린 뒤 산업재해로 위장해 보험금을 편취한 사건도 벌어졌다.

보험 관련 범죄는 늘 끊이지 않고 이어졌지만 갈수록 발생 건수가 급증하는 것은 물론이고, 그 수법도 교묘해지고 대담해지고 있다.

금융감독원과 보험사에 접수된 보험 범죄 신고 건수를 보면 2011년 2,295건, 2012년 3,572건, 2013년 5,629건이다.(보험 범죄는 그 특성상 전체 범죄의 총 건수를 확정하기 힘들기 때문에 신고 접수를 기준으로 통계를 잡는다.) 범죄의 종류를 살펴보면 2013년 금융감독원에 접수된 제보 357건 중 허위·과다 입원 환자가 31.7퍼센트, 과장 청구 의심 병원이 10.9퍼센트로 상위를 차지했다. 또한 보험사에 접수된 제보 5,272건 중에서는 자동차보험과 관련한 음주·무면허 운전이 58.3퍼센트, 운전자 바꿔치기가 14.5퍼센트를 차지했다.

일반적(?)으로 발생하는 보험 사기 사건 외에 좀 더 전문적인 형태의 사기 유형을 살펴보면, 대리 진단, 사망한 사람 명의로 가입하기 등 보험에 가입할 수 없는 사람이 그 사실을 숨기고 보험계약을 체결하는 수법, 살인·자해 등 고의적 사고 유발 행위가 있다.

사고의 위장 및 날조 행위로는 죽지도 않았는데 죽은 것처럼 위장하는 방법, 타인의 시신을 자기 시신으로 위장하는 방법, 자기와 비슷한 사람을 선택하여 살해한 뒤 자기 사망으로 조작하는 방법, 병·의원에서 허위로 발급한 진단서로 보험금을 청구하는 방법, 허위 도난 신고 행위 등이 있다.

범죄적으로 보험금을 과다 청구하는 경우로는 장애 등급 상향 행위, 치료 기간 연장, 과잉 진료 행위 등이 이에 속한다. 범죄 수단과 방법이 갈수록 다양화되고 있는 것은 물론이고, 조직화 양상마저 보이고 있다.

보험 사기 사건은 단순히 보험사와 계약자 둘만의 문제가 아니다. 보험 사기로 인한 피해는 전체 보험 가입자의 손해로 이어진다. 보험금 지급액이 늘어나면 보험사에서 가입자들에게 받는 보험료를 올리기 때문이다. 손해보험협회는 보험 사기로 인한 보험금 누수액이 연간 3조4,000억 원에 달할 것으로 추산하고(2012년 서울대 연구 기준), 이는 국민 1인당 7만 원, 가구당 20만 원의 보험료를 추가 부담하는 상황으로 이어진다고 밝혔다. 업계의 주장이므로 과장된 측면이 있겠지만, 보험 관련 범죄가 커다란 사회적 비용을 유발하는 것만은 사실이다.

수사의 어려움과 처벌의 경미함

혹시 보험사의 약관이나 규정이 마음만 먹으면 누구나 비집고 들어갈 수 있을 만큼 허술한 것 아닐까? 천만의 말씀이다. 과거에는 그랬을지 몰라도 근래에는 생명보험사와 손해보험사에서 전직 경찰관으로 구성된 보험 범죄 전문조사팀SIU을 독자적으로 운영할 정도로 잘 대비하고 있다. 약관이나 규정도 허술하지 않다. 보험회사가 그리 만만한 회사가 아니다.

보험 사기 사건이 눈에 띄게 증가하는 이유로는 크게 두 가지를 들 수 있다. 하나는 보험과 보험 범죄에 대한 우리 사회의 그릇된 인식인데, 그 시작은 보험회사의 악덕 상술과 보험모집인 제도에 있다. 일단 사고가 나면 보험회사는 어떻게 해서든지 보험금을 지급하지 않으려고 한다. 보험 가입자의 정당한 권리인데도 소송으로 가는 한이 있어도 일단 깎고 본다. 그러니 보험 가입자들이 비정상적 방법을 찾게 된다. 이는 보험회사의 원죄라고 할 수 있다. 정상적인 절차와 제도 마련을 게을리한 비용을 치르고 있는 것이다.

두 번째 이유는, 보험 범죄 수사의 어려움과 처벌의 경미함에서 기인한다. 다른 범죄에 비해 보험 범죄는 적발이 쉽지 않고, 고의성을 증명하기 어려운 데 비해 처벌은 상당히 경미한 편이다. 사법 처리되더라도 대부분 벌금형이나 집행유예에 그친다. 그래서 일각에서는 보험 사기죄를 신설해야 한다는 의견도 나오고 있다. 보험사기 처벌 현황을 살펴보면 그런 얘기가 나오는 이유를 알 수 있다.

2013년 재판을 받은 보험 사기범(형사재판 관련 보험사기범 329명, 자동차보험 관련 275명, 생명·장기보험 관련 54명)의 양형을 분석한 결과를 보면 벌금형 68.7퍼센트, 집행유예 17.6퍼센트, 징역형 13.7퍼센트로 벌금과 집행유예 비중이 거의 90퍼센트에 이르렀다.

징역형 중에서도 2년 이하 징역이 86.7퍼센트를 차지하여 양형 수준도 매우 경미했다. 일반 사기범이 징역형 46.6퍼센트, 집행유예 27.3퍼센트, 벌금형 26.1퍼센트인 것과 비교해 보면, 징역형은 3분의

1에 불과하고 벌금형이 3배 정도 높은 수준이다. 상당히 불합리한 양형이다. 보험 사기가 국민들의 보험료 부담을 증가시키는 반사회적 범죄인데도 처벌 수위가 일반 사기보다 오히려 낮은 수준이라는 것은 문제가 있다.

보험금부터 제대로 지급해야

보험 범죄는 재범률도 다른 범죄와 비교할 수 없을 만큼 높다. 벌금형이나 집행유예 같은 경미한 처벌을 받은 사기범이 더 정교한 수법으로 다시 보험 범죄를 저지르는 경우가 대부분이다. 범죄의 전문화 경향에 따라, 보험 범죄자들은 거의 대부분 그 다음 범죄로 다시 보험 범죄를 선택한다.

또한 보험 범죄는 대부분 공범이 있다. 주범은 피보험자이고 범행에 능숙한 공범이 보험 사고를 일으킨 뒤 경찰이나 보험회사가 눈치채지 못하도록 보험금을 청구하는데, 이때 내부 종사자의 묵인 · 방조 · 공모가 이루어진다. 최근에는 폭력 조직, 병 · 의원, 정비 업체, 택시 기사 등 다수가 개입된 전문 보험 사기단의 활약이 눈에 띈다. 이들은 법규 위반 차량을 대상으로 교통사고를 유발하거나, 고의 사망 사고를 발생시켜 보험금을 편취하는 등 지능화되는 경향을 보이고 있다.

보험 사기를 줄이려면 어떻게 해야 할까? 보험 범죄를 수사할 때 가장 어려운 것이 그 진부眞否를 구별하기가 쉽지 않다는 점이다. 원칙적으로 보험금 지급을 더 엄격하게 하고 까다롭게 하면 될 것 같지만, 그렇게 되면 선의의 수많은 정상적인 보험 수혜자들의 권리를 침해하는 더 큰 우를 범하게 된다. 그래서 일각에서는 보험회사에서 정당한 보험금을 지급하지 않으려 보험 범죄를 부풀린 측면이 있다는 의심을 제기하기도 한다.

이러한 지적은 무리한 억측일 수 있으나, 보험 범죄를 궁극적으로 근절하는 데 중요한 원칙을 시사한다. 당장 보험 사기 범죄자를 잡아들이는 것은 오히려 쉽다. 그러나 그것이 근본적인 해결책은 될 수 없다. 핵심은 원칙과 정도를 지키는 것이며, 이를 확립할 제도와 환경을 만드는 것이다. 정상적으로 보험금을 지급하는 합리적인 통로를 마련하는 것이 우선이다.

외국에서는 우리처럼 보험 사기가 그렇게 빈번하지 않다. 규모가 큰 보험 범죄가 종종 일어나긴 하지만 극히 적은 수이다. 왜일까? 우선 처벌 수위가 우리보다 훨씬 높다. 우리나라처럼 별도의 법 규정이 없는 나라도 있지만, 미국과 같이 보험과 관련된 별도의 특별법으로 처벌하는 경우가 더 많다. 벌금형이나 집행유예를 남발하지 않으며, 처벌 수위도 액수에 비례하여 결정한다. 피해 액수가 크면 클수록 형량도 커지는 것이다. 그러니 이런 위험부담을 안고 굳이 보험 범죄를 저지를 이유가 없다. 게다가 보험 범죄는 비용이 많이 들고 까다롭다. 다른 범죄를 저지르는 것이 더 쉬운데 굳이 어렵게 보험 사기를 칠 이유가 없는 것이다.

제5장

사건은
오래 지속된다

누가 이들의 눈물을 닦아 줄까

피해자 구제와 가해자 교정

2014년 3월, 평범한 한 남자의 죽음이 많은 이들의 가슴을 아프게 했다. 그 남자는 2008년 '안양 초등학생 납치 살해 사건'으로 막내딸 혜진 양을 잃은 아버지였다. 혜진 양의 아버지는 딸을 잃고 난 뒤 직장도 그만두고 6년간 술에 의지해 살아왔던 것으로 알려졌다.

2007년 크리스마스 날인 12월 25일, 열 살 이혜진 양과 여덟 살 우예슬 양이 친구들과 놀이터에서 놀다가 헤어진 뒤 실종되었다. 부모들이 경찰에 미귀가 신고를 하여 비공개로 수색을 하다가 별다른 단서를 얻지 못해 공개수사로 전환하였으나 성과를 얻지 못한 채 사건이 미궁에 빠져 버렸다. 그리고 2008년 3월 11일, 경기도 수원시 인근 야산에서 동원 훈련 중이던 예비군이 땅속에 묻혀 있던 시신을 발견하여 경찰에 신고했고, 국립과학수사연구소에서 부검을 진행하고

DNA를 분석한 결과 실종된 이혜진 양으로 밝혀졌다.

범인은 이혜진 양 집에서 130여 미터 떨어진 곳에 혼자 살고 있던 38세 정성현이었다. 경찰은 두 아이가 실종된 당일 정성현이 렌터카 회사에서 차량을 빌렸다가 다음 날 반납한 사실을 알고 해당 차량을 조사하여 트렁크에서 발견된 혈흔이 실종된 두 아이의 DNA와 일치한다는 것을 확인했다.

범인은 3월 16일 충남 보령시 모친의 집에서 검거되었다. 처음에는 단순한 교통사고였다며 범행을 부인했으나, 곧 이혜진 양과 우예슬 양을 살해했다고 실토했다. 그리고 3월 18일 경기도 시흥시 군자천에서 심하게 훼손된 우예슬 양의 시체 일부가 발견되었다. 두 명의 초등학생 외에도 성인 여성 한 명을 토막 살해한 정성현은 2008년 6월 수원지방법원에서 사형을 선고받았다. 정성현이 판결에 불복해 항소하여 대법원까지 갔으나, 2009년 2월 26일 대법원은 상고를 기각하고 사형을 선고한 원심을 확정하였다.

피해자 지원이 가해자 처우의 5분의 1

범인이 잡히고, 판결이 내려지고, 사건이 종결되었다. 하지만 피해자 가족들에게 사건은 끝난 것이 아니었다. 혜진이가 실종된 이후 다니던 직장도 그만두고 아이를 찾아다녔던 혜진이 아빠는, 딸이 싸늘한 주검으로 돌아오자 슬픔을 이기지 못한 채 술에 의지해 살다가 심장마비로 사망했다. 혜진이 어머니는 식당 일을 하며 겨우 생계를 이어 가고 있다. 예슬 양 가족의 사정도 크게 다르지 않다. 예슬 양의 언니는 주변의 시선 때문에 이름까지 개명하고, 가족 전체가 친척들도 모르게 이사를 가 버렸다. 피해자 가족들은 아이를 제대로 돌보지 못했다는 죄책감에 시달리며 하루하루를 보낼 수밖에 없다. 혜진이 예슬이 가족뿐만 아니라 많은 범죄 피해자 가족들이 우울증에 시달리며, 자살을 하는 사람도 적지 않다.

물론 사건 직후에는 유족들에게 방문 치료와 전화 상담 치료 등이 지원되었다. 혜진이 아버지도 주변의 권유로 상담을 받았지만 오래 가지 못했다. 상담 치료가 효과를 발휘하려면 매주 2회 이상, 적어도 1년 이상 지속되어야 하며, 가족 전체가 함께 상담을 받아야 한다. 한두 달 정도로는 효과를 기대하기 어렵다. 혜진이 아버지와 같은 사건 피해자 가족들의 상처는 3년 이상이 지나도 치유되기 어렵다. 하지만 혜진이 가족에게 상담 치료를 받으라는 권유는 너무 한가한 소리로 들렸을 것이다.

혜진이 가족과 마찬가지로 대다수의 범죄 피해자 가족들은 아이를 찾아다니거나 사건과 관련된 여러 문제를 해결하러 돌아다니느라 생업을 포기하는 경우가 많다. 경제적 어려움은 정신적인 문제를 더욱 악화시킨다. 혜진 양 가족이 정부에게 받은 위로금은 천만 원이다. 자식을 잃은 마당에 돈이 무슨 소용이랴마는 남은 가족이 생활을 수습하기에는 턱없이 적은 액수다. 2011년 〈범죄 피해자 보호 기금법〉이 시행됐지만, 혜진이 가족의 경우 소급 적용이 되지 않아 소용이 없었다.

그나마 이런 지원조차 받지 못하는 사람들이 많다. 그래서 전문가들과 범죄 피해자 가족 모임에서는 한목소리로 신청 방식을 바꾸어야 한다고 지적한다. 가족을 잃은 고통으로 하루하루 견뎌 내기도 힘든 가족들이 일일이 관련 기관을 찾아다니며 신청서를 작성하기는 어렵다는 것이다. 피해자 보호 기금 제도가 있다는 사실조차 모르는 경우가 허다하다. 몰라서 못하고 알고도 못하는 것이다. 관련 부서에서 직권으로 적극 개입하여 피해자를 찾아가 안내하는 방식이 필요한 이유다.

미국은 '포렌식 소셜 워커forensic social worker', 곧 전 사법 단계에서 사회복지사들이 범죄 피해자와 그 가족을 돌보는 방식을 채택하고 있다. 전담 사회복지사가 변호사처럼 붙어서 가족의 모든 일을 처리해 준다. 피해자 가족 대신 피해자 기금을 신청하고 취업도 알선하고 상담도 해 준다. 법적인 부분 이외의 것에 대한 일체의 조언을 맡고 있다.

이런 이야기를 하면 왜 국가가 범죄 피해자들까지 돌봐야 하느냐고 되묻는 사람도 있다. 이것이 바로 사회 안전망이다. 국가가 해야 하는 일이 바로 이런 일이다. 당연히 제공받는 국민의 권리 차원에서 접근해야지, 있으면 좋고 없어도 그만이라는 식이어서는 곤란하다. 피해자 개인 혹은 그 가족만의 문제가 아니라 사회 전체의 문제로 접근하는 인식의 전환이 필요하다. 그래야만 필요한 예산도 확보할 수 있다.

이와 관련하여 정부에서 범죄 가해자 처우에 사용하는 비용(교정 비용, 재판 관리 비용 등)에 비해 피해자 지원 금액이 너무 적다는 비판의 목소리가 높다. 범죄 가해자 처우에 사용되는 비용이 3조 원이 넘는 데 비해 피해자 지원에 사용되는 금액은 600억 정도에 불과하다. 그나마 600억 중 500억은 성폭력 범죄 피해자 지원에 쓰이고 나머지 100억 원 정도가 강력 범죄 피해자 지원에 사용된다. 실질적인 피해자 지원이 가능하려면 10배 이상은 늘어나야 한다는 지적이다.

범죄 가해자 처우에 왜 그렇게 많은 비용이 들어가는지 모르겠다는 의문도 많이 제기되고 있다. 가해자 처우는 재범 방지 측면에서 접근해야 한다. 그들이 다시 사회에 나가 또 다른 범죄를 저지르지 않도록 하려면 교정·교화 작업이 필요하다. 하지만 그 많은 예산이 효과적으로 사용되고 있는지는 짚고 넘어갈 필요가 있다.

《2012 경찰백서》에 따르면, 2011년 검거된 범죄자 180만 명 중 재범자가 45.5퍼센트(82만 명)에 달한다.(동종 재범 29만 명, 이종 재범 53만 명) 강력 범죄는 검거된 2만5,346명 중 재범자가 52퍼센트(1만 3,333명, '동종 재범'은 2,566명, '이종 재범'은 1만767명)였으며, 살인범은 1,075명 가운데 과거 살인 전과를 가진 사람이 65퍼센트(702명)에 달했다. 살인 재범자의 경우 또 다른 살인 사건을 저지르는 기간은 3년 이상이 45.2퍼센트로 가장 높았고, 2년 이내가 12.0퍼센트였으며, 1개월 이내에 재범을 저지르는 비율도 2.2퍼센트에 달했다. 살인 전과자 상당수가 교도소 출소 직후부터 범죄의 유혹에 빠질 우려가 높다는 것을 알 수 있다.

성범죄 역시 재범자가 50퍼센트에 달하며, 성범죄자가 다시 성범죄를 저지르는 기간도 3년 이상 45.5퍼센트, 2년 이내 12퍼센트로 재범 비율이 높고 기간이 짧은 것으로 조사됐다. 범죄자들의 재사회화가 효과적으로 이루어지지 않고 있는 것이다.

현재 교도소 · 소년원 등 교정 시설에서는 출소자들의 자활 및 갱생을 위한 보호제도를 운영하고 있다. 현실 적응력 결여, 사회의 냉대, 그로 인한 사회 적응 포기, 경제적 어려움, 재소 시절 동료 전과자의 유혹 등을 극복하고 사회에 복귀할 수 있도록 필요한 원조를 제공하는 것이다. 또한 출소자 중에서 재범 우려가 높은 자에게는 유권적 갱생 보호를 실시하여 직접적인 물질적 원조, 취업 알선, 생산 도구 대여, 생업 조성금 지급, 신원 보증, 구호단체 또는 독지가에게 의탁 알선, 부설 사업장에 취업, 단기 숙박 또는 식사를 제공한다. 숙식 제공 기간은 6개월을 넘지 못하게 되어 있으나, 필요한 경우 3개월까지 연장할 수 있다. 문제는 이 갱생 보호제도가 오히려 범죄 전문화로 이어지고 있다는 것이다.

2013년 8월, 여성 2명을 납치해 성폭행하고 그중 1명을 살해한 혐의로 40대 남성 2명이 검거됐다. 범인들은 상조회사 직원인 A씨에게 회원을 소개시켜 주겠다며 불러낸 뒤, A씨의 차를 타고 강원 춘천시 남산면 야산으로 가 돈을 빼앗고 A씨를 성폭행했다. 또 외제차를 타고 다니는 펜션 주인 B씨를 노리고 펜션에 투숙한 뒤 놀러 가자고 유인하여 강릉시 인근 야산에서 B씨를 성폭행한 후 살해했다. 경찰 조사 과정에서 이들은 영업직 여성의 명함만 60여 장을 소지하고 있었던 것으로 드러났다. 영업에 도움을 주겠다고 하면 여성들을 유인하기에 용이할 것으로 판단하고, 영업직에 종사하는 여성들을 주로 노린 것이다.

일반적으로 이런 유형의 범죄자들은 본인들이 실행한 경험이 있는 방법을 계속 사용하고 전문화시킨다. 이른바 '범죄 전문화'이다. 실제 두 남자는 전과 29범, 전과 11범으로 강도상해, 특수강도 등으로 처벌을 받은 적이 있다. 전문화된 범죄자 두 명이 출소 후 공모하여 범죄를 더욱 전문화시킨 것이다.

사법을 담당하는 입장에서 볼 때, 이들과 같은 누범자累犯者는 범죄 수법을 더욱 정교화하고 지속적으로 범행 대상을 노릴 가능성이 높다는 점에서 움직이는 시한폭탄 같은 존재이다. 또한 사회 정책적 관점에서 본다면 이들이 29범, 11범에 이르게 된 것은 재사회화·갱생의 기회를 가지지 못했음을 반증하는 것이다. 범죄자 사후 관리의 문제점을 단적으로 드러낸 사건이다.

두 남자는 함께 범행을 저지르기 3년 전 서울의 한 '갱생보호소'에서 처음 만났다. 출소자에게 단기 숙식을 제공하는 갱생보호소가 이들에게는 갱생이 아닌 재범 양성의 공간이 돼 버린 셈인데, 이런 사례는 결코 드문 일이 아니다. 비슷한 경로를 통한 재범 사례는 너무 많아 열거하기 어려울 정도다. 교도소, 소년원, 보호관찰소, 갱생보호소는 범죄를 배우는 학교라고 해도 과언이 아니다.

잘 알다시피 우리나라의 재범 방지 제도는 매우 미흡한 수준이다. '재범 위험성 평가도구'¶ 개발, 민간 자원 활용 확대, 전자감시 제도 도입, 성범죄자 신상 공개 제도, 출소자 지원을 위한 사회적 기업 설립 등 다방면으로 노력하고 있지만 아직 갈 길이 멀다.

외국의 사례를 살펴보면, 선진국에서는 특히 '고위험 범죄자 집단' 관리를 강화하는 추세를 보이고 있다. 영국은 시설 내 처우와 사회 내 처우를 연계하여 범죄자를 관리 및 감독하는 '범죄자 관

¶ 재범 위험성 평가도구는 범죄심리 영역에서 진행되는 작업으로, 어떤 출소자가 어느 정도 재범 위험성을 안고 있는지 확인하는 방법이다. 아직은 수준이 높지 않고 정확도도 많이 떨어진다. 민간 자원 활용은 주로 종교 단체를 중심으로 하는 민간 전문시설을 일컫는 것으로, 여주의 민간 교도소가 대표적인 사례이다. 미국의 경우, 민간 교도소를 적극 활용하고 있다. 강력범이나 파렴치범은 민간 교도소 수용에서 제외되며 주로 가벼운 절도, 경제범, 풍속 관련 범죄자들을 강력범과 분리 수용한다.

리 모델Offender Management Model'을 개발하여 시행하고 있으며, 미국은 'PRPrisoner Reentry Initiative', 'SVORIThe Serious and Violent Offender Reentry Initiative' 등 '소년 및 성인 고위험 범죄자에 대한 종합적 관리 체계'를 갖추고 있다. 아울러 미국은 형사 절차의 각 단계별로 범죄자 처우의 지침이 되는 "교도소에서 지역사회로의 전환TPCI : Transition from Prison to Community Initiative"이라는 슬로건을 내걸고 출소자의 지역사회 복귀 과정을 관리하고 있다.

사건이 발생했을 때 범인을 잡고 그에 합당한 처벌을 내리는 것도 중요하지만, 그것으로 끝이 아니다. 사건 이후에도 남겨진 사람들의 삶은 지속되며, 그 누구도 범죄로부터 자유로울 수 없다. 범죄 피해자 지원과 가해자 관리를 사회 안전망 확립 차원에서 접근해야 하는 이유다.

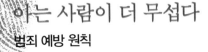

아는 사람이 더 무섭다
범죄 예방 원칙

많은 사람들이 범죄자, 특히 흉악범이라고 하면 큰 덩치에 험상궂은 외모를 가진 속칭 '깍두기'를 떠올린다. 범죄자들 중에 그런 외모를 가진 사람들도 분명 있다. 그러나 거친(?) 외모를 한 사람들은 대개 '거리 범죄'(폭력 범죄)와 관련된 범죄자들이고, '지능형' 범죄자들의 외모는 좀 양상이 다르다.

생각해 보자. 길에서 험상궂게 생긴 사람과 마주치면 대부분의 사람들이 경계심을 품게 된다. 웬만하면 부딪히지 않으려고 피하거나 조금이라도 이상한 낌새가 느껴지면 주위에 도움을 청하려 할 것이다. 반대로 멀끔하게 생긴 사람을 만나면 자신도 모르게 경계심을 풀게 된다. 아이를 유괴하려고 모의한 범죄자 무리가 있다고 할 때, 그들 중 험상궂고 못생긴 사람을 아이에게 접근시키겠는가 아니면

착해 보이고 잘생긴 사람을 접근시키겠는가? 범죄자 입장에서 생각해 보면 답은 명확하다.

귀여운 강아지를 안은 살인자

물론 앞서 말했듯 폭력 범죄의 경우 거친 외모가 많다는 식으로 특정 유형의 범죄에 친화적인 외모는 있다. 프로파일러들은 사이코패스·소시오패스로 일컬어지는 연쇄살인·연쇄 강간·연쇄 방화 등의 연쇄성 범죄를 주로 다루는데, 그중 강간범과 방화범들을 유심히 관찰해 보면 어느 정도 외모 유형이 나뉜다.

보통 사람들의 평균적 외모 수준을 기준으로 볼 때 강간범은 중상, 방화범들은 중하 정도의 외모인 경우가 많다. 왜 그럴까? 강간은 대면 범죄이고, 방화는 비대면 범죄이다. 피해 대상인 여성이나 아동에게 좀 더 쉽게 접근할 수 있는 외모를 생각해 보면 강간범이 멀끔한 이유를 알 수 있을 것이다.(성폭력 사건의 80퍼센트 이상이 면식범에 의한 범행이다.) 반면 방화범은 대인 관계의 문제에서 비롯된 불만을 해소하는 차원에서 방화를 저지르는 경우가 많기 때문에 이러한 외모 패턴이 나타나는 것은 자연스러운 귀결이라고 할 수 있다.

하지만 이는 범죄 결과를 놓고 유형화한 것일 뿐, 범죄 성향과 외모가 연관이 있다고 단정 지을 수는 없다. '인상학' '골상학' 등이 오랜 학문적 전통을 유지하고, 이탈리아의 범죄학자 롬브로조Cesare Lombroso를 비롯하여 범죄자의 신체적 특징을 체계화한 연구자들도 있지만, 이러한 연구는 의도치 않게 특정 인종이나 사회계층에 대한 편견으로 귀결되기도 한다.

안 그래도 외모 지상주의가 판을 치는 우리 사회에서는 잘생기고 예쁜 사람은 착하고 도덕적이며, 못생기고 거칠게 생긴 사람은 폭력적이고 범죄적일 것이라는 무의식이 만연해 있다. '예쁜 여자가 착한 여자'라는 우스갯소리에서 드러나듯 외모와 선악을 연결 짓는 편견과, 범죄영화나 드라마의 영향으로 범죄 유형과 상관없이 우락부락한 얼굴이 범죄형 외모라는 선입견이 강하게 형성되어 있다.

범죄자들이 노리는 것이 바로 이런 편견과 선입견이다. 편하고 순해 보이는 사람에게 심리적으로 무장해제되는 약점을 파고드는 것이다. 경기 서남부 연쇄살인범 강호순이 대표적이다. 여성 실종 사건이 잇달아 일어나 경찰과 방송에서 낯선 사람의 차에 절대 올라타지 말라고 경고했지만, 이후에도 피해 여성들은 강호순의 차에 순순히 탔다. 둥글둥글한 호남형 외모와 서글서글한 웃음이 경계심을 누그러뜨린 것이다.

일상생활에서 보통 사람들이 상대의 외모만 보고 범죄자인지 아닌지 미리 알아채기란 거의 불가능하다. 그럼 어떻게 해야 할까? 범죄 예방에서 가장 중요한 것은 경계심이다. 여성과 아동은 보호자나 동행 없이 낯선 장소에는 되도록 가지 말고, 낮 시간에도 경계심을 늦추지 말아야 한다. 이렇게 말하면 구더기 무서워 장 못 담그냐고 반문할 수도 있다. 범죄가 무서워 가고 싶은 곳도 못 간다면 도대체 할 수 있는 일이 무엇이냐고 말이다. 그렇다. 맞는 말이다. 내가 강조하고 싶은 것은, 본인 스스로 약한 존재임을 인식해야 한다는 것이다. 아무리 무술 유단자의 건장한 여성이라도 위험 상황에서 남자 한 명을 제압하고 당해 내는 것은 매우 힘들다. 호신술로 남성 치한들을 쉽게 물리치는 장면이 드라마, 영화, 예능 프로그램 등에 많이 나오다 보니 대수롭지 않게 생각하는 사람이 많은데, 막상 현실에서 닥치면 거의 불가능하다.

스스로 약한 존재임을 인식하는 것이 중요한 이유는, 그래야만 주변 상황을 살피고 준비하여 대안을 마련할 수 있기 때문이다. 주변 상황을 미리 파악하여 대비한 것과 무방비 상태에서 위험한 상황에 처한 것은 큰 차이가 있다. 비교적 안전한 시간대이거나 익숙한 공간이라 해도 위험 요소가 감지되면 일단 피하는 것이 좋다.

2012년 4월 수원에서 발생한 토막 살인 사건, 일명 '오원춘 사건'의 피해 여성노 평소 익숙하게 왕래하던 출퇴근길에서 납치되었다. 여성은 가로등 없는 인도를 걸으면서 도로 쪽이 아닌 골목 쪽으로 지나가다가 전봇대 뒤에 숨어 있던 오원춘이 갑자기 나와 밀치자 속수무책으로 당했다. 새벽 시간 보안장치가 없는 어두운 길을 홀로 걷게 된다면 인도 쪽이 아니라 차도 쪽으로 걸었어야 한다.

약해 보이거나 도움이 필요한 사람에게 친절을 베풀 때도 최소한의 방어 장치를 염두에 두고 어느 정도 거리를 두어야 한다. 미국의 연쇄살인범들 중에는 범행 시 귀여운 강아지를 데리고 다니면서 강아지에 호감을 보이는 여성이나 아이들을 공격한 사례가 종종 있다. 미국의 유명한 연쇄살인범 테드 번디는 다리에 깁스를 하고 주변 사람에게 물건을 들어 달라고 청하면서 접근했다. '안양 초등학생 납치 살해 사건'의 범인 정성현도 아이들에게 접근할 때 강아지를 이용했고, '보성 어부 살인 사건'의 피해자가 된 대학생들도 범인이 70세가 넘은 노인이라는 점에 마음을 놓고 경계를 하지 않았다가 변을 당했다.

특히 아는 사람을 조심해야 하는 이유

아는 사람이라고 해서 맘을 놓아서도 안 된다. 상당수 범행이 면식범, 그러니까 안면이 있는 사람 사이에서 일어난다. 면식범들은 왜 자신이 아는 사람, 자기와 연관이 있는 사람들 중에서 범죄 대상을 고르는 것일까? 아는 사람을 상대로 범죄를 저지르면 본인이 용의자로 지목될 위험이 큰 데 말이다.

범죄 유형에 따라 차이가 있는데, 우선 절도범이나 강도범은 범죄의 목적상 재산 범죄·대물 범죄로서 자신의 거주지에서 먼 곳이든 가까운 곳이든 기회만 있으면 범행 대상으로 선택한다. 물론 가까운 곳보다는 아무래도 먼 곳을 우선 선택하겠지만, 주변이라도 범죄 기회가 엿보이면 범행을 저지르는 것이다.

성범죄 · 유괴 등의 대인 범죄는 특히 면식범의 비율이 높다. 전체 성범죄 사건 중 70퍼센트 정도가 면식범의 소행이며, 그중 아동이나 미성년 대상의 성범죄가 80퍼센트에 달한다. 피해자의 약점을 파악하기 쉽고, 이것이 범죄 수행에 큰 도움이 되기 때문이다. 알고 지내는 대상의 허점을 인지하고 있다가 범죄 욕구가 분출하는 순간 그 사람을 대상으로 범죄를 저지르는 것이다.

면식범은 범행을 저지르면 당연히 자신이 용의자로 지목을 당할 수 있다는 걸 알면서도 범죄를 저지른다는 점에서 그만큼 범죄 욕구가 더 크다고 할 수 있다. 또한 피해자와 면식이 있는 사람이 상당히 많을 경우 용의자 집단 속에 숨으면 쉽게 눈에 띄지 않는다. 정성현 같은 은둔형 외톨이들도 결정적인 단서가 잡히기 전에는 쉽게 그 존재가 드러나지 않는다.

면식범에 의한 범죄 사건이 많다고 뉴스에 보도되어도 사람들은 설마 내가 그런 일을 당할 거라고는 생각하지 않는다. '면식 관계'라 함은 가족 · 친지 등 혈연관계를 제외하고 어느 정도 친분이 있거나 3~10회 정도 얼굴을 마주친 적이 있는 사람을 가리킨다. 지나가면서 몇 번 인사를 나눈 적이 있는 사람은 '나쁜 사람'의 범주에서 제외되기 쉽고, 개인의 프라이버시를 중요시하는 서구 사회와 달리 우리 사회는 아는 사람에게 야박하게 대하기 힘든 문화여서 상대가 좀 무리하게 유인하거나 거북하고 이상한 부탁을 해도 쉽게 거절하지 못한다. 아는 사람에게 쉽게 경계심을 푸는 아동의 경우 더 위험하다. 이렇게 이야기하면, 주변 사람들을 모두 의심하고 경계해야 하는데 그럼 세상이 너무 각박해지는 것 아닌가 싶을 것이다. 중요한 것은 평소 조심하고 경계하는 습관이 몸에 배도록 하는 것이다.

아프리카 초식동물의 지혜

길거리에서 전혀 모르는 사람이 갑자기 아무 이유도 없이 나를 위해 한다면 어떻게 해야 할까?

불특정 다수를 대상으로 한 '묻지마 범죄'도 꾸준히 증가하고 있는데, 주로 범죄가 일어나는 공간을 살펴보면 길거리가 51퍼센트로 가장 많았고, 공원·도서관·학교·지하철역이 12퍼센트를 차지했다. 보통 사람들이 일상생활을 영위하는 공간들이다. 범행 시간은 오후 6시부터 그 다음 날 9시까지가 65퍼센트로 3분의 2를 차지한다.

누구나 '묻지마 범죄'의 대상이 될 수 있다. 이를 미리 예측하고 피하는 것은 매우 어려운 일이지만, 그래도 주의를 기울이면 범죄의 전조를 알아챌 수 있다.

묻지마 범죄자들은 일반적으로 범행을 저지르기 전 시선을 한곳에 고정시키거나 손을 심하게 흔들거나 부자연스럽게 걷는 등 그 표정이나 행동에서 보통 사람들과는 조금 다른 모습을 보인다. 다행히 이를 감지했다면 주저하지 말고 적극적으로 주변에 도움을 청해야 한다. 길거리나 개방된 공공장소에서 위험을 느꼈을 때 큰 소리로 알리고 도움을 청하는 행동을 부끄럽고 창피하다고 여기는데, 본인의 생명이 달린 문제일 수 있다. 조금이라도 위험하다는 느낌이 들면 크게 소리치고 도망가야 한다. 이런 행동이 어릴 때부터 몸에 배어 있어야 위급할 때 행동으로 옮길 수 있다.

우리 사회는 범죄 대상이 되기 쉬운 무의식적 행동을 쉽게 용인하는 편이다. 젊은 여성이나 아이들이 낯선 장소를 경계심 없이 돌아다니거나, 인적이 드문 낯선 장소를 이어폰으로 음악을 들으며 이동한다. 모르는 남자들이 힐끗 쳐다봐도 대수롭지 않게 무시한다. 물론 아무 이유 없이 혹은 이성적인 관심에서 한두 번 힐끗거릴 수도 있다. 하지만 3~4회 이상 이런 행동을 반복하는 남자 혹은 사람이 주변에 있다면 그것을 위험신호로 감지하고 경계해야 한다. 그런 행동이 범죄 대상의 약점을 노리는 행위일 수 있다.

아프리카 초원의 초식동물들은 자신을 노리는 수많은 맹수들 속에서 살아남아 종족을 보존해 왔다. 평소 경계, 도움 청하기, 안정된 생활을 유지하는 습성이 몸에 밴 덕분이다. 늘 습관화된 안전의 기본을 지키는 것이다. 인간도 마찬가지다. 우리의 생활공간 속에도 노련한 포식자들이 다수 존재한다.

경계의 기본은 본인이 사는 공간을 파악하는 것이다. 자신의 생활공간인 집, 직장, 학교, 출퇴근길, 통학길의 안전도를 평가하여 위험한 시간과 장소는 되도록 피하고, 경찰의 도움을 받아 상시적 위험 요소를 제거해야 한다. 위험은 평소와 다른 특이한 변화에서 온다. 위험은 그 징후를 분명 나타낸다. 다만, 주의를 게을리해서 느끼지 못할 뿐이다. 변화와 위험을 감지했다면 주저하지 말고 적극적으로 도움을 청하고, 사용할 수 있는 모든 수단을 이용해야 한다. 급박한 순간에는 스마트폰, 호루라기, 손전등 같은 작은 도구도 매우 유용하게 쓰일 수 있다.

최악의 이별 방식

성희롱과 치정 범죄

대한민국 성인 여성 중 살면서 성희롱 한 번 당해 보지 않은 사람이 없다고 할 정도로, 우리나라에서는 성 관련 범죄가 일상적으로 일어난다. 아는 사람에게도 당하고, 생판 모르는 사람에게도 당한다. 보통 성희롱은 언어폭력, 신체 스침 정도로 애매한 경우가 많아서 분쟁으로 이어지는 경우도 많다.

성희롱에 대처하는 방법을 간단하게 소개하면, 일단 가해자가 아는 사람이든 모르는 사람이든 처음부터 여지를 주지 않는 것이 중요하다. 성희롱 범죄자들이 처음부터 강하고 세게 나오는 경우는 드물다. 조금씩 찔러 보다가 여지가 보이면 강도를 높인다. 이상하거나 불쾌한 느낌이 들면 즉시 단호하게 그만 하라고 의사를 표현하고 바로 주변에 도움을 청해야 한다. 공공장소에서 이런 일을 당했을 경우 그 자리를 벗어나는 것도 도움이 되지만, 피하는 사람을 뒤따라오는 경우도 있으니 단호하게 거부하는 것이 우선이다.

무엇보다 중요한 것은 정신을 바짝 차리는 것이다. 막상 이런 일을 당하면 두려움에 어찌할 바를 몰라 우왕좌왕하게 되는데, 속으로는 겁이 나더라도 내색하지 말고 '너 같은 놈은 얼마든지 상대할 수 있다'는 태도로 침착하게 대처해야 한다.

물론 성희롱의 수위를 넘는 강간 등의 폭력적 상황에서는 큰 소리로 도움을 청하고 빨리 도망치는 것이 상책이다. 도망치기 어려운 상황이라면 상대방의 약점을 노려야 한다. 범죄자에게는 반드시 약점이 있다. 살아야 한다는 생각으로 정신을 차리고 자포자기하지 않는 것이 위기를 극복할 수 있는 길이다.

나도 모르는 사이 서울역 에스컬레이터에서

성 관련 범죄 중에서 최근 눈에 띄게 그 범죄 건수가 증가하면서 여성들을 불안하게 만드는 것이 몰래카메라('몰카') 범죄다. 경찰청 발표에 따르면, 몰카 범죄 적발 건수는 2010년 1,134건, 2011년 1,523건, 2012년 2,400건으로 매년 급증하고 있다. 몰카 범죄는 범죄 사실을 인지하지 못한 상태에서 당할 수 있다는 점에서 피해자를 더욱 불안하게 만든다.

몰카 범죄는 모든 장소에서 발생할 수 있지만, 그래도 주로 많이 발생하는 장소가 있다. 2012년 서울중앙지검이 기소한 100여 건의 몰카 사건 중 서울역 지하철 에스컬레이터 근처가 37건으로 가장 많았다. 서울역 에스컬레이터는 2개 층이 연달아 운행되어 비교적 촬영 거리가 길고, 유동 인구가 많아 늘 북적거리기 때문에 범행 장소로 애용된다.

이처럼 몰카 범죄는 혼잡하고 정지 상태가 지속되는 에스켈레이터에서 가장 많이 발생하고, 그 외 계단·지하철 안 등에서 주로 발생한다. 최근에는 술집, 화장실, 학교, 길거리, 마트, 해변 등 범행 장소가 확대되고 있다. 몰카 범죄에 사용되는 도구도 다양해졌다. 스마트폰은 기본이고, 소형 카메라 기술이 발달하면서 USB 메모리, 안경, 자동차 열쇠, 시계, 명함 케이스, 텀블러, 구두 등 다양한 소품에 카메라를 장착하며 수영장에서는 투시 카메라도 이용된다.

몰카 범죄자들을 검거하고 보면 놀랄 때가 많다. 일반 회사원, 학생, 의사, 변호사, 교사 등 흔히 말하는 보통 사람들이고 사회적으로 어느 정도 지위가 있는 사람들도 꽤 된다. 이런 보통 사람들이 범죄 행위자가 되는 것은, 한국 사회의 왜곡된 성문화에 큰 책임이 있다. 대중매체나 인터넷 등을 통해 높은 수준의 자극에 일상적으로 노출되지만, 이를 수용하고 처리하는 방식은 사회적으로 준비되어 있지 않다. 번듯한 직업을 가진 성인 중에도 포르노를 즐겨 보는 청소년 정도의 성 의식에 머물러 있는 사람이 많다. 성적 자극은 높은데 이를 해소할 적절한 수단과 방법을 찾지 못하니 숨어서 은밀하게 훔쳐보는 것이다. 몰카는 중독성이 강해 한번 발을 들이면 쉽게 그만두기 어렵다.

몰카 범죄가 성행한다고 해서 여성들이 집 안에만 있거나 사시사철 온 몸을 꽁꽁 싸고 다닐 수는 없는 노릇이다. 간단히 주의할 사항을 정리하면, 우선 본인이 몰카 범죄의 대상이 될 수 있다는 사실을 인식하고 조심하는 자세가 필요하다. 짧은 의상을 입었다면 계단·에스컬레이터에서 가방과 책으로 뒤를 가리고, 사람이 많은 곳에서는 5~10분 단위로 자리를 옮기는 것이 좋다.

해수욕장·수영장에서 특별한 이유 없이 계속 쳐다보거나 사진을 찍는 사람이 있다면, 즉시 자리를 피한 후 경찰에 신고하고 주변의 도움을 청해야 한다. 직접 대면하여 해결하려 했다가 혼란한 틈을 타 증거품을 삭제하는 바람에 처벌이 곤란해지는 경우도 있다. 피해 여성들이 수치심과 두려움에 신고를 꺼리는 경우가 많은데, 적극적으로 대처하는 것이 또 다른 피해를 예방할 수 있는 길이다.

이별 범죄의 증가

몰카가 전혀 인지하지 못하는 사이에 당하기 때문에 두려운 범죄라면, 반대로 나를 너무 잘 아는 가장 친밀한 사람에게 당해서 더 무섭고 큰 후유증을 남기는 범죄가 '치정 범죄'다.

'치정癡情'은 '남녀 간의 사랑으로 생기는 온갖 어지러운 정'을 뜻하는 말로, 치정 범죄에는 '이별 범죄', '데이트 폭력', '데이트 강간' '스토킹' 등이 포함된다. 구체적으로 이성 사이의 교제 및 이별 과정에서 나타나는 집착과 소유욕에 의한 폭력, 교제 과정에서 강압적 성관계, 성적 표현, 스킨십 요구, 이별 후 괴롭힘(심야에 전화하기, 개인 SNS 등을 통한 비방, 따라다니기) 등이다.

2011년 6월 그룹 아이리스의 이은미 씨가 남자 친구에게 상습적으로 폭행을 당하다가 끝내 살해당했고, 2013년 2월 전남 강진에서는 고3 남학생이 사귀던 학교 후배에게 이별을 통보받고 격분한 나머지 여학생의 아버지를 흉기로 살해했다. 그 외에도 여자 친구가 주점에서 아르바이트를 한다는 이유로 남자 친구가 모텔로 끌고 가 폭행하고 방뇨한 사건도 있고, 고려대 재학 중인 남학생이 전에 사귀었던 같은 과 여학생을 잔인하게 살해한 일도 있다.

이처럼 애인을 상대로 한 살인, 살인미수, 강도, 강간, 방화 등 강력 범죄도 2007년 480여 건에서 2011년 650여 건으로 꾸준히 증가하고 있다. 애인 사이에서 발생하는 강간이나 폭력은 피해자가 신고를 꺼리는 경향이 있어 실제로는 이보다 훨씬 더 많이 일어날 것이다.

치정 범죄 중 특히 이별 범죄를 저지르는 사람들은 기본적으로 '만나는 건 마음대로 해도 헤어지는 건 마음대로 못한다'는 생각을 가지고 있다. '헤어지자'는 말 한 마디가 범죄의 도화선이 된다. 이들은 대개 분리 불안, 과도한 자기애와 남성성, 빈약한 사회성 등의 특징을 갖고 있다.

흔히 여성들은 연애 초기 과도하게 집착하는 남자를 헌신적인 남자라고 생각하는데, 이는 큰 오해다. 절대 그렇지 않다. 여성에게 공세적으로 매달리는 남자일수록 이별 통보를 받으면 자신이 들인 정성에 비례해 큰 박탈감과 배신감을 느끼고, 이에 대한 보상 심리로 자신의 폭력을 정의라고 착각한다. 헤어지자는 말을 자기 자신, 혹은 자신의 남성성을 부정하는 메시지로 받아들이고 폭력적으로 변하는 것이다.

치정 범죄는 폭력을 수반하는 흉악 범죄임에도, 우리 사회에서는 이를 어긋난 사랑의 결과 정도로 가볍게 여기는 경향이 강하다. 두 사람 사이의 문제라는 것이다. 길거리에서 어떤 남자가 여자를 때리고 있을 때 주변 사람이 말리면, 내 마누라 혹은 내 여자 일이니 상관하지 말라는 식이다. 가정 폭력과 마찬가지로 내 (가정)일인데 웬 참견이냐는 태도다. 그러나 부부 사이에도 강간이 이루어질 수 있고, 가족 사이에도 폭행이 성립된다. 아무리 사소해도 폭력은 폭력이다.

치정 범죄의 피해자가 되지 않으려면, 평소 본인의 의사를 정확하게 표현하고, 데이트 초기에는 상대방의 집이나 교외 드라이브, DVD방 등 이른바 위험 장소는 피해야 한다. 폭력을 당했다면 상대방이 폭력을 행사한 날짜와 시간을 기록하여 증거자료를 남겨야 한다. 상대가 폭력성을 드러내면 빠른 시일 내에 관계를 정리해야 한다. 시간이 지나면 나아질 것이니 이번 한 번만 넘어가자는 생각이 가장 위험하다. 시간이 흐른다고 절대 달라지지 않는다. 지금 해결하지 않으면 똑같은 일이 반복 지속될 뿐이다.

스토킹도 마찬가지다. 스토킹 범죄자는 자신의 행위를 범죄라고 생각하지 않고, 피해자는 몇 번 저러다 말겠지 식의 안이한 생각으로 소홀하게 대응했다가 큰 고통을 받는다. 스토킹은 엄연한 범죄다. 이를 확실하게 인지하고 초기에 단호하게 대응해야 한다. 숨기고 피하고 어설프게 타이르는 것은 스토커를 자극하고 더 큰 기회를 줄 뿐이다. 혼자 해결하려고 하지 말고 주변에 알려 적극적으로 도움을 청하고, 경찰에도 신고해야 한다. 조금의 여지도 주지 않는 것이 스토킹 범죄 대책의 핵심이다.

제6장

경찰이란 무엇인가

무능한 경찰의 역설

미국 범죄 드라마를 시청하다가 재미있는 장면을 보았다. 부패하고 무능한 고참 형사가 갓 경찰복을 입은 신참 형사에게 물었다.

"유능한 경찰과 무능한 경찰 중 사회에 진짜 필요한 경찰은 어느 쪽일까?"

답은 '무능한 경찰'이다. 생뚱맞아 보이는 이 질문 안에는 경찰과 범죄의 사회적 의미에 대한 근본적 의문이 담겨 있다.

무능해야 유지되는 조직

'유능한 경찰'이라면 어떤 사람이 떠오르는가? 〈CSI 과학수사대〉의

호라시오 반장이나 길 그리섬 반장처럼 뛰어난 범죄 해결 능력을 갖춘 사람? 그런 유능한 경찰이 많다면 그 사회(도시)의 범죄율은 상당한 수준으로 낮아질 것이다. 그렇게 범죄율이 눈에 띄게 낮아지면 유능한 경찰을 고용할 필요(이유)가 사라진다.

현대 국가(도시)는 항상적으로 예산 적자 문제를 안고 있으므로, 그렇게 될 경우 경찰 조직을 줄이려고 할 것이다. 그 과정에서 밀려나는 사람들은 '무능한 경찰'보다는 '유능한 경찰'일 확률이 높다. 왜? 경찰 본연의 임무에 충실한 '유능한 경찰'은 조직 내 정치나 부패와 거리가 멀기 때문이다.

예컨대 돈을 상납받거나 상납하는 방법, 조직 안에서 파벌을 만들고 다른 파벌을 찍어 내는 방법, 마타도어(흑색선전)를 동원하여 경쟁자를 제거하는 방법 등 조직 내부 정치와는 거리가 멀기 때문에 우선적으로 유능한 경찰이 정리되거나 좌천되는 것은 거의 필연적이다. 이는 우리나라는 물론이고 세계 모든 국가에서 일반적으로 목도되는 현상이다.

유능한 경찰이 밀려난 뒤 경찰 조직이 무능한 경찰들의 소굴이 되면, 당연히 사회(도시) 안전은 위협받을 수밖에 없다. 특히 중류층과 하층계급이 생활하는 거주 공간 · 노동 공간 · 여가 공간의 치안 부재가 심각해질 뿐 아니라, 사회적 갈등으로 인한 물리적 충돌이나 대량 살상범 · 연쇄살인범 발생 등 예측하지 못한 사건들이 일어나 공공 안전이 심각한 위협을 받게 되어도 적절하게 대응하기 어려워진다. 그렇게 되면 한정된 경찰력으로 우선 소수 상층계급의 이익을 보호하는 데 주력하게 되고, 일반 서민이나 하층민들은 현상을 유지하거나 서로 아귀다툼을 벌이는 방식으로 사회 안전 패러다임이 형성될 것이다.

'무능한 경찰'이 많은 것은 경찰 조직에는 이득이다. 경찰은 무능하다는 비난을 받겠지만, 일정 정도의 범죄율이 유지될 것이므로 경찰 조직이나 인원 역시 일정 수준으로 계속 유지될 것이다. 높은 범죄율은 예산 압박 속에서도 일정 규모 이상의 경찰력을 유지하는 근거로 작용하게 된다. 이렇게 형성된 경찰력은 특별한 경우를 제외하고는 줄이거나 낮출 수 없다. 경찰의 수는 많지만 무능한 경찰이 대부분이므로 범죄 사건 대응에 미흡한 면이 있겠지만 현상 유지에는 큰 문제가 없을 것이고, 사람들은 가시적인 경찰력의 존재 자체로 위안을 삼을 것이다.

그래서 사회가 필요로 하는 것은 역설적이게도 유능한 경찰이 아닌 무능한 경찰이라는 것이다. 논리적 비약이 있지만 궤변이라고 치부하기에는 고개를 끄덕이게 되는 부분이 있으며, 이른바 근대사회에서 안전 유지와 그 수단 확보의 딜레마를 잘 드러내고 있다.

많은 사람들이 범죄는 범죄일 뿐이라고 생각하지만, 현실은 그렇게 단순하지 않다. 현대사회에서 사회 안전, 범죄율, 범죄 관리, 경찰력, 지배, 정치 등은 매우 복잡하게 얽혀 있다. 범죄는 범죄이고 살인은 살인일 뿐이라는 고전적 인식을 뒤집은 사건이 영국의 '잭 더 리퍼 Jack, the Ripper' 사건이다.

'잭 더 리퍼'는 1888년 8월부터 2개월에 걸쳐 영국 런던 동부 화이트채플에서 다섯 명이 넘는 매춘부를 잇달아 살해한 연쇄살인범이다. 살인 방법이 매우 잔인하고 엽기적이었는데 증거를 남기지 않아 끝내 범인의 존재는 밝혀내지 못했고, 100년이 지난 지금까지도 다양한 괴담과 음모론이 떠돌고 있다. 사실 지금의 관점에서 보면 '잭 더 리퍼' 사건은 그리 대단한 사건은 아니며, 당시에도 그렇게 복잡한 사건은 아니었을 것이다. '창녀'들을 잔인하게 살해하는 사건은 그 이전에도 빈번하게 발생했다.

호사가들이나 '범죄 스토리텔러'들은 지문과 혈액 분석 등의 근대적인 법의학적 수사 방식이 보편화되기 이전 해박한 해부학적 지식을 바탕으로 자행된 예술적인 살인, 그리고 괴담 수준의 범죄자 인상 등 부풀려지고 과장된 이야기에 관심을 갖겠지만, 중요한 것은 이 사건을 통해 '범죄의 사회화'가 이루어졌다는 사실이다.

잭 더 리퍼 사건은 19세기 말 빅토리아 후기 영국 사회에서 매스

미디어를 기반으로 '보편적 공포를 양산하는 무차별(무계급적인) 범죄로서의 살인' 개념을 탄생시킨 대중적 살인 범죄의 원형이라고 할 수 있다. 최초의 '근대적 유형의 연쇄살인 사건'으로서, 이 사건을 통해 '명탐정 셜록 홈스'를 비롯한 '추리 스릴러' 신화가 구축되고 근대 서사의 중요한 일부가 완성되었다.

또한 '잭 더 리퍼' 사건이 특별한 것은, 이 사건을 통해 '런던'이라는 행정도시가 '공포'라는 감정을 공유하고 근대적 치안력을 당연하게 용인하는 하나의 공간으로 통합되었다는 것이다. 잭 더 리퍼의 범죄 사실이 대중매체를 통해 구체적으로 반복 재현됨으로써 '런던'이라는 공간에 속한 모든 계급의 사람들이 귀족 출신, 신흥 부르주아, 도시 노동자, 창녀 할 것 없이 모두 이 사건에 녹아들었으며, 그 과정을 통해 런던은 하나의 공간으로 통합되었다. 그리고 이 과정을 국가의 치안력을 대표하는 경찰이 주도적으로 이끌어 갔다.

선량한 '보호자'에서 처벌하는 '감시자'로

현대사회에서는 특정한 사회적 목적을 위해 범죄 자체가 관리되는, 곧 특정 범죄가 사회적으로 조작되어 공포를 유발하고 이러한 공포가 결국 사회 지배에 이용되는 일이 일상적으로 벌어진다. 같은 맥락에서 사회 안전이 구성원의 보편적 권리 차원이 아니라 특정 정치 집단의 정치 논리로 이용되며, 특히 보수적인 집단의 권력을 창출·유지·강화하는 데 중심적인 역할을 하기도 한다.

1970년대 미국 조지아 주 애틀랜타 시의 사례를 보자. 경찰력으로 감당하기 힘든 많은 범죄로 인해 심각한 치안 문제를 안고 있던 애틀랜타 시의 신임 시장은, 범죄와의 전쟁을 선포하고 경찰을 일시에 대거 고용하여 치안을 확보하겠다고 나섰다. 그 결과 깨끗한 거리, 안전한 귀갓길, 낮아진 범죄율 등 상당한 효과를 거두었다.

그런데 시간이 흐르면서 엉뚱한 곳에서 문제가 발생했다. 다른 범죄는 줄어든 대신 경찰에 의한 범죄, 즉 경찰 폭력, 내부 비리, 경찰과 지역 주민 사이의 마찰 등이 급증한 것이다. 몇 년 뒤 전체 범죄율, 즉 다른 영역의 범죄율과 경찰에 의한 범죄율을 합산해 보니, 경찰을 대거 고용하여 범죄와의 전쟁을 치르기 전과 큰 차이가 나지 않았다. 이 도시의 사례는 진짜 범죄란 무엇이며, 그것을 어떻게 다루어야 하는지를 생각하게 한다.

사실 애틀랜타에서 범죄가 급증한 배경은 이렇다. 도시 불균형 개발로 일부 지역이 낙후되면서 그 지역을 중심으로 거리 범죄가 많이 발생했다. 다른 지역의 범죄자들이 몰려들어 일대를 본거지로 삼으면서 조직범죄 집단 사이에 총격전이 발생하는 등 치안이 대단히 불안해진 것이다. 이 도시에 진짜 필요한 정책은 많은 경찰력을 동원하는 것이 아니라 균형 잡힌 도시 개발이었다. 정치인들은 문제의 본질을 알면서도 자신들의 정치적 야심을 채우기 위해 '범죄 없는 도시', '강력한 공권력' 등의 정치 캠페인을 펼쳤던 것이다.

'범죄와의 전쟁'은 우리에게 꽤 익숙한 슬로건이다. '깨진 유리창 이론'(낙서, 유리창 파손 등 경미한 범죄를 방치하면 큰 범죄로 이어진다는 범죄심리학 이론. 지하철의 깨진 유리창을 방치하는 것은 법질서 부재를 반증하고 잠재적 범법자를 부추기는 결과를 낳으므로 지하철 유리를 깨는 등의 경범죄를 발본색원하는 것으로부터 치안을 확립해 나가야 한다는 주장으로 이어진다.)을 바탕으로 뉴욕의 치안을 획기적으로 개선했다는 평가를 받는 전 뉴욕 시장 루돌프 줄리아니Rudolf Giuliani가 대표적이다.

하지만 20여 년이 지난 지금 그에 대한 평가는 조금 엇갈린다. 뉴욕 시의 범죄율을 낮추는 성과를 내긴 했지만, 경찰력 확대로 특별한 이유 없이 검문당하는 시민이 늘어났고, 공공장소 음주·부정 승차·노상 방뇨 같은 경범죄 단속과 처벌이 강화되면서 경찰이 '선량한 보호자'가 아닌 '시민들을 처벌하는 감시자'가 되었다는 불만의 목소리가 높다.

경찰 늘린다고 안전한 사회 될까?

사실 '적절한 수준의 경찰력'이란 매우 모순적인 개념이다. 한 사회, 한 도시의 사회 안전은 사회적 층위에 따라 다르게 적용된다. 범죄율이 높아 사회 안전이 심각한 위협을 받는다 한들 상류층 사람들에게는 전혀 별개의 딴 나라 얘기일 수 있다. 상류층 사람들은 중·하위 계층 사람들이 주로 겪는 범죄에 대해 알지도 이해하지도 못한다. 마찬가지로 하층계급 사람들도 상층계급의 범죄를 이해하지 못한다. 범죄는 모두에게 평등하지 않다. 그렇다면 범죄에 대한 질문과 그 해결 방법도 달라져야 한다.

박근혜 정부는 '안전한 사회'를 만들겠다며, 2017년까지 5년간 경찰관 2만 명을 늘릴 방침이라고 밝히고 2014년 8월 2,900여 명을 임용했다. 범죄자를 때려잡는 경찰을 무제한 증원하면 안전한 사회가 될까? 도둑놈이나 살인범을 다 때려잡는다고 사회가 안전해질까? 이들 중 이른바 민생 치안에 실제로 투입될 인원은 얼마나 될까?

지금 한국의 민주주의는 질식 상태이고 정의는 처참하게 찢겼다. 끝도 알 수 없는 거대한 수준으로 국가기관을 동원해서 부정선거를 치렀고, 수혜자는 있는데 범인이 없다고 주장하는 황당한 상황이다. 보편적인 인권과 기본적인 가치는 뭉개지고 많은 시민이 궁지로 내몰리고 있는 지금, 정의는 어디에 있으며 정의를 수호하는 경찰들은 무엇을 하고 있는가? 안전한 사회를 만들겠다며 충원한 경찰들의 대부분은 집회와 시위를 막는 경비 경찰의 역할을 맡게 될 것이다.

범죄가 늘어난다고 해서 경찰을 무한정 늘릴 수는 없다. 또한 경찰력을 아무리 늘린다 해도 범죄 자체를 제거할 수는 없다. 범죄율 하락의 효과가 나타나도 일시적이거나 풍선효과로 나타날 개연성이 높다. 또한 아무리 수사 기법이 발달해도 범죄 수법을 앞설 수는 없다. 경찰은 범죄를 관리하고 사회 균형을 유지하는 보조 수단일 뿐이다. 안전한 사회를 만들려면 범죄의 사회적 원인을 해결하는 데 주력해야 하며, 경찰력 등의 공권력은 그 과정에서 수단으로 이용되어야 한다.

어떤 범죄가 발생했을 때 사법기관이 즉각 대응하는 것은 당연한 일이지만, 이는 어디까지나 부차적인 해결 방법일 뿐이다. 범죄는 당사자들 사이의 문제가 아니라 어디까지나 사회적·구조적 명제이기 때문이다.

국가 안보를 위한 불가피한…

'프리즘PRISM'이라는 용어를 들어 보셨는지? 프리즘은 미국 국가안전보장국NSA에서 운영하는 프로그램의 이름으로, 전 세계를 대상으로 광범위하게 무차별적으로 정보를 수집하고 감청하는 도구이다. 구글·페이스북 등 다국적 회사 서버에 접속하여 사용자의 개인 정보를 수집·분석하는 방식으로 작동한다.

프리즘은 미국 CIA와 NSA의 외주 업체에서 근무한 컴퓨터 엔지니어 에드워드 스노든Edward Snowden이 영국《가디언》지에 관련 자료를 제공하면서 세상에 알려졌다. 《가디언》에 따르면, NSA는 6년간 10억 명 이상의 전 세계인이 남긴 유무선 통화 기록, 이메일 기록, 문자 메시지 등을 샅샅이 들여다봤다고 한다. 스노든은 미국이 이미 수십만 건의 온라인 통신 내용을 볼 수 있는 특정한 통신망을 갖고 있고, NSA가 전 세계를 대상으로 벌인 해킹 작전만 6만여 건이 넘는다고 밝혔다.

프리즘이 위험한 이유는, 그것을 운영하는 주체가 세계적 지도 국가인 미국의 공식적인 정보 조직이기 때문이다. '거대 권력에 의한 시민 감시 통제' 패러다임이, 인터넷 네트워크 환경의 발전과 그 네트워크를 감시하는 권력에 의해 광범위한 개인 사생활(인권) 침해로 구현되면서 이른바 '빅 브라더' 논쟁이 촉발되었다.

전 세계는 일상적인 고밀도 네트워크 사회로 구성되어 있다. 통신·방송 영역이 하나의 망으로 융합되고, 각 단위의 내부 망과 외부 망이 인터넷으로 연결되어, 망의 한쪽 지점에서 일방적인 정보 검색만으로도 다양한 정보를 수집할 수 있다. 더욱이 그 망의 한 부분에 정부의 자료들(행정 및 대국민 자료 포함)이 축적되어 실시간으로 외부에 제공되는 것은 물론이거니와, 다양한 산업 활동의 결과로 발생한 사용자 관련 데이터가 수많은 기업에서 광범위하게 축적·이용되고 있다.

이런 환경에서 글로벌 온라인 서비스 기업들이 고도로 발달한 메타 데이터 분석 기술을 기반으로 사용자 정보와 그와 연결된 관련 정보들을 다양한 방식으로 가공하여 엄청난 자산 가치를 만들어 내듯, 국가기관 역시 사회통제/감시라는 생산물을 만들어 내고 있다. 이런 정보 수집과 가공이 범죄 집단에 의해 이루어지거나, 전 세계 상당수 국가에서 동시에 이루어진다면 그로 인한 위험은 상상하기 어렵다.

정보기관이 이런 시스템을 운영하는 이유는 무엇일까? NSA는 이러한 '업무'가 '테러 방지를 위한 정보 수집' 방법 중 하나이며, 통신 감청 감시망이 실제 (안보) 예측력을 높이고 테러리스트의 활동을 막는 데 기여했다고 주장한다. 이런 방식의 데이터 수집이 불가피한 일이라는 설명이다. 국가와 공동체를 보호하기 위한 불가피한 수단! 목적을 위한 방법의 불가피성! 한국의 정보기관과 사법기관이 애용하는 바로 그 논리다. 국가 안보를 위해, 전체 공동체를 보호하기 위해 일부 공동체 구성원을 불가피하게 제한할 수밖에 없다는 것이다.

이에 대한 사회과학적 분석과 비판은 여기서 굳이 더 보태지 않겠다. 나는 다만 이러한 주장 뒤에 숨은 외면하고 싶은 불편한 진실에 대해 이야기하려 한다. 하나는 수사기관·정보기관을 포함한 전체 사법기관의 무능화 경향과, 사법기관이 범죄 수사와 관련된 정보 수집 업무를 자신들의 권력 강화에 이용하고 있다는 것이다. 사실 이 두 가지는 하나의 맥락으로 연결된다.

정보기관이나 경찰·검찰 등의 국가 권력기관은 늘 유능한 사람을 원한다. 하지만 그들이 원하는 유능한 사람은 숙달된 기능을 보유한 기술 관료이지 '생각'할 줄 아는 똑똑한 사람은 아니다. 사법기관은 무언가를 생산해 내는 기업과 달리 관리·감시·균형을 목적으로 한다. 따라서 시민들은 '생각'하는 사법기관을 원하겠지만 정치인이나 관료들의 생각은 다르다.

국정원 댓글 조작 사건에서 결정적 증언을 한 수서경찰서 수사과장 권은희 씨는 유능하면서 '생각'할 줄 아는 똑똑한 사람이다. 사회 전체적으로 보면 그런 경찰 간부가 필요하지만, 권력자들이나 경찰 수뇌부의 입장에서 그런 사람은 기피대상 0순위다. 사법 권력기관에 대한 견제와 감시, 민간 통제의 전통이 약한 사회에서 종종 나타나는 현상이다.

이러한 경향은 사법기관을 기능적 도구로 만들어, 그 내부에는 출세 지향적이고 정치 지향적인 사람들만 남고 그나마 '생각'하는 사람들은 한직으로 밀려나거나 조직에서 떨어져 나가게 된다. 생각하는 사람들이 사라지면 조직은 경직되고 업무는 비효율적으로 이루어지며, 조직 이기주의가 판을 치는 집단이 되어 버린다. 이런 상태가 장기간 지속되면 비효율성과 무능함을 만회하기 위해 '자동화'된 생산물을 외부에서 조달하는 '외주화'를 취하게 된다. 프리즘 같은 자동화 프로그램이 그래서 필요하며, 세계적으로 안보(안전) 관련 외주 기업이 급증하는 이유다. 물론 겉으로는 사법기관의 기능 전문화, 수사의 과학화 등으로 그럴듯하게 포장하지만, 속내는 유능하지만 '생각하지 않는 사람'이 필요하다는 것이다.

두 번째, 사법기관의 권력화 경향과 관련하여 1914년 미국 의회가 제정한 '해리슨 법Harrison Act'의 사례를 보자. 19세기 미국에서 마약은 범죄의 대상이 아니라 규제의 대상이었다. 그래서 판매·유통 과정의 과세를 위해 '해리슨 법'(중독성 약품의 비의학적 판매를 금지한 법)을 제정하여 국세청에 이를 등록하고 세금을 징수할 부서인 '마약국'을 신설했다.

초기에 등록과 과세를 담당하는 부서였던 마약국은 이후 괴물 같은 자생력을 발휘했다. 마약 사용 반대 캠페인, (당시에는 합법이었던 마약 사용 행위를) 불법으로 규정하는 것을 옹호하는 소송 후원 등을 통해 자신들이 관할권을 가질 수 있는 범주 내에서 대규모 범죄 집단이라는 '공공의 적'을 만들어 내고, 스스로 그 범죄 집단을 상대할 정의로운 사법기관으로 거듭났다. 이로써 마약국은 FBI에 필적할 만한 사법권을 가진 독립 부서 DEA로 발전하게 된다.

마약이 좋다거나 합법화되어야 한다는 주장이 아니다. 마약은 당연히 법으로 규제하고 차단해야 한다. 문제는 '호미' 정도로 막을 수 있는 것을 '공포 마케팅'을 통해 스스로 '가래'가 되었다는 것이다.

범죄 수사에서 정보 수집은 매우 중요하다. 특히 국가 안보와 결부된 테러와 같은 범죄의 경우 그 중요성이 더욱 크다. 그러나 그것은 범죄 수사의 범주 내에서 이루어져야 한다. 정보 수집을 위해 범죄가 이용되어서는 안 되는 것이다. 사법 영역은 목적과 수단이 뒤바뀌기 매우 용이한 영역이다. 또한 그러한 정보 수집의 결과물로 인해 의도하지 않은 다양한 문제(인권침해, 다른 범죄 등)가 발생하기 쉽다. 그래서 매우 조심스럽게 접근해야 한다.

프리즘처럼 감청 프로그램을 동원하여 무차별적으로 정보를 수집하는 것은 상대적으로 쉬운 수사 방법이다. 그러나 쉬운 만큼 복잡한 범죄 사실의 실체적 진실을 규명하는 데 많은 오류가 생길 수 있는 방법이다. 무차별한 대상을 상대로 취득한 무차별한 정보는 다시 한 번 가공되어야 하는데 그 과정에서 불필요한 권력이 작동할 개연성이 크다. 범죄 수사가 귀찮고 복잡한 사법 절차를 통해야 하는 것은, 이런 개연성을 차단하고 정의를 실현할 수 있는 고도의 능력을 발휘해야 하기 때문이다. 당장 감청을 통해 몇 가지 조각난 사실을 탐지해도 이 단편적인 사실들이 곧바로 실체적 진실을 규명하지는 못한다.

'테러'라는 범죄는 그 특수한 성격 때문에 무차별한 정보 수집이 필요하다는 주장도 있지만, 이는 철저히 수사/정보기관의 논리다. 다른 수단이나 능력 있는 수사관을 통해 얼마든지 극복할 수 있는 문제다. 그럼에도 이 수사기관의 논리가 해리슨 법 시대 미국 마약국, 금주법 시대 FBI, 9·11 테러 이후의 국토안보부와 NSA, 80~90년대 한국의 안기부 등에서 작동했다. 우리 사회가 항상적인 테러와의 전쟁, 범죄와의 전쟁을 수행하는 것도 이 때문이다.

우리는 이미 기본적인 원칙을 잘 알고 있다. 시민의 자유를 제한하는 행위는, 명확한 대상 설정과 엄격한 절차에 따라 특정한 권한이 있는 법원의 영장으로 집행되어야 한다는 것을. 그러나 이 원칙은 미국의 '해외정보감시법'이나 우리나라의 '통신비밀보호법' 등과 같은 실무적인 운용 단계에서 수시로 무시되거나 간과된다.

범죄 예방과 예비검속은 다르다. 사법기관(정보기관 포함)은 범죄 예방을 해야지 예비검속을 해서는 안 된다. 가끔 신임 경찰관들에게 이런 질문을 받는다. 상습적이고 악의적인 범죄의 경우 범죄 예방보다 선제적으로 격리시키는 것이 사회에 더 도움이 되지 않겠는가? 물론 특정한 경우, 예를 들면 (특히 아동 대상) 상습적인 성범죄자처럼 공동체에 심각한 피해를 줄 가능성이 높다고 복수의 경로를 통해 인정된 경우 제한된 격리 필요성이 있다. 그러나 이 경우에도 예비검속은 다른 수단의 보조적 수단으로 이용되어야 하며, 실제 실행의 주도권도 견제와 감시가 가능한 제3의 기관에게 주어야 한다.

포괄적인 예비검속은 헌법이나 형법 등에서 엄격하게 금지하는 초법적인 행위임에도 알게 모르게 수사상 편의를 위해 다양하게 유지되고 있다. 사법기관(정보기관 포함)은 다른 여러 방법이 있는데도 단지 수사상 편의 혹은 시간 절약을 위해 예비검속에 강한 유혹을 느낀다. 나는 아무리 극악한 범죄자라고 해도 최소한의 인권이 있다는 주장을 하려는 것이 아니다. 그것은 당연한 원칙이고, 내가 말하는 바는 충분히 다른 수단도 가능한데 왜 쉽게 예비검속을 이용하려 하느냐는 것이다.

사법기관이 행사하는 수단에는 권한이 담겨 있고, 그 권한에는 자의적 해석이 가능한 재량권이 포함되어 있다. 그것이 점차 확대되다 보면 할리우드 영화 〈저지 드레드〉 같은 사회가 도래할 것이다. 거리에서 범죄를 인지하면 그 즉시 체포해서 즉결 처분하는 방식. 이것이 사법기관이 원하는 방식인가.

되는 것도, 안 되는 것도 없는 조직

드라마나 영화를 보면 수사 경험이 많은 고참 강력반 형사가 범죄 현장을 둘러보고 척 보면 안다는 식으로 이런저런 지시를 내리는 장면이 종종 나온다. 주인공의 뛰어난 능력을 보여 주기 위해, 또 극적 재미를 배가시키기 위해 필요한 설정이라지만, 우리 수사 현실과는 거리가 멀다. 이런 장면은 주요하게 두 가지 사실을 간과하고 있다.

20년 경력 베테랑 형사의 실체

우선 '수사 경험'이 많은 형사라는 설정이다. 예를 들어, 서울 1급지 일선 경찰서에서 20년 정도 살인 사건 수사 경력을 쌓은 'A'라는 형사가 있다고 치자. 서울경찰청 관할 지역에서 하루에 발생하는 변사 사건은 평균 10여 건 내외이므로, 서울경찰청 산하 31개 일선 경찰서 1개당 평균 1년에 약 110건의 변사 사건을 다룬다고 할 수 있다. 이 중 10퍼센트 정도, 그러니까 10여 건 정도만 범죄 관련성으로 수사가 이루어지고 나머지는 간단히 자살로 처리되거나 사고사/자연사 등으로 처리된다.

경찰서당 강력(형사)팀은 6개이고 살인 사건이 6개 팀 모두에 배당되지는 않지만 대체로 2~3개 팀에 배당될 테니, 20년 경력이면 대략 60~100여 건 정도의 살인 사건을 수사한 경력이 있다고 보면 틀리지 않을 것이다. 그렇지만 60~100여 건이 모두 영화나 드라마에서와 같이 사건의 실체를 면밀히 다루는 수사가 필요한 사건은 아니고, 그런 사건은 그중 대략 10퍼센트인 6~10여 건 이내로 보는 것이 타당하다. 90퍼센트 정도는 사건의 실체가 비교적 분명하지만 피의자 심문과 사건 관련자 진술, 공소 유지를 위한 서류 작업 등과 같이 소위 '보강 수사' 차원에서 진행되는 경우이기 때문이다. 또한 경찰 인력 운용상 20년 동안 계속 한 업무에만 투입되는 경우는 드물다.

그렇다면 'A' 형사가 20년 동안 관여 혹은 담당한 굵직한 살인 사건은 5~6건 정도일 것이다. 이것이 20년 살인 사건 수사 경력이 있는 베테랑 형사 A의 실체다.

두 번째 현행 수사 관련 교육 시스템이다. 몇 년 전까지만 해도 우리 경찰에는 '전문 수사관' 교육 시스템이 없었다. 그렇다면 아무것도 가르쳐 주지 않는데 어떻게 했을까? 바로 '도제 시스템'이다. 이른바 '사수–부사수' 개념으로 바로 위 선배들이 수사 기법을 전수했다.

물론 숙달된 장인이 지도하는 도제 시스템은 그 자체로 매우 훌륭한 제도일 수 있다. 그러나 일정한 수준에 오르지 못한 선배가 이끄는 도제 방식은, 심하게 말하면 시간낭비일 뿐 제대로 된 교육은 거의 불가능하다. 스스로 배웠다고 자위할 뿐 효율적인 방식은 분명 아니다.

당연히 채용 과정에서 자격 있는 사람을 선발하고, 채용한 뒤에도 필요한 예비교육과 최소한 6개월 이상의 수사관 전문(보수) 과정이 2~3년 주기로 진행되어야 한다. 하지만 우리 현실은 이와 거리가 멀다. 길어야 3개월 정도의 수사 교육 과정을 1회 정도 운용하는 것이 전부다. 부실하다는 표현이 부족할 정도다.

이렇게 된 이유는 간단하다. 과거에는 체계적이고 과학적인 수사가 필요없었기 때문이다. 경찰권에 대한 공포와 폭력이 압도하던 시대에는 용의자를 데려다가 다소 거칠게 물어보면(?) 되었고, 그런 수사 방식에 맞게 수사 인력을 운용하면 되니 굳이 복잡하게 수사 교육을 시킬 필요가 없었다. 사실 현재 경찰을 양성하는 대학 커리큘럼의 '수사' 과목도 형식적인 수사 절차법이나 관련 사례 정도만 가르칠 뿐이다.

요즘 젊은 사람들에게는 좀 낯설겠지만 예전에 '가마니 경찰'이라는 말이 있었다. 이 말을 이해하려면 한국 경찰의 역사를 알아야 한다. 한국 형사영화에 단골로 등장하는 소재 중 하나가 깡패와 형사다. 시골에서 고등학교를 같이 다닌 두 친구가 나중에 서울에서 우연히 만났는데 한 명은 형사가 되었고, 또 한 명은 깡패가 되었다. 그런데 재미있는 반전이 있다. 형사가 된 친구는 학창 시절 문제아였고, 깡패가 된 친구는 잘나가는 모범생이었다.

형사가 된 친구는 원래 경찰이 되려 했던 게 아니라 다른 직업을 가져 보려 했으나 학교 성적도 시원치 않고 거친 성격 때문에 사회생활에 적응하지 못하고 있으니 부모가 이러다가 사고치고 전과자가 되겠다 싶어 약간의 '빽'을 동원해 억지로 경찰에 집어넣었다는 식이다. 결국 경찰이 된 친구는 어쩌다 보니 경찰이 되었지만, 만약 경찰이 되지 않았다면 기질이나 여건상 깡패가 되었을 확률이 높다. 물론 영화 속 이야기일 뿐이지만, 적어도 2000년대 중반까지의 상황을 보면 아주 얼토당토않은 이야기는 아니다.

'가마니 경찰'이란 말도 이런 배경에서 나오게 됐다. 경찰을 채용할 때 가마니를 지고 운동장 한 바퀴를 돌아오면 경찰로 합격시켜 주었을 만큼, 경찰을 선발할 때 관련 분야의 전문성은 애초 의미가 없었다. 경찰이 축적하고 있던 개인 정보를 이용해서 국가관·윤리관만 검증하면 끝이었다. 전문성이 없는 그들이 사용할 수 있는 수단은 공포밖에 없었다. 용의자를 데려다가 큰소리 치고 폭력을 쓰고 윽박지르고 무시한다.

　더 큰 문제는 이렇게 선발된 사람들을 실무에 쓰는 방식이다. 현재와 같은 교육 시스템이 없었기 때문에, 앞서 말했듯 비용이 적게 드는 '사수–부사수' 도제 시스템 속에서 알아서 배웠다. 그렇게 살인 사건 수사관도 됐다가 뺑소니 사건 수사관도 되고 교통경찰관도 됐다. 간간히 2~3주짜리 직무 연수만 받으면 끝이었다.

　당연하게도, 과거 경찰의 처우는 썩 좋지 않았다. IMF 이전 경찰 봉급은 대기업 직원의 절반, 중소기업의 70~80퍼센트 수준이었다. 일제 식민지시대와 군사정권을 거치면서 형성된 경찰의 부정적인 이미지 때문에 '순사'가 되려는 사람이 많지 않았다. 지금은 경찰청이나 지방경찰청 단위로 정기적인 공채와 특채를 실시하고, 엄격한 기준과 공개된 절차를 거쳐 경찰을 채용하지만, 1990년대 후반까지만 해도 매년 실시하는 공채로는 매우 적은 인원만을 선발했고, 선발 기준이나 절차도 지금과 비교해서 미흡한 점이 많았다.

　군사정권 시절에는 정권의 필요에 따라 관련 분야 특채가 공채보다 더 중요한 비중을 차지했다. 인원도 많아야 수십 명 뽑는 정도이거나 자연 감소분 정도만 충원하는 경우가 많았다. 80년대 민주화운동을 탄압하기 위해 보안사나 정보사, 특수부대 출신 중에서 보안경찰을 수십 명 특채하거나 권투 선수 등 운동선수 출신을 수십 명 특채하는 식이었다. 그래서 특정 연령대에서는 이 특채 기수가 다수를 점하기도 했다.

이런 상황에서 좀 특이한 존재가 경찰대 출신이다. 경찰대학은 1981년 전두환 신군부 세력이 만들었다. '엘리트 경찰 간부 양성'이라는 명분을 내세웠지만, 충실한 정권 보위 테크노크라트^{technocrat}(기술 관료)를 길러 내기 위해 만들어진 것이다.

경찰대 학생들은 졸업 후 기동대 소대장으로 병역을 대신하고, 대부분 중간 간부로 일한다. 물론 그들이 이야기하듯 이전과 달리 똑똑한 엘리트 인력이 경찰에 들어오는 데 일부 기여한 것은 사실이다. 하지만 경찰대 졸업생들이 경찰 조직에 입성한 뒤 그들의 숫자만큼 경찰이 발전했는가에 대해서는 많은 사람들이 고개를 저을 것이다. 국민을 위해 봉사하는 경찰이 아니라 정권을 보위하고 그 대가로 자신들의 빠른 출세를 보장받았다는 혐의를 지우기가 어렵다. 경찰대 출신이나 현직 경찰 간부들이 들으면 펄쩍 뛰겠지만, 그들에게 지금 경찰의 현실을 직시하라고 말해 주고 싶다.

배우면서 일해야 하는 경찰의 고충

지금은 '가마니 경찰' 시대와 상황이 많이 달라졌다. 경찰 선발 방식도 바뀌고, 지원자의 수준도 높아졌으며, 직무 교육도 예전에 비하면 체계적으로 이루어지고 있다. 경찰에서 운영하는 교육 기관은 크게 네 곳이다.

4년제로 운영되는 **경찰대학**은 군대의 사관학교처럼 한 해 120명씩 초급 경찰 간부인 경위를 양성하는 엘리트 교육기관이다. **경찰교육원**은 일반 기업체에서 운영하는 연수원과 같이 보수補修교육(승진자 교육 포함)을 담당하는 곳으로, 짧게는 2~3주에서 길게는 3개월 정도 다양한 연수 프로그램을 운영하고 있으며, 1년에 45명 정도 선발하는 경찰 간부 후보생 교육도 맡고 있다. **중앙경찰학교**는 신임 경찰관(순경) 교육생을 교육하는 기관으로 교육 기간은 6개월이며, 법 관련 과목과 수사 · 감식 · 교통 · 경비 · 외사 등 실무 분야를 교육한다. 마지막으로 **경찰수사연수원**은 말 그대로 경찰 수사 관련 분야 교육을 맡고 있으며, 짧게는 1주에서 길게는 4주의 교육이 진행된다.

이 중 가장 핵심적인 기관이 순경을 교육하는 중앙경찰학교다.(경찰대학은 경찰 내에서도 특수한 집단을 길러 내는 곳이며, 실무에 투입되는 현장 경찰들과 거리가 멀기 때문에 제외하겠다.) 중앙경찰학교의 교육 기간은 8개월에서 1년으로 늘어났다가 2014년부터 다시 6개월로 환원되었다. 내가 교육받았던 2005년에는 6개월이었고, 그전에는 이보다 더 짧았다.

정규 선발된 일반 순경은 한 기수가 수백 명에 이르기도 하고 항공특채 기수처럼 달랑 3명 뽑을 때도 있는데, 보통 5~6개 기수 천여 명 정도가 동시에 교육을 받는다. 2015년 현재 중앙경찰학교에서 교육받는 기수가 300기가 채 못 되니 꽤 오래전부터 학교가 운영된 것처럼 보이지만, 실제 정규교육이 시작된 것은 90년대 후반이고, 제대로 된 내용과 형식을 갖춘 것은 2000년대 중반이다. 그렇다면 어느 정도 형식을 갖춘 2000년대 후반부터는 교육 내용이 충실해졌을까? 글쎄, 아직 만족할 만한 수준이라고 보기 어렵다.

경찰교육원과 경찰수사연수원은 어떨까? 이 기관들은 이름 그대로 현직 경찰들의 '교육'과 '연수'를 담당하는 곳이다. 그렇다면 해당 실무 능력 개선을 목적으로 교육이 이루어져야 할 것이고, 그 목적을 효과적으로 달성하려면 해당 업무 분야에 적절한 능력과 의욕을 가진 이들이 배치되어야 할 것이다. 해당 업무에 대해 잘 모르거나 의욕이 없는 사람이 와서 연수를 받는다면, 또 연수받은 업무를 수행하다가 손에 익을 즈음 다른 곳으로 전환 배치된다면 소용이 없다. 그 사람에게 필요한 것은 연수가 아니라 재교육이다.

안타깝게도 한국의 경찰 중에는 연수가 필요한 사람보다는 재교육이 필요한 사람이 많다. 그렇게 조직을 운영하니 일선 경찰들은 늘 배우면서 업무를 해야 한다. 한국 경찰에서는 안 되는 것도 없지만 제대로 되는 것도 없다는 말이 괜히 나온 말이 아니다.

경찰국가에 반대한다

"경찰이 무엇입니까?"

경찰학과 학생들에게 강의할 때마다 늘 던지는 질문이다. 이렇게 물으면 많은 학생들이 질문의 의도를 이해하지 못해 어리둥절한 표정을 짓는다. 현직 경찰관들도 크게 다르지 않다. 경찰관 채용 과정에서 입경 면접관으로 참여하여 면접을 보면서, 중앙경찰학교에서 신임 경찰관 교육생들에게 수사 관련 과목을 교육하면서 비슷한 질문을 던지는데, 역시 비슷한 반응을 보인다.

과연 경찰이란 무엇일까? 우리 사회에서 진지하게 경찰이 어떤 존재인지 고민해 본 적이 있을까? 2014년 초 국회에서 발의된 '국립 치안과학원 설립안'을 둘러싼 논의는 이런 고민을 더욱 깊게 하였다.

언론에서는 국립치안과학원 설립에 대해, 첨단 기술의 발달과 더불어 고도화·지능화되고 있는 현대 범죄에 효과적으로 대응하고, 미국 드라마 〈CSI〉 시리즈처럼 우리나라 경찰도 첨단 장비와 기술력 등을 보강하여 범인 검거율을 높이겠다는 '훌륭한' 취지에서 비롯된 제안이라고 보도하였다.

세부 내용을 보면, '국립치안과학원'의 기본 골격은 현 경찰대학 부설 '치안정책연구소'를 경찰청 직속으로 확대 개편하고 그 안에 '과학기술본부'를 신설하여 치안 분야의 정책과 과학을 동시에 다루는 종합 연구 기관으로 만들겠다는 것이다. 평소 과학수사 체계화를 필생의 지론으로 생각해 온 사람으로서 쌍수를 들고 환영할 일이 아닐 수 없다. 그러나 여러 가지 사정을 고려하고 살펴볼 때 합리적 대안이 될 수 없다는 점이 참으로 안타까울 뿐이다.

수사 기능 통합은 시대착오

국립치안과학원을 추진하려는 이유를 하나하나 짚어 보자. 먼저 '범죄의 하이테크화, 지능화에 대한 적절한 대응'이다. 지당하신 말씀이다. 그렇지만 조금 더 깊이 들여다보면 의문이 든다. 범죄에 효율적으로 대응할 필요가 있다면서, 그 방법이 대응 기능을 하나의 국가기구에 통합시키는 것으로 귀결되기 때문이다.

범죄 양태가 다양해지고 고도로 전문화되는 상황에서, 모든 기능을 하나로 통합하여 문제를 해결하겠다는 것은 시대착오적 발상이다. 미국의 사례를 보더라도 전문 범죄 영역은 각 부서에서 담당하고, 이를 네트워킹하는 데 도움을 주는 식으로 분산과 통합을 적절하게 운용한다. 더군다나 전일적인 국가경찰 시스템을 갖고 있으면서 정보경찰까지 독자적으로 운용하는 한국 경찰의 현실을 볼 때, 이러한 통합은 민주주의 시스템을 위협하는 매우 위험한 발상이다.

수사와 정보, 정책, 증거 분석까지 모두 가진 하나의 국가기관이라니! 초특급 공룡의 출현이라고 해도 과언이 아니다. 그것도 민간 통제 장치가 유명무실한 작금의 상황에서는 가히 공포에 가까운 상황이다. 초특급 공룡의 출현이 과연 누구에게 도움이 될 것인가?

치안과학원의 기본 골격을 "현 경찰대학 부설 치안정책연구소를 경찰청 직속으로 확대 개편"하는 식으로 구성한다는 것도 따져 볼 필요가 있다. 현재 치안정책 연구는 한국형사정책연구원에서 포괄적인 형사사법정책의 일환으로 진행하고 있다. 선진 여러 나라들도 치안정책 연구를 독립적으로 진행하지 않고 포괄적인 사회정책과 형사사법정책에 부가하여 연구하고 있다. 왜 그럴까?

국민의 기본권에 심각한 제한을 가할 수 있는 정책을 만들어 낼 개연성이 큰 연구소를, 바로 그 기본권 제한을 실행할 수 있는 기관에 맡기지 않는 이유를 심각하게 숙고해야 한다. 법무부나 안전행정부에는 여러 연구 기관이 있지만 검찰청에는 그러한 국립 연구소가 없는 것도 마찬가지 이유다.

물론 치안정책 연구를 경찰청으로 가져오고 싶어 하는 속내는 이해할 수 있다. 현재 우리나라의 치안정책 연구를 담당하고 있는 한국형사정책연구원은 전통적으로 법무부 출신 인사들이 주도권을 쥐고 있다. 그러다 보니 여기에서 만들어지는 정책이 경찰보다는 법무부와 검찰에 우호적으로 작용하는 것은 모두 아는 사실이다. 경찰 수뇌부와 친경찰 인사들의 숙원 사업이 법무부, 즉 검찰의 통제를 받지 않는 독자적인 싱크 탱크(관련 두뇌 집단)를 가지는 것이었으니 얼마나 좋은 기회인가.

다음으로 "치안과학원 내 과학기술본부를 신설하여 치안 분야의 정책과 과학을 동시에 다루는 종합 연구 기관으로 확대함으로써 경찰에도 첨단 장비/기술력 등을 보강해 검거율을 높이겠다"는 주장이다.

일반적으로 범죄를 수사하는 사람에게는 '수사 편향'이라는 것이 있다. 수사에는 수많은 가능성이 존재하는데, 수사관은 그중에서 가장 먼저 접한 증거나 사건에 편향을 가질 수밖에 없다는 것이다. 나 역시 실제 수사 과정에서 이로부터 자유롭지 못했다.

그러나 때로는 수사 편향이 어느 정도 필요한 것도 사실이다. 그래야 수사선을 설정하고 그것을 기준점으로 다양한 그림을 그릴 수 있기 때문이다. 또한 수사 편향, 곧 수사관의 심증 이면에는 수사관이 보유한 비용과 시간 대비 효율성에 대한 무의식적/의식적 판단이 존재한다. 그렇다면 이처럼 수사 편향이 불가피하다고 할 때, 수사가 진행되는 과정에서 합리적·과학적 증거와 명백히 배치되는 상황이 발생할 경우(일상적으로 일어나는 지극히 당연한 상황이다.), 다시 다른 가능성에 대해 수사할 수 있게 만드는 시스템(장치)이 반드시 필요하다. 예컨대, 증거를 처리(수집, 분석, 해석)하는 영역과 실제 수사를 진행하는 영역을 일정 정도 분리하는 방식도 있고(한국처럼 수사는 검찰과 경찰이 하되 증거 분석은 국과수에 의뢰하는 형태), 분리는 하지 않되 부서 자체를 민간이 통제하게 하는 방식(미국과 같이 선출직 보안관·검사·법관의 통제를 받는 형태)도 있다.

그런데 만약 경찰 내부에 국립치안과학원과 같은 증거 분석 부서를 만든다면 수사관의 입장, 즉 수사를 하는 주체의 입장에서 증거가 분석되므로 수사 편향에서 자유롭기가 어렵다. 수사 자체와 증거에 대한 민간 통제가 거의 이루어지지 않는 현재 우리 경찰의 상황에서는 더더욱 어려울 것이다.

효율성보다 중요한 절차의 적법성

수사 편향을 제어하는 데 민간 통제가 왜 중요할까? 미국 드라마 〈CSI〉를 보면 극적 재미를 위해 픽션을 가미한 것도 있지만, 화면 속 CSI(과학수사대) 요원들이나 수사관들이 증거를 처리하고 결과를 산출하는 과정이 매우 효율적으로 보인다. 그래서 이런 방식의 과학수사 시스템을 실제 도입하면 좋을 것 같다. 하지만 여기에는 매우 큰 함정이 도사리고 있다. 즉, 그들의 수사 시스템과 한국의 수사 시스템은 유사해 보이지만 매우 큰 차이가 있다.

미국의 수사 시스템은 선출직인 보안관이나 혹은 선출직 시장이 임명하는 경찰국장의 통제를 받으며, 그들이 처리한 증거와 그 과정은 제3자인 법원에 의해 최종적으로 관리(증거 보관실, 시체 공시소 등)되어 피고인의 방어권 보장에 적극 이용된다. 만약 한국의 CSI 요원이 증거물을 처리할 때 사소한 실수를 저지르면 자체 징계를 내리거나 질책하는 선에서 넘어갈 테지만, 미국에서는 '증거물 처리 과정의 절차적 완결무결성chain of custody(적법성)'에 문제가 발생하여 피고인 변호사의 신청과 법관의 결정으로 해당 증거 자체가 받아들여지지 않거나, 심한 경우에는 해당 요원이 처리한 다른 사건의 증거 능력까지도 의심받게 된다. 즉, 제한된 방식이나마 수사 과정에 대한 견제 장치가 마련되어 있어서 수사 편향을 일정 정도 제어할 수 있는 것이다.

반면 한국은 증거 보관이나 시체 공시도 아예 하지 않거나 그나마 경찰이 자체적으로 하고 있으며, 수사 과정도 경찰이 전일적全一的으로 운영하는 시스템이다. 이런 상황에서 기존의 국립과학수사연구소를 놔두고 경찰 자체 증거 분석 기관을 설립한다는 것은, 과학수사를 핑계로 한 주도권 경쟁으로 의심받기 딱 좋다.

과학수사 증거 분석의 효율성을 내세워 경찰청 외부에 있는 (안전행정부 산하의) 국립과학수사연구소를 내부로 끌어들여야 한다는 주장도 있다. 그러나 '수사'라는 국가행정에서 오직 효율성만 중요한 것은 아니다. 적법한 과정(인권 보호 절차 준수)을 통한 실제적 진실 발견이 핵심이다. 효율성만 강조하다 보면 과정을 왜곡하게 되고, 그러한 왜곡이 결국 실체적 진실을 가리는 엄청난 결과를 초래하게 된다. 증거 분석은 수사 부서와 독립적인 영역에서 이루어져야 한다. 현실적으로 수사 인력을 운용하는 데 어려움이 많아 통합적으로 운용할 수밖에 없다고 해도, 이를 보완하는 대체 장치가 필요하다.

물론 증거 분석과 수사를 분리하는 것이 만병통치약은 아니다. 1991년 이른바 '강기훈-김기설 유서 대필 의혹 사건'은 한국의 과학 수사와 국립과학수사연구소의 명예에 씻을 수 없는 오점을 남겼다. 이 사건은 전문가주의도 시스템의 견제를 받지 않으면 실체적 진실 에서 멀어질 수 있다는 평범한 진리를 깨우쳐 주었다. 하물며 국립 과학수사연구소도 그러한데 경찰 권력의 통제를 받는 국립치안과학 원의 경우는 어떻겠는가.

'범죄 수사의 과학화'는 단지 효율적인 수사를 위한 캐치프레이즈 가 아니다. 이는 민주주의 국가에서, 기본적인 인권 보호와 정의 실 현을 위해 반드시 필요한 가치다. 그렇기에 기계적인 효율성이 과 정/절차의 적법성을 뛰어넘을 수는 없다. 다른 대안 없이 무조건 기 능을 통합하는 것은 위험한 발상이다.

여러 가지 면에서 국립치안과학원으로의 통합과 집중은 시대적 흐름에 역행하는 것이다. 다만, 현장에서의 증거 취득 관련 연구나

CSI 요원 교육 등 제한된 분야에서는 그 필요성이 인정된다. 이 부분은 현재 경찰수사연수원에서 맡고 있지만 그 효과가 미미하여 2013년 말부터 법과학 전공자들을 특채하고 있는 실정이다. 한국형사정책연구원의 범죄 관련 연구도 보완될 필요가 있으며, 이를 위해 인적 구성과 조직 재편이 이루어져야 한다. 그것이 어렵다면 경찰대학 부설 치안정책연구소를 확대하여 연구 역량을 강화하거나, 국립과학수사연구소와 유기적인 공조가 어려운 부분은 보완적인 차원에서 경찰수사연수원을 보강하면 될 것이다.

하지만 이보다 더 본질적인 대책은 전면적인 수사권 조정, 수사경찰과 행정경찰의 분리, 정보 기능 이관, 지방경찰의 분리 및 활성화 등이다. 그래야 지금 국립치안과학원 설립의 이유로 들고 있는 제반 사항들이 근본적으로 개혁될 수 있다.

경찰이 '정의'를 만드는 국가

마지막으로 꼭 덧붙이고 싶은 말이 있다. 현직에 있을 때 별다른 이유 없이 일선 경찰서 과학수사팀장이 하루아침에 다른 경찰서의 형사과 팀원으로 발령 난 것을 목격했다. 내가 아는 한 과학수사 요원들에 대한 이런 식의 말도 안 되는 인사 발령은 이전에도 비일비재했고, 지금도 그리 다르지 않다.

과학수사 요원 한 명을 제대로 길러 내는 것은 매우 힘들고 지난한 과정이다. 아무나 자리에 앉힌다고 해서 할 수 있는 업무가 아니다. 고도의 전문성이 필요하고, 그만큼 많은 비용과 시간이 들어가는 일이다.

그런데 어찌 된 일인지 우리 경찰은 거꾸로 간다. 한참 써 먹어야 할 과학수사팀장을 아무 관련도 없는 형사팀 팀원으로 처박아 버린다. 15년 동안 그 사람을 키워 내는 데 들어간 비싼 세금이 그냥 허공에 뿌려졌다. 새로 온 팀장이 그만 한 능력을 갖춘 사람이면 또 모르겠는데 그것도 아니다.

과학수사팀장이 분석하는 증거 하나하나는 시민의 기본권에 중대한 영향을 미칠 수 있다. 작은 오류 하나로 범인이 바뀔 수 있고, 억울한 사람이 살인범이 될 수도 있으며, 중요한 사건이 미제로 남을 수 있다. 그로 인해 치러야 할 비용 또한 엄청나다. 그런 자리에 전임자보다 경험이 일천한 사람을 앉힌 것은 최고의 치안 서비스를 받아야 하는 시민의 입장에서 보면 그 자체로 황당한 직무 유기다. 조직이나 기구를 만들면 뭐하겠는가? 제대로 된 운영이 보장되지 않고, 특권을 가진 소수에 의해 휘둘린다면 시민을 위한 과학수사 발전에 무슨 도움이 되겠는가? 조직이나 기구를 만들기 전에 현장 과학수사 인력의 운영과 시스템을 개선하는 것이 먼저다.

국립치안과학원 설립은 단지 조직과 기구를 하나 만드는 차원의 문제가 아니라 시민의 기본권에 중대한 영향을 미칠 수 있는 사항이다. 이해 당사자들이 우르르 몰려가 밀실에서 설렁설렁 만들어서는 안 되며, 치열하고 진지한 대중적 토론이 반드시 선행되어야 한다.

그런데 내가 경찰 출신으로는 드물게 국립치안과학원 설립에 공개적으로 반대 의사를 표명하고 얼마 뒤 안면도 없는 3개 경찰서의 정보과 형사들이 나의 안부를 물었다는 소식을 접했다. 또, 평소 친분도 없던 경찰청 고위 간부가 나의 주변 사람들에게 전화를 해서 나에 대해 부정적인 말을 하고 다닌다는 이야기를 들었다. 나에 대한 관심이 이렇게 높을 줄이야! 프로파일러로서 대한민국 경찰에 몸담았던 나에게도 이러는데, 일반 시민들에게는 오죽하랴!

앞에서 "경찰이란 무엇인가?"라는 질문을 던졌다. 가장 많이 나오는 답변이 "국민에게 봉사하는 사람"이라는 것이다. '국민에 대한 봉사'는 모든 공무원이 가져야 할 마음가짐이지 경찰 고유의 임무는 아니다. "범죄 수사를 담당하는 공무원"이라는 답변도 많다. 그러나 모든 경찰이 범죄 수사관은 아니며, 모든 범죄 수사관이 곧 경찰은 아니다. 경찰 중에 범죄 수사관 업무를 맡는 사람이 별도로 있으며, 또 경찰이 아니더라도 검찰 수사관이나 국정원 수사관처럼 범죄 수사 업무를 맡을 수 있다.

그렇다면 경찰은 무엇인가? 한 마디로 말하면, '사법 집행관'이다. 문자 그대로 법을 집행하는 사람이라는 뜻이다. 사실 이 말 속에는 더 많은 의미가 담겨 있다. 경찰은 국민에 의해 주어진 '힘'으로, 국민이 만든 '정의'를 적법하게 실현해야 한다. 경찰이 자의적으로 '정의'

를 만들거나 변용해서는 안 된다. 경찰이 '정의'를 만드는 국가가 다름아닌 '경찰국가'이다. 경찰이 정의를 만든다는 것은 곧 권력자(강자)가 정의를 만든다는 것을 의미한다. 정의 자체가 강자(권력자)의 수단이 되고 마는 것이다. 이를 우려하여 과거 선현들도 줄기차게 "강자가 아닌 약자의 편에 서는 것이 바로 정의"라고 말씀하였을 것이다.

그러나 안타깝게도 우리 경찰 내부의 일부 세력들은 자신들이 정의가 되려 하고 있다. 대한민국의 핵심 권력이었던 검찰이 했던 바를 그대로 답습하고 있다. 이런 세력에게 국민은 지배 대상일 뿐이다. 이것이 바로 경찰국가, 정확히 말하면 소수 엘리트가 지배하는 독재국가이다. 그런 사회로 회귀하지 않으려면, 국립치안과학원 설립 논의를 비롯하여 모든 사안에 대해 다른 의견의 제시가 보장되어야 한다. 지금 이대로라면 경찰 내 소수 정치 지향적 엘리트들에 의해 대한민국 민주주의가 심각한 위협을 받을 것이다.

대한민국판 '셜록 홈스?'

2014년 초 정부가 민간 조사원, 이른바 사립 탐정을 새로운 직업군으로 육성하겠다고 밝히면서 세간의 관심이 쏠렸다. 대표적 장기 미제 사건인 '개구리 소년 사건'의 유족들도 사건 발생 23주기를 맞아 "사립 탐정법을 만들어 달라. 그렇게 해서라도 사건을 해결하고 싶다."고 공개적으로 요구하고 나섰다.

그 필요성에 공감하는 의견이 많지만, 반대하는 입장도 만만치 않다. 사립 탐정이 공권력의 사각지대를 줄이는 대안이 될 수 있지만, 개인 정보 유출과 사생활 침해 문제를 안고 있는 흥신소만 양산하는 결과를 가져올 수 있다는 이유에서다.

'민간 조사원'(사립 탐정) 제도는 개인이 형사적 혹은 민사적으로 해결하기 어려운 일을 당한 경우, 혹은 그런 일을 해결할 필요가 생긴 경우, 공권력의 도움을 기대할 수 없을 때 개인(혹은 법인)이 그러한 자격과 능력을 갖춘 민간 조사원 혹은 그들이 고용한 민간 조사법인과 용역 계약을 맺고 스스로 필요한 일을 해결하는 제도이다.

민간 조사원은 반드시 사법기관에서 공적으로 인정하는 엄격한 자격을 갖추어야 하며, 업무 형식은 법무법인처럼 다수의 민간 조사원과 그들을 지원하는 인력 구조를 갖춘 민간 조사법인 형태일 가능성이 높다. 얼핏 심부름센터나 흥신소와 비슷한 일을 하는 것처럼 보이는데, 구체적으로 뭐가 다른 걸까?

가장 핵심적인 차이는 국가가 공인하는 자격을 갖춘 사람이라는 점이다. 법률적 조언은 변호사 사무장도 할 수 있지만, 제대로 된 법률 서비스는 변호사 자격을 가진 사람에게 받아야 하는 것과 마찬가지다.

자격 조건도 훨씬 엄격하다. 민간 조사원은 법률 지식과 사법기관에서 행하는 수사 능력을 갖춘 자로, 범죄 경력을 비롯한 엄격한 신원 조회를 통과해야 한다. 대체로 전직 경찰, 검찰 수사관, 헌병 수사관 등의 경력과 법학과 경찰행정학과 등의 학력 기준이 적용될 가능성이 높다. 현재 심부름센터에서 일하는 사람들 중에 (전직 경찰이나 검찰 수사관도 있지만) 이 정도 자격과 능력을 갖춘 사람은 거의 없다.

보험 가입 유무의 차이도 있다. 민간 조사원(혹은 그 법인)은 일정 규모 이상의 손해배상(보상) 보험에 의무적으로 가입해야 한다. 그래서 계약 이후 사업 진행 중에 어떤 문제가 발생하면 적절한 보상을 받을 수 있다. 현재 심부름센터는 돈만 날리거나 심한 경우 의뢰인을 역으로 협박하는 등의 2차 피해가 발생할 가능성이 있다.

또한 민간 조사원은 일정한 법적 테두리 안에서 조사를 진행해야 하지만, 심부름센터는 반드시 불법적 방식은 아니라 해도 개인 정보 확인이나 채무 관계 조사 과정에서 불법과 탈법의 경계를 넘나들고 있다.

필요성과 위험성 사이에서

민간 조사원(사립 탐정) 제도 도입에 대한 사회적 요구는 이미 오래되었다. 이는 우리나라의 법률 조력 서비스를 소수의 변호사가 독점해 온 사실과 관련이 있다. 최근 상황이 많이 달라지긴 했지만, 불과 몇 년 전까지만 해도 변호사 수가 턱없이 적어 보통 사람들이 법률 서비스를 받는 것은 현실적으로 매우 어려운 일이었다.

예컨대, 개인 사이에 혹은 개인과 법인 사이에 채권 · 채무 관련 문제가 발생했을 때 합법적으로 돈을 받아 내려면 사법기관에 형사 고소를 해야 한다. 그래야 숨겨진 재산을 찾아 압류를 걸 수 있으니까. 하지만 개인이 혼자 이런 일을 진행할 능력과 권한이 없으니 변호사의 도움을 받아야 하는데, 대부분 높은 수임료를 요구하므로 어쩔 수 없이 사법경찰을 찾아 도움을 요청한다. 문제는 이런 일이 대단히 많아서, 사법경찰이 굳이 하지 않아도 되는 채권·채무 관련 업무를 처리하느라 귀중한 수사 인력을 낭비하는 결과를 초래한다는 것이다. 지금도 이런 업무에 일선 경찰서 수사과의 경제팀 인력이나 조사 부서 인력을 많이 소모하고 있는 실정이다.

만일 사립 탐정이 이 일을 대신 맡게 된다면 경찰은 중요한 사건에 인력을 투입할 수 있고, 개인은 상대적으로 쉽게 채권 관련 업무를 처리할 수 있게 될 것이다.

비단 채권·채무 사건만이 아니다. '개구리 소년 사건' 같은 장기 미제 강력 사건에도 경찰 수사 인력과 적절한 업무 분담을 통해 민간 조사원을 탐문, 증거 조사에 참여시킬 수 있다.

사실 경찰 수사 인력은 한 사건에 배치할 수 있는 인원이 제한되어 있으며, 한 달 이상 지속되기 어렵다. 두세 달이 넘어가면 미제 사건으로 처리되어 집중 수사를 진행하기 어렵고, 수사 인력의 전문성이 균일하지 못하다는 문제도 안고 있다. 따라서 형사사건에 특화된 사립 탐정이 지속적으로 수사에 참여한다면 도움이 될 수 있다. 이는 교통사고 뺑소니나 실종 사건도 마찬가지다.

그렇다면 문제점은 없을까? 우선 지금도 종종 발생하는 개인 정보 유출 등의 사생활 침해가 더 심해질 것이라는 우려의 목소리가 높다. 타당한 지적이다. 업무의 특성상 민간 조사원은 사건과 관련된 개인들의 정보를 상당 부분 취득해야 한다. 그 과정이 적법하고 적절하다 해도 과도하게 개인 정보가 유출될 가능성이 크다. 사법기관만 적법한 절차에 따라 개인 정보에 접근할 수 있도록 한 지금도 문제가 발생하는데, 정보 접근이 민간으로까지 확대된다면 아무리 엄격하게 관리한다 해도 개인 정보 보호가 취약한 우리나라 현실에서 고양이에게 생선을 맡기는 격이 될 수 있다.

또 한 가지, 검찰과 경찰 그리고 민간 조사원의 업무 구분도 문제다. 이에 대해서는 완벽한 해결책은 아니지만 나름 원칙을 제시할 수는 있다. 살인 · 강도 · 강간 추행 · 절도 · 폭력의 5대 강력 사건은 검찰과 경찰이 담당하고, 민간 조사원은 굳이 경찰이 맡지 않아도 되는 중요한 문제들, 즉 채권 · 채무와 관련된 비형사적 문제, 실종 · 가출 · 미귀가 등의 소재 파악, 교통사고 · 상해 등 보험금과 관련된 문제, 치정 관련 사건, 산업스파이 혹은 기업 보안 등을 맡도록 대상 범위를 설정하면 될 것이다.

그 외 형사사건 중에서는, 수사가 미진하여 장기 미제 사건이 될 가능성이 높은 사건을 제한적으로 맡도록 할 수 있다. 이때 어느 단계, 어느 수준에서 민간 조사원이 접근할 수 있으며, 그 권한은 어느 정도로 설정할 수 있을지를 정하는 것이 문제가 될 수 있다.

사립 탐정 제도가 활성화돼 있는 다른 나라에서는 이 제도를 어떻게 운영하고 있는지 살펴보자. 미국이나 일본의 경우 대형 보험회사에서 민간 조사법인과 계약을 맺고 보험 사기로 의심되는 사건을 조사하거나, 대형 기업에서 내부 산업스파이를 잡아 내기 위해 민간 조사법인과 계약을 맺기도 한다. 형사사건에서도 수사 드라마에서 보듯이 '셜록 홈스'나 '뭉크' 같은 형사사건 전담 탐정들이 경찰 수사에서 발견하지 못한 증거를 대신 찾아내기도 한다.

탐정들은 주로 변호사 사무실과 계약을 맺거나 공익 법인에 고용되어 일한다. 우리나라의 개구리 소년 사건처럼 경찰이나 검찰이 해결하지 못하는 사건을 대신 수사하는 경우도 미국이나 일본에서는 낯설지 않은 일이다.

사립 탐정 제도를 제대로 시행하는 데 필요한 조건은 무엇일까? 가장 중요한 것은 앞서 언급한 조사원의 권한과 한계, 자격 관리 등에 대한 명확한 기준을 마련하는 것이다. 그리고 한 가지 더, 민간 조사원 제도에 반대하는 사람들이 지적하는 '유전무죄'에 대한 문제의식에 귀를 기울일 필요가 있다.

민간 조사원은 철저하게 돈에 따라 움직이는 사람이므로, 결국 돈 있는 사람만 더 많은 사법 서비스를 누릴 수 있다. 따라서 사회적 약자, 가난한 사람들에게 공익적 차원에서 민간 조사 서비스를 제공하는 제도가 반드시 병행되어야 한다. 법률구조공단에서 가난한 사람들에게 무료로 법률 서비스를 제공하고 있는 것처럼, 국가나 지자체가 후원하는 공적 민간 조사 서비스 법인을 일정 규모 이상 의무적으로 만들어서 사회적인 균형을 맞춘다면 전향적으로 사립 탐정제도 도입을 고려해 볼 만하다.

제7장

정의란 무엇인가

소외의 다른 이름, 힐링

한 사회의 범죄를 고찰할 때 그 사회의 폭력 수준, 곧 사회 구성원들 속에 내재화된 폭력 인자는 매우 중요한 요인이다. 이를 범죄학에서는 '야수화'라는 개념으로 정의한다. 최근 (청소년) 범죄의 흉포화를 논하면서 자주 언급되는 개념이다. 단순하게 설명하면 이렇다.

한 사회의 폭력 수준 상승은 구성원들의 소외를 증가시키고, 이는 '표현형 범죄'의 증가로 이어진다. 이 과정을 '야수화'라고 한다. 하지만 한 사회의 폭력 수준이 높아진다고 해서 소외된 개인과 집단이 곧바로 '야수화'되는 것은 아니다. 그렇다면 지금보다 더 광포했던 군사정권 시대에 '야수화'된 범죄가 더 많이 일어났을 것이다.

'야수화'는 폭력 수준이 높아지면서 구성원들의 소외와 좌절이 스스로를 공격하는 단계에 다다를 때 나타난다. 소외된 집단과 개인에게 소외를 극복할 대상과 목표가 주어진다면, 폭력이 수단이 될지언정 스스로 폭력화되지는 않는다.

전자의 경우 갱 집단이나 비조직적 테러 집단(외로운 늑대), 반사회적 범죄화 등으로 나타나지만, 후자의 경우는 발전국가(비서구 개발도상국)에서 정치적 결사나 스트라이크·이익집단화 등으로 표출된다. 후자의 경우는 특정한 이념을 바탕으로 행동을 조직하는 경우가 많지만, 전자의 경우는 이념도 없고 가치도 없이 보이는 주변부터 파괴하는 자기붕괴적인 비조직적 행위들의 조악한 집합일 경우가 많다. 전자의 경우가 '야수화'에 해당한다.

소외와 폭력은 동전의 양면이다. 개인과 집단, 집단과 집단 사이의 소통이 단절된 사회는 폭력에 익숙하다. 소통이 단절되어 있기 때문에 타 집단과 상호작용하는 과정에 설득과 대화·타협이 아닌 강제를 동원하게 되고, 결국 폭력이 발생하며 그것이 사회와 그 구성원에 내재화되는 악순환이 반복된다. 그 과정에서 대부분의 개인은 소통단절과 주체성 상실을 경험하면서 결국 (관계로부터) 소외된다.

소외된 개인들 중 일부는 자신이 갖고 있는 자원을 동원해 자신에게 유리한 관계를 만들어 내기도 하고, 일부는 주체적이지는 않지만 외부에서 주어진 인위적인 방법, 즉 상담과 힐링에 의존하며, 또 일부는 사회적이지 않은 수단, 주로 '폭력'이라는 수단을 이용하거나 스스로 폭력화되곤 한다. 이 중 현재 우리 사회 구성원 중 대다수가 선택한 방법은 상담과 힐링이 아닐까?

나는 현직에서 물러난 뒤 사이버대학 경찰행정학과에서 학생들을 가르치고 있는데, 사이버대학은 그 특성상 학과별로 학생 정원이 고정되어 있지 않고 계열 정원으로 모집하기 때문에 시대 흐름에 따라 학생이 많이 몰리는 학과가 계속 달라진다.

불과 3~4년 전까지만 해도 대세는 '사회복지학과'였다. 그중에서도 노인과 관련된 분야에 수천 명의 학생이 몰렸다. 그러다가 3년 전을 기점으로 대세는 상담심리학과로 급반전했다. 상담심리학과 중에 학생 수가 5천 명에 달하는 학교도 있으며, 나머지 5위까지 학교의 학생 정원을 모두 합치면 거의 2만 명에 육박한다. 사이버대학에서 매년 배출되는 상담심리 자격증 소지자만 수천 명에 달하니 가히 '상담 사회'라 할 만하다.

우리나라가 상담과 '힐링'이 절실하게 필요한 사회가 되었다는 것은 앞서 말했듯, 우리 사회 구성원들의 소외 정도가 그만큼 높다는 것을 의미할 것이다. 자신의 문제를 스스로 해결하지 못하고 외부 전문가에게 맡겨야 할 만큼, 개인과 집단의 주체성이 상실된 사회라고 진단해도 크게 무리가 없을 것이다. 혹은 자신의 정신 건강마저도 외부 전문가에게 맡겨야 하는 철저한 자본주의 분업 사회의 한 단면일 수도 있다.

물론 상담과 힐링의 효용과 필요성을 완전히 부정하는 것은 아니다. 그렇지만 현재 우리 사회의 힐링 열풍은 문제가 있다. 만약 사회 구성원 전체가 유사한 방식으로 상담과 힐링을 받아야 한다면, 그것은 상담과 힐링으로 해결될 문제가 아니라 사회의 구조적인 변혁이 필요한 상태가 아닐까?

지금 우리 사회에서 상담과 힐링이 유행하는 배경에 자본주의 상품 논리가 작동하고 있다는 데에는 별다른 이견이 없을 것이다. 우리 사회에서 소비되는 상담과 힐링은 극심한 경쟁 사회 속에서 타인을 이기고 올라가는 데(성공에 다다르려면) 필요한 '극기'의 수단이 되고 있다. 경쟁에서 낙오되는 공포를 극복하기 위해 상담과 힐링을 받지 않으면 불안할 수밖에 없는 모순적 상황, 상담과 힐링 그 자체가 공포 마케팅이 된 아이러니!

얼마 전 한 생명보험 광고에 등장한 "언제까지 아프라는 겁니까?"라는 말이 큰 화제가 되었다. 이 말은 잘 알다시피 우리나라 대표 힐링 전도사로 일컬어지는 서울대 교수의 《아프니까 청춘이다》를 패러디한 것이다. 백만 부 이상의 판매고를 올리며 큰 화제가 되었던 책이지만, 몇 년 지나지 않아 사람들은 힐링 전도사의 '힐링'이 현실에서 큰 위로가 될 수 없다는 것을 알아차렸다. 그럴 수밖에 없는 것이, 그렇게 말하는 사람들은 진짜 아픈 것이 무엇인지 알지 못하니까!

진짜 아픈 사람은 아프다고 말도 못하는 사람, 아픈 것이 무엇인지도 모르는 사람이다. 지금 우리 청춘들은 폭압적인 생존 현실에서 스스로를 죽이거나 옆 사람을 죽이고 있다. 사회에서 자신의 존재를 지워 버린 은둔형 외톨이들은 스스로를 죽이고 부모와 가족을 죽인다. 벼랑 끝에 몰린 생계형 가장들은 버티다 못해 가족을 죽이고 자신을 죽이고 있다. 하루 노동 12시간 월급 120만 원의 보육 교사는 아이들을 학대하고 스스로 괴물이 되어 있는 자신을 발견한다. 취업 준비로 턱관절 성형을 하다가 죽는 청춘, 직장에서 성희롱과 왕따를 당하는 청춘들이 즐비한 우리 현실에서, 나도 묻고 싶다. 언제까지 아프라는 것인가?

소통의 회복만이 유일한 해결책

'힐링'이 사회적 화두로 떠오른 데에는 SBS 예능프로그램 〈힐링캠프〉도 크게 한몫했다. 대통령 후보들까지 앞다퉈 출연했을 정도니 말이다. 그러나 막상 이 프로그램을 보면 도대체 누구를 위한 '힐링'인지 궁금해진다. 연예인 등 유명 인사가 출연하여 자신의 개인사를 고백함으로써 그 스스로 힐링을 얻고 그 과정을 지켜보는 시청자가 대리힐링을 느끼는 것이 이 프로그램의 콘셉트일 것이다.

실제로 방송에 출연한 유명인들은 어김없이 눈물을 흘리고, 그것을 보면서 함께 눈물을 흘렸다고 고백하는 시청자들이 있는 것을 보면 프로그램의 목적은 어느 정도 달성한 것 같다. 그런데 시청자들이 한 가지 잊고 있는 것이 있다. 방송 프로그램은 그 속성상 처음부터 끝까지 철저하게 '연출'되고 '편집'된 결과물이라는 사실이다. 시청률 경쟁이라는 냉혹한 방송 현실에서 정형화되고 타자화된 그리고 철저하게 상품화된 힐링의 결과는 자아 주체성이나 자기 존재 독립성의 확립이 아니라 오히려 의존의 심화로 귀결될 뿐이다.

인터넷에 이른바 '힐링 마니아'라고 소개되는 사람들의 이야기를 보자. 젊은 직장 여성 A의 일주일 일정을 들여다보면 어제는 김××교수가 하는 힐링 프로그램에 참여하고, 오늘은 ○○ 스님 강연회에 갔다가 내일은 이△△ 수녀의 책 출판 모임에 간다. 가서 눈물 흘리고 웃다가 집에 돌아오고, 다음 날 또 다른 모임에 참석해서 눈물 흘리고 웃고 떠든다. 집에 돌아오면 다시 우울해진다.

이 젊은 여성에게 '힐링'은 과연 무엇일까? 한여름 더위를 피하기 위해 올라탄 지하철 같은 것 아닐까? 한여름 지하철의 에어컨만큼 돈 안 들고 시원한 것은 없다. 그렇다고 지하철을 24시간 탈 수는 없는 노릇이다. 그런데 이 여성은 에어컨을 이용하려고 지하철을 24시간 타려고 하는 것이다.

내로라하는 인사들이 '힐링'이라는 대중적 브랜드를 끊임없이 만들어 내고, 대중은 번갈아 가며 이를 소비한다. 이들이 제공하는 힐링은 상처를 낫게 해 주는 치료제가 아니라 상처의 고통을 잠시 잊게 하는 모르핀과 같다. 모르핀에 중독되면 상처를 치료할 생각을 잊게 된다. 상처를 치료하려면 자신이 겪는 문제의 구체적 해결 방법을 찾고, 그것이 사회의 구조적 모순과 연결되었다면 어떻게 극복할 것인지 고민해야 한다. 하지만 우리 사회의 힐링은 이런 고민을 오히려 방해하고 있다. 상처를 소독하는 알콜은 100퍼센트 순수 알코올이 아니다. 100퍼센트 알코올은 상처 표면에 보호막을 형성하여 상처 내부까지 약제가 침투하는 것을 방해하기 때문이다.

개인이든 집단이든 소외를 해결하는 방법은 소통을 회복하는 것으로부터 시작되며, 소통의 회복은 곧 민주주의의 복원을 의미한다. 강제가 아닌 구성원 사이의 민주적이고 활발한 소통이 소외를 극복하고 폭력 수준을 낮추는 가장 확실한 길이다.

작은 정의, 큰 정의

거의 10여 년 넘게 연락이 없었던 한 후배가 만나자고 연락이 왔다. 과학수사와 관련된 자문을 구하고 싶다는 것이었는데, 좀 흥분한 것 같았다. 아니나 다를까 만나 보니, 후배는 자신이 7년 전 사법 당국으로부터 당한 억울한 일을 속사포처럼 쏟아 냈다. 그 후배의 동생이 제본한 두툼한 법원 판결문을 보여 주면서 30분 넘게 열변을 토했다.

후배에게는 미안한 말이지만, 사실 피의자 신문조서 첫 장을 보는 순간 후배가 나를 찾아온 이유와 사건의 전말, 전개 과정, 왜 억울해하는지 등이 눈에 들어왔다. 내가 할 수 있는 것은 후배의 하소연을 3시간 넘게 그냥 들어 주는 것뿐이었다.

사건의 개요는 이러했다. 부동산을 하던 후배의 동생이 옆 점포 건달과 시비가 붙었는데 처음에 일방적으로 맞아서 정신이 없는 사이, 자신을 폭행했던 건달이 머리에 피를 흘리면서 출동한 경찰한테 쌍방 폭행이라고 주장해서, 결국 일방적으로 맞고도 법적으로는 쌍방 폭행으로 집행유예를 선고받았다는 것이다. 전과 2범이었던 그 건달이 동생을 폭행하고 가중처벌될 것이 두려워 아는 사람을 시켜 주변에 있던 돌로 자기 머리에 부상을 입히게 하고, 주변 사람들을 회유하여 자기에게 유리한 목격자 진술을 하게 했던 것이다.

사건을 조사했던 수사 형사는 그 건달과 건달이 회유한 주변 목격자의 말만 믿고 피해자인 동생의 주장을 무시한 채 검찰로 송치했고, 검찰에서는 별다른 보강 수사 없이 기소했고, 판사도 검찰의 주장을 받아들여 그대로 선고한 것이다.

어떻게 이런 일이 가능할까 싶겠지만, 이런 일은 비일비재하게 발생한다. 처음부터 짚어 보자. 물론 사건 관련자, 즉 용의자가 자백을 하면 일은 쉬워진다. 그러나 용의자가 순순히 자백하더라도 자백의 진실 여부와 전체 윤곽을 파악하기 위해 반드시 수사를 해야 한다. 수사의 기본은 증거 중심이지만, 그 증거를 분석하고 해석하기에 실력도 모자라고 그럴 의욕도 없다. 그래서 가장 쉬운 길, 즉 주변 CCTV를 우선 확보하고, 그것이 없으면 그 다음으로 목격자의 진술을 듣는다.

이런 과정은 한 번이라도 경찰 수사를 받아 본 사람이라면 잘 아는 사실이다. 그래서 그 건달도 CCTV가 없는 곳에서 범행을 조작하고 목격자를 회유한 것이다.

일단 확보된 목격자의 진술은 분석을 요하는 불확정한 다른 증거들보다 우선시된다. 본말이 전도되는 것이다. 관계인의 진술은 반드시 물적 증거 분석으로 진실 여부를 판단하고, 그것을 기준으로 다음 단계로 나가야 하지만 순서가 바뀐다. 목격자의 진술에 증거의 분석을 맞추는 것이다.

이 사건도 진술의 신빙성은 자해를 한 돌에서 찾았어야 한다. 돌의 특정 부분에 묻은 DNA 혈흔, 조각난 파쇄흔 등을 분석하여 이를 기초로 진술의 신빙성을 판단하고 그에 따라 사건을 재구성해야 한다. 하지만 실제 수사는 그 반대로 진행되어 결국 국립과학수사연구원의 분석이 목격자의 불완전한 진술을 진실로 만드는 역할을 했다.

일단 심증을 굳힌 수사 형사는, 불확실한 진술과 분석에 자신의 얼마 되지 않는 수사 경력을 더해 기소 의견서라는 '소설'을 쓰게 된다. 여기까지가 완성되면 검찰이나 법원에서 이 소설을 다시 뒤집기란 정말 어렵다. 누가 죽거나, 엄청나게 많은 재산이 관련된 사건이 아니면 더욱 그렇다. 대충 심증에 따라 수사하고, 기소하고, 판결을 내리는 것이다.

적극적으로 나서지 않기는 피해자도 마찬가지다. 억울하긴 하지만 그렇다고 내가 살인범이 되는 것도 아니고 크게 다친 것도 아니고 재산상 큰 피해를 본 것도 아니므로, 비싼 돈을 들여 변호사를 사서 정식으로 재판에 임하지 않는다. 대충하다가 법원 판결이 나는 것이다.

작은 정의와 진짜 좋은 사회

멋있게 연쇄살인범을 잡고 신출귀몰한 발바리를 잡는 것도 '정의'이다. 그러나 우리나라에 연쇄살인범이 수천 명이 되는 것도 아니고 발바리가 수만 명이 되는 것도 아니다. 한 해에 4~5명, 한 해에 열댓 명 정도이다. 그들이 벌인 사건의 사회적 파장이 커서 그렇지, 이런 사건은 전문가들에 의한 정교한 스크리닝과 예방, 관리 등 일선 경찰의 업무 영역을 넘어선다.

정작 실제 생활에서 일반 시민들이 느끼는 정의는 후배의 경우처럼 작고 별것 아닌 사건에서 드러나는 공평무사함, '작은 정의'이다. 사소한 범죄를 적절하게 처리하는 것은 사회의 신뢰성과 관계되며, 신뢰가 높은 사회일수록 안전한 사회이기 때문이다.

그런 면에서 범죄와 수사는 사회 시스템의 일부라고 할 수 있다. 교통신호 체계, 혹은 기후 예보와 같다. 그 시스템이 잘 관리되고 운영되는 것이 바로 정의이다. 그런데 너무 흔하게 경험하는 일이라 그런지 이를 정의로운 사회의 지표로 생각하지 못하는 듯하다. 큰 정의는 작은 정의 없이 불가능하다. 작은 정의가 잘 지켜지는 사회가 진짜 좋은 사회이다.

실시간 사건 중계의 득과 실

2013년 7월, 종합편성채널 MBN이 아침 방송에서 '군산 여성 실종 사건'(얼마 후 시체가 발견되어 살인 사건이 되었다.)을 다룬다며 출연 요청을 해 왔다. 당시에는 사건 자체만 봤을 때 크게 복잡한 사건도 아니고 특별히 사회적인 의미가 있는 사건도 아니었다. 우리 사회에서 흔히 발생하는 강력 사건의 개연성이 있는 실종 사건이었고, 이전에도 이런 종류의 사건은 적지 않았다.

그럼에도 많은 언론이 이 사건을 주목했다. 언론 스스로는 그 이유가 해당 사건의 용의자가 현직 경찰이기 때문이라고 했다. 하지만 그것은 표면적인 이유일 뿐이다. 이전에도 경찰이 범죄를 저지르거나 사람을 죽인 사건이 있었지만 대부분 그냥 묻히고 말았다. 이 사건을 언론이 앞다퉈 다룬 진짜 이유는 시청률 경쟁 때문이었다.

2011년 종합편성채널(이하 '종편')의 등장으로 방송 간 경쟁이 더욱 치열해진 상황에서, 현직 경찰의 범죄 사건 같은 자극적인 이야깃거리는 시청자를 유인할 수 있는 좋은 소재이다. 더군다나 사건이 진행 중이니 불안감을 볼모로 한 공포 마케팅도 가능하고, 실시간으로 사건을 다루면서 여러 가지 픽션도 그려 볼 수 있다.

픽션의 가치를 부정하는 것은 아니지만, 실시간 방송에서 다루는 픽션은 범죄자의 다음 행동에 선택지를 줄 가능성이 있으므로 조심스럽게 접근해야 한다. 그날 나와 함께 출연했던 유명 대학 경찰행정학과 교수도 방송에 들어가기 전 대본을 훑어보더니 혼잣말로 소설 같다고 중얼거리며 불만 아닌 불만을 토로했다.

여기서 종편의 역할을 평가하려는 것이 아니다. 그것은 언론학자나 사회평론가의 몫이다. 다만 범죄사회학자로서, 또한 범죄를 다루는 방송에 참여하는 사람으로서, 언론이 범죄를 다루는 방식, 특히 실시간 중계에 대해 이야기해 보려 한다.

언론의 자유가 보장된 민주주의국가에서 국민의 알 권리는 매우 중요한 가치다. 더욱이 국민의 생명과 관련된 범죄 사건 소식은 적극적으로 알려야 하는 중요한 정보다. 그러한 역할을 담당하는 언론이, 자신의 존재 기반을 좌우하는 시청률을 확보하고자 실시간 중계 방식을 선택하는 것은 비난받을 일이 아니며, 언론사 고유의 선택 영역이라고 생각한다.

다만, 다루는 소재가 다름 아닌 범죄이기 때문에 지켜야 할 기준선이 있다는 것이다. 범죄는 멀리 떨어져서 보면 의미 있는 사회적 사실이지만, 가까이 다가가서 들여다보면 자극적인 3류 소설(픽션)이 되기 쉽다. 정치·경제·문화·체육 등 다른 사회 분야와 달리 범죄는 누군가의 생명을 빼앗거나 재산을 침해하는 반사회적 행동과 직결되는 영역이다. 공동체의 가치를 훼손하는 행동과 그 결과가 실시간으로 여과 없이 전달된다면 그 자체가 반사회적인 것이 될 수 있다. 그런 행동이 모방으로 이어질 가능성이 높고, 언론 보도가 자칫 잠재적 범죄자들에게 범죄 수법의 교과서 역할을 할 수도 있기 때문이다.

그래서 언론에서 범죄를 다룰 때는, 해당 범죄의 행동 요소들을 여과 없이 전달하기보다는 해당 범죄에 대한 총체적인 사회적 평가가 우선되는 것이 바람직하다. 그런 과정 없이 구체적인 범죄 수법에 집중하면 곧장 3류 황색 저널리즘이 된다.

예컨대 꽃뱀 사기 사건을 보도할 때 해당 사건의 맥락을 파악하지 않고 수법에만 집중하면, 그 자체가 하나의 포르노 시나리오와 다름없다. 연쇄살인 사건이나 토막 살인 사건 같은 강력 범죄도 전체적인 맥락 없이 접근하면, 내용 없는 엽기적인 호러 무비가 되어 버린다. 그래서 서구에서는 언론에서 범죄 사건을 다룰 때 사회적으로 합의한 적정한 기준선에 따라 보도하는 것을 원칙으로 한다.

종결되지 않은 현재 진행 중인 사건이라면 더욱 조심스런 접근이 필요하다. 진행 중인 사건을 다루는 언론 보도가 범죄자의 다음 행동에 유의미한 영향을 줄 수 있기 때문이다. 실제로 납치 사건의 범인은 언론 보도를 통해 관련 정보를 얻고 다음 행동의 선택지를 결정하기도 한다.(그래서 납치(유괴) 사건의 경우, 일정 정도 엠바고(보도 자제 합의)를 설정한다.)

탈주범 이대우 사건 때에도 검문검색과 수사 상황이 실시간으로 여과 없이 전달되어 이대우가 다음 행동을 결정하는 데 영향을 미쳤고, 100억 수표 사기범 사건 때도 범인들이 언론 보도를 보면서 자신들이 실수한 부분을 확인하고 복기한 뒤 다음 행동을 실행했다. 언론의 실시간 중계가 범인들에게 다양한 정보를 제공하여 다음 범행의 선택지를 제공하는 역할을 한 것이다.

그러나 이러한 부정적 영향이 있다고 해도 언론 활동의 하나인 실시간 중계를 지나치게 제한하는 것은 현실적으로 어려우며, 제한할 수도 없는 일이라고 생각한다. 정보는 강제로 통제할 수 있는 것이 아니기 때문이다. 다만, 사회적 공기公器로서 언론이 그 활동의 결과에 충분한 책임 의식을 가져야 하고, 이를 위해 적정한 형태의 자율적인 합의가 필요하다는 것이다. 이와 관련하여 되새겨 봐야 할 사건이 있다.

2013년 7월, '남성연대' 대표 성재기 씨가 한강에 투신하여 사망했다. 성 씨가 그 전날 홈페이지에 투신을 예고하고 실제 다리 위 난간에 올라선 순간에도, 주변에 있던 사람들과 방송사 기자들은 그가 진짜로 뛰어내릴 거라고는 생각하지 않았다. 그러나 그는 난간을 잡고 있던 손을 정말 놓았다.

그는 자살을 예고하고 한강으로 뛰어내린 것이 아니다. 자신이 속한 단체에 대한 관심을 호소하면서 일종의 퍼포먼스를 벌인 것인데, 결국 싸늘한 시신으로 돌아오고 말았다. 사건이 일어나고 당시 현장에 있던 사람들과 방송사 기자들이 자살을 방조한 것 아니냐는 논란이 벌어졌지만, 늘 그렇듯 시간이 흐르면서 유야무야되었다.

방송 카메라가 바로 옆에서 돌아가고 있는 상황에서 난간 위에 올라선 그가 한강으로 뛰어내리는 것 외에 어떤 다른 선택을 할 수 있었을까? 현장에 함께 있던 남성연대 회원들도 말로는 뛰어내리지 말라고 만류했겠지만, 그가 뛰어내리지 않고 그냥 난간에서 내려왔을 때 받을 엄청난 모욕과 비난을 염려하지 않았을까. 그런 상황 자체가 그에게 뛰어내리라고, 죽으라고 강요한 것이나 다름없다. 만약 그 자리에 방송 카메라가 없었다면, 그 결과가 적어도 죽음으로는 이어지지 않았을 수도 있지 않을까?

개인적으로 그의 견해와 주장에 동의하지 않으며, 그가 극단적 방법을 선택한 것은 어리석은 일이라고 생각한다. 그의 행동이 본인이 밝힌 것처럼 명분 있는 일도 아닌 것 같다. 하지만 그가 당시 처한 상황은 명백히 상황적인 자살 강요였다고 생각한다. '카메라'라는 큰 힘이 그에게 유일한 선택지를 강요했다고 해도 과언이 아닐 것이다.

세월호와 '수사 참사'

돈도 벌고 사회적으로 성공하고 싶었던 젊은이가 한 목사를 만났다. 새로운 교회를 만들고 싶었으나 능력이 부족했던 목사와 야심만만하고 능력 있는 젊은이는 각자의 필요에 따라 인척으로 결합한 뒤 새로운 기독교 교파를 만들었다. 이들은 온갖 수단과 방법을 동원하여 사람들을 끌어모으고 돈을 강탈하여 번듯한 교회를 세웠다. 이후 젊은이는 눈엣가시 같던 늙은 목사를 무력화시켜 제거하고 숨은 실세가 되어, 혹세무민과 강탈로 교세를 확장하며 초기 자본을 형성하고 헐값으로 기업사냥을 벌였다.

젊은 실세는 정·관계에 뇌물을 상납하고 자신이 키운 각 기관의 '장학생'을 동원하여 자기 기업에 유리한 방향으로 상품 시장을 확보하고 독점한 결과, 거대 기업을 거느린 커다란 교회 조직을 구축하였다. 그 과정에서 이 실세와의 관련성이 법적으로 입증되지는 못했으나 1987년 32명이 집단 자살하는 끔찍한 사건('오대양 사건')이 일어났고, 그보다 더 많은 사람들이 평생 모은 재산을 잃고 비참한 삶을 이어 갔다. 그리고 2014년 그의 아들이 소유한 회사의 배가 수백 명의 아까운 목숨을 바다에 수장시키는 비극적인 사건이 일어났다.

이 젊은 실세의 이름은 유병언이다. 그러나 그 이름 석 자만 바꾼다면 우리나라 어느 대형 교회 목사 혹은 재벌 총수의 이야기라고 해도 위화감 없이 들릴 것이다. 그런 면에서 세월호 참사는 그 자체로 현재 대한민국의 실체적 모습을 적나라하게 보여 주는 거대한 사례집이며, 그 책임 역시 유병언 혼자에게만 있지 않다.

부실하기 짝이 없는 감사원 예비 보고서를 보더라도, 여러 국가기관과 관계자들은 그 책임을 피할 길이 없다. 당연히 그들 모두가 책임을 져야 한다. 수백 명의 목숨이 허망하게 수장된 참담한 사건이 되풀이되지 않으려면 근본 원인을 철저하게 분석하고 관련 집단과 개인ㆍ조직에 철저한 책임을 묻는 것이, 이 시대를 사는 우리가 함께 져야 할 최소한의 의무이자 시대적 사명이다.

사체가 발견되기까지, 광기의 50여 일

하지만 잘 알다시피, 세월호 사건 초기 수사의 초점은 온통 유병언 개인에게 쏠렸다. 세월호의 실질적 소유자로 지목된 그에게 세월호 사건의 책임을 묻는 것은 너무나 당연한 일이지만, 그렇다고 대통령이 특정 범죄 혐의자 검거를 다섯 번이나 반복 강조하고 국가 공권력을 '올인'하여 검거에 나선 것은 아무리 봐도 정상적이지 않다.

인천지방검찰청의 유병언 담당 수사 인력은 검사와 수사관까지 포함하여 110여 명까지 불어났고, 2,585명이라는 역대 최대 규모의 '체포 전담팀'이 꾸려졌으며, 일선 경찰서는 매일 관내 구석구석을 훑는 저인망식 탐문 수사를 벌였다. 유병언이 공개 수배된 직후인 2014년 5월 27일부터 7월 유병언의 사체가 발견될 때까지 투입된 경찰력이 연인원 130만 명에 이른다.

세월호 참사가 일어난 뒤 여론의 관심과 책임을 온통 유병언에게 집중시키고 몰아간 일등 공신은 종편 채널이었다. 나 역시 세월호 사건 초기에 일부 종편의 '유병언 몰이'의 나팔수가 되어 일정하게 부역한 것에 부끄러움을 느끼며 통렬히 반성한다.

나는 유병언 몰이가 시작된 초반에 '채널 A'에 한 번, 그전까지는 예전부터 인연을 맺었던 MBN의 일부 프로그램에 가끔 출연했다. 친구와의 인연 때문에 무작정 거절할 수 없어 출연하긴 했지만, 아니나 다를까 유병언을 지리산 빨치산 루트와 연결시키는 광기 앞에서는 아연실색할 수밖에 없었다. 그 뒤로는 섭외 요청이 와도 모두 거절했다.

모두 알다시피 세월호가 침몰하고 약 석 달간 종편들은 유병언 몰이에 올인하면서 최소한의 언론 윤리조차 지키지 않았다. '유병언이 없었으면 종편은 무엇을 먹고 살았을까?'라는 의문이 들 정도로.

일부 종편의 광기 어린 유병언 몰이는 결국 세월호 참사의 본질을 은폐하고 근본적인 질문을 가로막는 역할을 했다. 근거가 빈약한 추측성 기사가 난무하고, 여론을 특정 방향으로 유도하려 했으며, 의도한 것은 아니겠지만 실제 수사를 방해할 수 있는 일까지 서슴지 않았다. 한 마디로 '수사 참사'라 할 만한 일들이 벌어졌고, 이 과정에서 쉽게 잡을 수 있었던 유병언은 희대의 도주범이 되었고, 결국 의문의 유골로 돌아왔다.

'타살'이면 안 되는 이유

세월호가 침몰한 지 100여 일이 지난 7월 22일, 검찰에서 순천 송치재 휴게소 근처 매실 밭에서 발견된(6월 12일) 변사체가 유병언의 시신이라고 확정하면서 수사 당국과 유병언의 지루한 숨바꼭질은 막을 내렸다. 그리고 8월 12일, 검찰 특별수사팀이 유병언 관련 수사 결과를 발표했다. 순천에서 사체로 발견된 유병언에 대해서는 '공소권 없음', 장남 유대균은 횡령 및 배임 혐의로 구속 기소, 유병언 일가 재산 1,244억여 원 압류, 그 외 유병언 일가와 측근 10명, 도피 조력자 13명 등에 대한 혐의를 확정하였다.(구속 29명, 불구속 5명)

검찰이 수사 결과를 발표했지만 대중들의 의심은 더 커졌다. 발표 내용이 황당한 것투성이였으니 당연한 반응이었다. 검찰 발표 내용은 대부분 이미 언론을 통해 알려진 사항을 다시 정리한 정도였고, 김명숙(일명 '김엄마')이 자진해서 출처를 공개한 것을 압수 수색이라고 강변하며 골동품 수준의 권총 몇 자루와 돈 가방을 공개하여 별성과 없이 끝난 검찰의 수사 결과를 호도하는 천박함까지 보여 주었다. 애초에 큰 기대도 없었지만, 114일의 기나긴 수사 기간 동안 막대한 예산과 인력을 사용한 국가 최고 수사기관의 수준이 이 정도라는 사실이 기가 막힐 뿐이었다.

장황한 미사여구를 빼면 검찰 수사 발표의 핵심 내용은 세월호 참사의 구상권 청구와 관련된 부분, 곧 유병언이 세월호의 실질적 소유주로서 기업의 자금을 횡령/배임한 사실이 있는지를 확인하고 이와 세월호 참사의 연관성을 규명하고자 했으나 유병언 본인이 사망함으로써 수사가 원천적으로 불가능해졌기에 수사를 그만하겠다는 것이다. 이것이 검찰 발표의 핵심 내용이다.

검찰은 유병언의 사망 원인 내지 사망 이후 흔적 등에 대해서는 '알지 못함'이라고 발표하고 넘어갔다. 변사체로 발견된 유병언의 사망 원인이 무엇인가에 따라, 즉 자살 · 자연사 · 사고사 · 타살 등 여러 가능성에 따라 세월호 관련 수사와 직접적으로 연관이 있을 수 있다는 사실을 무시한 것이다. 단지 수사 대상인 유병언이 죽었다는 결과에 기초하여 수사 불능만을 강변할 뿐이었다.

생각해 보자. 유병언과 세월호 참사 사이의 연관성을 규명하려면 유병언을 반드시 직접 수사해야 하는데, 혹시라도 누군가 유병언을 사망에 이르게 했다면 이는 무언가 감추어야 할 것이 있다는 것이고, 따라서 반드시 수사의 대상이 되어야 한다. 유병언이 세월호 참사에 대한 책임을 져야 하는 것이 명백한데, 그를 수사하는 과정에서 드러나게 될 무엇인가를 은폐하기 위해 유병언을 죽음으로 내몰았다면, 그들 또한 세월호 참사와 직간접적으로 연관성이 있다고 보는 게 당연하다. 그렇다면 유병언이 죽어서 밝히지 못한 것들을 그들에게서 혹은 그들을 통해 밝힐 수도 있을 것이다. 유병언의 사인은 '알 수 없음'으로 넘어갈 사안이 절대 아닌 것이다.

발견된 사체 자체가 유병언이 아닐 거라는 의혹이 광범위하게 확산된 것도 이 때문이다. 검찰은 왜 이러한 합리적 의심을 애써 무시하며 유병언의 죽음을 '자연사/사고사'라고 강변하였을까? 유병언 비리 수사는 물론이고, 유병언의 타살 가능성 수사에 검찰은 왜 그렇게 소극적이었을까? 유병언의 죽음을 파헤칠수록 한국 사회의 구조적인 병폐들(관피아, 기업 비리, '장학생' 등)이 수면 위로 올라오고, 그 연결 고리에 검찰도 포함되기 때문에? 검찰 입장에서도 유병언은 타살이 아니어야 했던 것 아닌가? 검찰이 아무리 과학적인 결과를 발표해도 이미 신뢰를 잃었기에 온갖 의문이 꼬리에 꼬리를 물고 이어졌다.

실제로 유병언의 타살 가능성에 대한 수사는 거의 진행되지 않기나 무시되었다. 유병언의 시신이 발견된 뒤 제기된 여러 의문들, 즉 발견 당시 너무나 이상한 시체 상태(마치 시체를 가지런히 놓아 둔 것과 같은 상태), 시체 주위에서 발견된 이상한 물품들(있어야 하는데 없는 것과 없어야 하는데 있는 것들의 부조화, 예컨대 막걸리병과 소주병의 경우 없어야 하는 것인데 그 자리에 있었고, 지팡이와 안경은 있어야 하는데 그 자리에 없었다.), 민가에 가까워 (6월 바닷가 더위와 습한 기후로) 부패 중 강한 냄새를 풍길 수밖에 없는데 개도 짖지 않고 사람들도 냄새를 맡지 못했던 정황 등 수많은 의문이 제기됐지만, 이에 대한 수사는 거의 진행되지 않았다.

유병언은 여러모로 볼 때 타살되었을 가능성이 높다. 자살 가능성은 0에 가깝고, 평소 다른 질병 없이 부유한 생활을 누렸던 그가 자연사했을 가능성도 거의 없다. 저체온사 · 아사 · 실족사, 독사나 말벌 등에 의한 죽음 등의 사고사 가능성도 극히 낮다. 국과수 발표 현장에서 사체의 상의가 약간 올라간 것을 두고 '이상 탈의'라고 판단한 법의학들이 저체온사 가능성을 제기했지만, 사체가 발견된 장소가 사람들이 거주하는 민가와 30미터 이내라는 점에서 그 가능성이 매우 희박하다.

자살도, 자연사도, 사고사도 아니라고 해서 타살이라는 증거는 없지 않느냐고? 그렇다. 맞는 말이다. 나는 유병언이 어떻게 죽었는지 알지 못한다. 다만, 타살 이외의 다른 방법으로 죽었을 가능성이 희박하다는 말이다. 그러나 나에게는 수사권이 없으니 수사권이 있는 검찰이나 경찰이 수사했어야 한다는 것이다. 어떤 변사가 타살의 가능성이 높은데 수사를 진행하지 않는 것은 수사기관의 직무 유기다.

그 다음으로 반드시 짚고 넘어가야 할 문제가 증거의 과학성이다. 유병언의 사망 원인을 둘러싼 의문 이전에, 순천에서 발견된 사체가 유병언의 사체가 맞는지를 둘러싼 의문이 제기되었다. 이를 확정하기 위해 여러 가지 방법이 동원되었는데, 그중 가장 큰 문제가 유병언으로 추정되는 사체에서 복원된 '지문'이다.

순천에서 발견된 사체가 유병언이라는 강력한 증거로 제시된 DNA, 지문, 치과 기록 세 가지 중 '지문'을 해석하는 데 있어 이른바 '과학'이라는 미명 하에 그릇된 사실을 강변했던 일부 (자칭) 전문가들에게 강한 유감을 표하는 바이다.

만약 사체의 열 손가락 지문 중 하나를 확보하여 이것을 국가에 등록된 원본과 비교('AFIS' 시스템)하였다면 과학적으로 지문의 유일성 측면에서 '유병언' 개인을 특정할 수 있다. 그러나 반대로 그 사체가 '유병언'임을 전제로 하고, 그 사체에서 얻은 지문이 유병언의 열 손가락 지문 중 하나임을 역으로 증명하는 방식은 과학적으로 불완전하다. 발견 초기 상당히 훼손된 사체의 왼손 손가락에서 지문을 복원하려고 했으나 두 번이나 실패하고, 그 뒤 사체가 유병언임을 인지한 뒤 오른손 손가락으로 복원에 성공했다는 점에 주목해야 한다.[1]

일부 '자칭' 전문가들이 '지문의 유일성'만을 주장하며, 지문 대조 과정에서 지켜야 할 중요한 과학적 원칙과 과정을 의도적으로 배제한 것은 전형적인 혹세무민이다. 과학수사는 정확한 지문 취득 과정까지를 포함해야 완전한 결과를 얻을 수 있다. 이런 사실을 언급하지 않은 채 인간의 지문은 유일하니 그냥 믿으라고 하는 것은 과학을 하는 사람의 자세가 아니다.

DNA 역시 문제다. 나는 유병언의 시신이 발견된 초기부터 대조 프로파일이 없거나, "의심의 여지없이 확보"되지 않은 대조 프로파일은 검사 자체의 과학성을 아무리 강조해도 과학의 영역일 수 없다고 주장했다. 특히 순천 별장이나 경기도 안성의 금수원 거처에서 확보된 시료는 의심의 여지가 '있는' 상태에서 확보된 것인데 그것을

---

[1] 열처리로 지문을 복원하는 방식은 특허까지 출원된 과학적 방법이다. 손가락 끝 마디를 절단해서 뼈를 제거한 후 골무 형태로 만들어 피부에 열과 습기를 반복적으로 가하면서 피부를 복원하는 방식으로 이 방법을 통해 동남아 쓰나미 당시 수많은 사람들의 신원을 확인한 바 있다. 외피의 경우 손상 정도가 클 수 있으므로 내피나 안쪽 피부를 통해 지문의 일부(쪽지문)를 얻는 것인데, 문제는 유병언 추정 사체에서 복원된 지문이 상당히 제한된 '쪽지문'이었다는 점이다. 그것을 국가에 등록된 원본과 대조하여 유병언임을 확인한 것이 아니라 그 반대의 과정, 즉 유병언의 지문을 갖다 놓고 그 것을 가지고 본인을 확인한 것이기에 100퍼센트 확신할 수 없다.

통해 유병언임을 확인했다는 주장을 자칭 전문가들이 지속적으로 강변했다.

이 논란은 유병언의 친형·장남 등과 근친 가능성을 비교한 프로파일이 확보된 후 진정되긴 했지만, DNA 검사의 기초도 모르는 사람들이 종편과 공중파에 전문가라고 출연해 떠들어 댄 내용을 보니 기가 막힐 따름이었다.

마지막으로 국립과학수사연구원과 관련하여 반드시 기억해야 할 사실이 있다. 바로 20여 년 전 일어난 '강기훈·김기설 유서 대필 의혹 사건'이다. 당시 민주화운동 과정에서 김기설이라는 사람이 분신자살을 했는데, 경찰은 강기훈이 김기설의 유서를 대필해 주었으며 분신자살을 부추기고 방조했다고 기소하였다. 이 사건의 쟁점은 김기설이 쓴 유서의 필적과 강기훈의 필적이 동일한지에 대한 과학적 감정이었다. 사건의 전개는 잘 알려졌듯 국과수의 문서분석 과장이 정권의 요구에 따라 거짓으로 감정서를 제시하여 강기훈이 유죄판결을 받았고, 최근 재심을 통해 필적 감정이 의도적인 거짓이었음이 밝혀졌다.

중요한 것은, 국과수가 과학의 이름으로 억울한 사람에게 누명을 씌웠다는 사실이다. 권위주의 정권 시대에 어쩔 수 없이 발생한 사건이었다고 변명하지만, 외력에 의해 '과학'이 얼마든지 왜곡될 수 있음을 잘 보여 준 사례이다. 그 이후에도 사고든 실수든 국과수에서 문제가 종종 발생했다. 물론 대부분 사건화되지 않고 내부 징계 수준에 그쳤다.

개인적으로도 현직에 있을 때 국과수가 엉뚱한 DNA 감정서를 발급하여 진범을 잡는 데 고생했던 경험이 있다. 다행히 다른 증거를 통해 진범을 잡았는데, 왜 DNA 감정서가 잘못됐는지 역추적해 보니 국과수 직원이 착오로 엉뚱한 프로파일을 전달했던 것이다. 이런 실수는 과학의 영역이 아니라 해당 개인의 실수이거나 시스템의 문제이긴 하지만, 어쨌든 국립과학수사연구원에서도 얼마든지 실수나 사고가 일어날 수 있다는 것이다.

한바탕의 소동이 일깨운 부끄러움

유병언 사체를 둘러싼 논란 외에도 검찰 수사팀이 114일간 해 온 이른바 유병언 비리 '수사'에는 이상한 점이 적지 않게 발견된다. 우선 검찰이 수사를 진행한 대상자들이 수사를 통해 찾아낸 결과물이 아니라 언론을 통해 이미 노출된 인물들이다.

물론 유병언 비리 사건에 종편이 광적으로 집착하여 약간의 관련성만 있으면 달려들어 다루는 바람에 수사하는 데 어려움이 있었을 것이다. 그럼에도 자타가 공인하는 수사 전문가들(수사팀이 강력부가 아니라 특수부 중심이어서 한계가 있다는 얘기는 본질을 호도하는 말이다.)이 달라붙었다는 검찰의 수사 방식은 그들이 공언한 대로 최선을 다해 진행했다기보다는 마지못해 하는 부실 그 자체였다.

더 이상한 것은, 수사가 거의 대상자들의 진술에만 의존하였다는 것이다. 진술의 중요성을 인정하더라도 수사 대상자들은 관련 사안에 이해관계(용의자, 피의자, 피해자 등)를 가지고 있으므로 진술은 수사의 일부일 뿐이다. 그런데 이상하게도 유병언 비리 수사에는 이런 기본 원칙이 무시되었다.

가장 이상한 것은, 증거들이 필요할 때마다 적시에 등장했다는 점이다. 번호가 매겨진 돈 가방이 마치 준비된 듯 나타나는 걸 보고 기가 막힐 따름이었다. 엄청난 시간과 인력을 동원하여 말도 안 되는 결론을 내려놓고 무조건 믿으라고 강요만 하니 온갖 의문이 떠돌지 않을 수가 없다. 검찰 스스로 괴담의 진원지가 된 것이다. 검찰 내부 고위 인사의 유병언 프락치설이 괜히 나온 것이 아니다.

실제 인천지검에서 유병언 수사를 담당했던 부장검사가 과거 유병언이 세운 (주)세모와 관련된 회사에서 근무했다는 사실이 밝혀졌다. 해당 검사는 사실을 인정했으나 유병언과의 관련성은 부인했다고 하는데, 글쎄 누가 그 말을 믿을까? 설령 그 말을 믿는다 치더라도, 그랬다면 스스로 유병언 수사를 맡지 말았어야 하는 것 아닐까? 이 정도 직업관과 윤리관을 가진 사람들이 대한민국의 사법을 담당하고 있다는 것이 우리 사회의 냉정한 현실이다.

지금 돌이켜 보면 유병언 관련 수사는 마치 유령을 쫓는 것과 같았다. 수사 과정을 복기해 보면, 당시 유병언 추적은 누군가의 각본에 따른 기가 막히게 잘 짜인 한 편의 연극과 같았다. 그 과정에서 나름 대로 현장을 둘러보았던 나는 실제 유병언이 순천에 가지 않았으며, 송치재 휴게소 인근 별장에 심어진 증거들도 대부분 실체가 없는 허상일 것이라고 판단한다.

이 판단에 대한 확신을 얻으려고 순천 송치재에 몇 번이나 들렀지만 그 공간에 진실은 남아 있지 않았다. 지금도 물론 정확한 사실은 알지 못한다. 다만, 적어도 당시 유병언 추적 놀음에 왜 그 공간이 선택되었는지 정도는 알고 있다. 유병언은 어느 시점에서 다른 길로 빠졌을까?

사실 유병언 사건을 책에 실을지를 두고 고민했다. 이 사건을 떠올릴 때마다 부끄럽기 때문이다. 지금 내가 아무리 진실을 찾기 위해 몸부림을 친들, 당시 내가 범했던 과오를 지울 수는 없다. 나 또한 일부 종편에 출연하여 난장판 수사에 한몫 거들었다는 사실을 뼛속 깊이 반성한다. 사건의 본질은, 유병언이 아니라 그 이름 뒤에 숨은 나를 포함한 못난 어른들이다.

대한민국의 프로파일러로 산다는 것[1]

2014년, 나의 서울지방경찰청 동료이자 뛰어난 범죄 프로파일러였던 고선영 박사가 갓 마흔이 넘은 나이에 뇌종양으로 세상을 떠났다. 함께 근무할 때 가끔 두통을 호소하곤 했는데, 단순한 스트레스 증상일 거라고 가볍게 넘긴 것이 지금까지 마음에 짐으로 남아 있다.

고선영 박사와 나는 2004년 경찰에서 처음 프로파일러를 공개 특별채용할 때 함께 선발되어 경찰의 길에 들어섰다. 당시 경찰청장이 프로파일러를 매년 10여 명 이상 선발하겠다고 공언했지만, 이후 3

---

[1] 이 원고는 경기지방경찰청 프로파일러 공은경, 서울지방경찰청 프로파일러 최대호 · 유지현 등과 함께 필자가 《경찰학 연구》에 투고한 글을 정리한 것이다. 《경찰학 연구》에 게재되지 않아 수정하여 인용하였다.

년 동안 40여 명을 선발하고 끝이었다.

범죄를 바라보는 관점의 변화

2000년대 중반 이후부터 유영철 · 정남규 · 강호순 등의 강력 범죄자들이 연달아 등장했고, 이외에도 언론에 발표되지 않았지만 수많은 강력 사건이 일어났다. 몇 명 안 되는 프로파일러들의 업무는 점점 늘어났고, 그나마 하나 둘 경찰을 떠나면서 남은 사람들의 어깨는 더 무거워졌다. 2000년대 선발된 40여 명 중에서 2015년 현재 프로파일러로서 경찰에 남아 있는 사람은 채 15명이 안 된다.

처음 고 박사의 뇌종양 소식을 들었을 때 가슴이 철렁 내려앉으면서 올 것이 왔다는 생각이 들었다. 프로파일러들도 형식적으로는 9시에 출근해서 6시에 퇴근하지만, 범죄 사건이 예고하고 터지는 것이 아닌 데다가 사건이 해결되지 않으면 며칠이고 그 사건에 매달려야 하고, 그 외 치안정책 보고, 범죄자 면담, 강력 범죄 스크리닝 등의 고정 업무도 늘 산더미처럼 쌓여 있어서 애초에 근무시간 자체가 큰 의미가 없다. 모두 프로파일러의 고유 업무 영역이다 보니 다른 인원으로 대체할 수도 없다. 이 정도 인원으로 여태 버틴 것이 신기할 정도다. 게다가 고 박사는 이 기간 동안 출산도 했으니 얼마나 힘들었을까.

미국 범죄 드라마를 보면 프로파일러들이 매우 멋지게 그려지지만, 실제 활동하는 프로파일러들 중 적지 않은 사람들이 신체적·정신적 고통을 안고 살아가고 있다. 그나마 미국은 시스템과 인력이 갖춰져 있어 우리와 같이 살인적인 업무량에 시달리지는 않는다. 제대로 된 결과를 산출하려면 차근차근 필요한 것을 계획하고 준비하는 것이 세상일의 기본인데, 평소 폭주하는 사건과 과중한 업무로 진이 쏙 빠진 프로파일러들에게 언론에서 관심을 가지는 큰 사건이라도 터지면 빨리 범인을 잡으라고 생떼를 쓰기 일쑤다. 절대적으로 부족한 인력과 지원 시스템으로 고생했을 고 박사와 동기, 후배들을 생각하면 지금도 가슴 한쪽이 아리다.

그래도 2014년 만 7년 만에 4기 프로파일러 4명을 충원했으니 다행이라고 해야 할까? 좀 더 일찍 인력 보강이 이루어졌으면 아까운 목숨이 허망하게 가지 않았을지 모른다는 생각에 아쉬울 따름이다. 소 잃고 외양간 고치는 일은 언제쯤 없어질까?

앞서 말했듯 한국 경찰이 공식적으로 공개 채용(특채)을 통해 프로파일링 전담 분석 요원을 채용·배치한 지 만 10년의 시간이 흘렀다. 물론 그전에도 범죄 수사에 '프로파일링' 개념을 도입한 바 있고, 현장 수사와 감식 경험이 풍부한 경찰관에게 관련 업무('범죄 분석 업무'로 통칭)를 담당하게 했지만, 학문적으로나 임상적으로 심리학과 사회학을 기반으로 교육받은 전문가들이 범죄 수사 '프로세스process'에 투입된 것은, 2004년 범죄 분석 인력 특채가 처음이다.

다른 영역의 특채는 종종 이루어졌지만, 한국 경찰의 자존심이라고 할 수 있는 범죄 수사 프로세스에 외부 전문가를 채용한 것은 상당히 이례적인 일이었다. 그 배경에는 유영철 사건 등 새롭게 진화된 범죄(이상異常동기 범죄 유형)에 대응할 수 있는 새로운 범죄 수사 프로세스를 도입해야 한다는 요구가 있었다.

초기에는 프로파일러들이 기존 수사 프로세스와의 관계를 설정하는 것이 쉽지 않았다. 그러나 기존 수사 프로세스에 적응하기도 하고, 때로는 과감하게 기존 프로세스를 바꾸며 나름의 업무 영역을 구축해 왔다. 그 과정에서 사소하게 일선 형사들과 업무적·감정적 충돌도 겪고, 몇몇 대형 사건의 경우 수사 주도권을 두고 신경전을 벌이기도 했다.

어렵고 힘든 과정이었지만, 그래도 지난 10년의 시간이 한국 경찰의 과학수사 역사에서 커다란 전환점이 되었다고 생각한다. 외형적인 성과로는, 자백 중심 수사에서 객관적·물적 증거 중심의 수사로의 전환을 꼽을 수 있다. 이를 한 마디로 정리하면 '수사의 과학화'이다. 그러나 그보다 더 본질적인 것이 '범죄를 바라보는 관점의 변화

¶ 이 글에서는 프로파일링을 범죄 수사 '프로세스' 중 하나로 접근하려고 한다. 국내외 범죄학자들 중에서 프로파일링이 독립적 과학이 될 수 없다고 주장하는 이들이 적지 않아 불필요한 논란을 피하려는 것이다. 프로파일링의 과학성을 부정하는 학자들도 현실적으로 프로파일링이 하나의 수사 기법인 것은 인정하고 있다.

와 그에 따른 대응 패러다임의 변화'이다. 그 중심에 프로파일링 개념이 있다.

프로파일링은 단지 하나의 수사 기법 차원에 머무르지 않는다. 과학수사란 단순히 수사 과정에 과학기술을 도입하는 것이 아니다. 그런 종류의 과학화는 이전에도 꾸준히 이루어졌다. 주목할 것은 과학의 응용이 아니라 그러한 변화를 이끈 패러다임의 변화이다.

새로운 방식의 수사 프로세스

하나의 범죄를 전체적으로 조망할 때, 기존 수사가 범죄의 결과 합리성에 주목했다면, 후자는 그 원인 합리성에 주목한다. 또한 범죄의 원인에 대해서도 기존 관점이 객관적 합리성에 주목했다면, 새로운 관점은 범죄 원인 자체를 주관적 합리성으로 본다. 이는 현대사회의 '다면적 주체' 형성과 관련된다.

주체의 행위 목적을 알 수 없으므로, 행위로 인해 발생된 결과들에서 조각난 객관적 증거를 수집하고 이를 통해 주체의 행위 목적을 추론하는 것이다. 그 과정에서 개인·집단에 대한 심리 분석이 용이한 도구가 되며, 이를 통해 주체의 행위 목적 재구성, 즉 원인 분석이 이루어진다. 결과를 분석하여 원인을 찾고 그 원인들을 조합하는 것, 이것이 프로파일링이다. 프로파일링 도입은 이처럼 새로운 방식의 범죄 수사를 의미하며, 이를 위해서는 새로운 방식의 수사 프로세스가 요구된다.

범죄 드라마 중 프로파일링 작업을 비교적 적확하게 표현한 것으로 〈크리미널 마인드Criminal Minds〉(2005~)를 꼽을 수 있다. 이 드라마는 미국 연방수사국 FBI의 프로파일링 유닛 'BAUBehavior Analysis Unit'를 소재로 하고 있는데, 제작사의 홍보대로라면 실제 BAU에 참여했던 관련 전문가의 엄격한 자문 하에 제작된 덕일 것이다.

물론 〈크리미널 마인드〉는 사건의 소재나 심리 분석 방법 등을 제외하고는 대부분 극적인 재미를 위해 지극히 비현실적인 설정을 하고 있다. 지나치게 전형적인 범죄 유형과 행동 방식은 마치 교과서를 보는 듯하고, 현실에서 수개월 걸릴 수도 있는 정보 확보와 분석 작업이 너무나 신속하게 이루어진다. 상당히 더디고 지루하며 수많은 오류가 발생할 수 있는 일들이 순식간에 해결되는 것으로 묘사된다. 무엇보다 이 드라마는 '독립 수사 모델', 즉 BAU라는 독자적인 수사권을 가진 유닛을 핵심 모델로 설정하고 있는데, 이는 어디까지나 드라마에서 가능한 모델이며 현실과는 거리가 있다.

한국뿐만 아니라 전 세계적으로 프로파일링과 관련된 독자적 수사 시스템을 가지고 있는 나라는 없다. 미국, 유럽 등 서구 주요 국가의 수사기관들이 현장 프로파일링 시스템을 적극적으로 도입하려는 움직임을 보이고 있으나, 아직은 프로파일링 업무 프로세스가 마련된 정도이다.

특히, 한국 경찰은 전통적으로 일선 형사팀 중심으로 수사가 진행되어 왔기 때문에 현실적으로 프로파일러팀이 수사를 주도하기 어렵다. 프로파일러가 현장 감식팀·검시팀과 함께 현장을 분석하고, 피의자·용의자 분석(면담 포함)을 수행하여 일선 수사팀을 지원하며, 각종 정책 연구 과제 등을 수행하는 역할을 맡고 있다. 한국 경찰의 프로파일링 수사 모델은 '수사 지원과 연구 부서 통합 모델'에 가깝다고 할 수 있다.

프로파일링 시스템이 자리를 잡으려면 한국적 수사 현실에 맞는 프로파일링 프로세스를 만들어 내는 것도 필요하지만, 무엇보다 전문적인 프로파일러 양성 기관 설립이 시급하다. 현재 우리나라에는 프로파일러를 양성하는 교육과정이 경기대학교 대학원의 범죄학, 범죄심리학 전공 과정밖에 없다. 그나마 학사 과정은 없고 석·박사 과정만 있으며, 그것도 교정 관련 범죄심리에 가깝다. 프로파일링profiling과 범죄학Criminology, 법과학을 포함하는 과정은 전무하여, 이 분야를 공부하고 싶은 사람들에게 미국 유학을 권하고 있는 실정이다.

고선영 박사 생전에 함께 제대로 된 프로파일러를 키워 낼 수 있는 '범죄 분석 아카데미Criminal Justice Academy'를 만들자고 굳게 약속했는데, 고 박사가 떠나고 나니 갈 길이 더 멀어 보인다. 최선을 다해 열심히 산 고 박사가 그곳에서나마 부족한 이 사람을 응원해 주길 바랄 뿐이다.

프로파일러에 대해 알고 싶은 몇 가지

우리나라의 프로파일러들은 구체적으로 어떤 일을 할까? 프로파일러에 대한 관심이 높아지면서, 직업적 관심을 갖고 구체적으로 물어오는 학생들도 눈에 띄게 늘어났다. 그러나 안타깝게도 마냥 기뻐할 수만은 없다. 우리나라 프로파일러의 현실과 미래가 아직은 흐리고 암울하기 때문이다.

외부에서 보는 이상적인 프로파일러는 강력 범죄 수사를 총괄 지휘하는 감독자Director, 수사 관련 기관의 임무를 조율하는 조정자Coordinator, 조언자Adviser로서 수사선을 설정하고 물적 증거와 행동 증거를 분석 평가하는 역할을 담당하는 사람이다. 그러나 우리나라의 프로파일러는 태생적으로 이러한 역할을 담당하기 어려운 조건에 놓여 있었다.

우선 프로파일러 제도 자체가 경찰의 과학수사 능력을 홍보하는 차원에서 도입되었고, 고위 간부의 승진용 업적을 뒷받침하는 요소로 전락한 측면이 있다. 경찰청의 프로파일러 운영 기조 역시 수사권 조정에 유리한 여론을 조성하는 수단, 그리고 일선 강력계 형사 교육 차원을 넘어서지 못하고 있다. 그러다 보니 프로파일러 인력 수급이나 보수·교육 체계의 장기적 계획이 부재할 뿐만 아니라, 프로파일러들의 경우 승진과 현장 투입 기회도 제대로 보장받지 못하고 있다. 대대적인 홍보를 앞세워 프로파일러들을 선발하기는 했지만, 경찰 조직에서 제자리를 찾지 못하고 고사 중이라고 해도 과언이 아니다.

그러나 어려운 상황 속에서도 스스로 자신의 역할을 찾아 제 몫을 해내고 있는 프로파일러들이 있고, 이후 과학수사 발전을 위해 프로파일러 운영과 프로파일링 시스템이 좀 더 발전적으로 구축되어야 한다는 생각에, 프로파일러의 일상 업무와 바람직한 교육 훈련 시스템을 나름대로 정리해 보았다.

프로파일러의 일상

프로파일러의 일상적 업무를 한눈에 파악할 수 있도록 하루 단위 일과표로 정리했다. 짧은 기간이지만 프로파일링 수사 부서(행동과학팀BSU)에 몸담았을 때의 경험을 바탕으로, 더 나은 업무 환경 조성을 위해 미리 작성해 놓은 연구 작업의 결과물이다. 현재의 모습과 완전히 일치하지 않을 것이고, 직속 상관에게 보고하거나 동료들과 공유하지 못한 내용도 포함되어 있다. 부족하지만 프로파일러라는 직업을 이해하는 데 도움이 되기를 바란다.

새벽 : 사건 현장

- 사건 발생 시간과 무관하게 사체 발견 시간은 주로 새벽이 많음
- 처리 절차 : 신고자 → 지구대 → 경찰 프로파일러팀 → 현장 과학수사팀
- 증거 취득을 위해 현장 훼손 이전에 행동 증거 분석이 중요
- 빠른 현장 임장臨場(현장에 감)이 사건 해결의 핵심이므로 24시간 대기
- 현장 주도권 확보. 계급 · 징계 · 위력 극복이 관건

아침 : 광역 사건 스크린

- 형사 당직 검토 분석 : 서울경찰청 예하 31개 경찰서에서 매일 아침 전날 발생한 모든 형사사건을 지방청 형사과장에게 보고함
- 강력 사건의 경우 연쇄 사건 특성 판단
- 단순 강도, 절도, 성범죄의 경우 범죄 전이 여부 판단
- 사건 수사 진행 과정의 적절성 검토
- 처리 절차 : 용의자(관련자) 면담 여부 판단 → 진행 → 여죄 수사/

지원

- 현장 수사가 미비한 경우에는 현장 재수사

- 연쇄 사건 리스트 분석

- 다른 사건과의 교차분석

오전 : 현장 분석, 부검 참관

- 부검 참관 : 매일 오전 진행되는 부검 참관

- 물적 증거와 행동 증거의 균형 검토

- 현장 분석 : 현장 사진, 동영상 등 다양한 물적 증거 분석

오후 : 면담, 상담, 교육

- 사건 관련자 면담 : 용의자, 피의자, 목격자, 피해자, 가족 등 사건 관련자 대상

- 진술 분석 : 사건 재구성, 진부 여부 확인

- 가족 생애사 Family life-history 분석

- 최면 수사, 거짓말탐지기 수사

- 상담

  경찰 위기 상담 : 경찰 트라우마 Trauma, 현장/시체 공포

  범죄 피해자 : CARE 팀과 공동 진행

  범죄 가해자 : 주로 청소년/여성/노인 범죄자 대상

- 재범 방지, 범죄 전이 차단

– 교육

중앙경찰학교 : 신임 경찰관 교육

경찰교육원 : 현장 요원 보수교육

– 경찰관 임용 · 승진 면접 시험관

저녁 : 데이터 분석 정리

– 통계의 중요성 : 초기 도입된 미국식 프로파일링 방법은 주로 사례
별 분석Case-by-Case이지만 그 한계가 상당 부분 노정되어, 이를
극복하기 위해 모든 부분에서 통계화를 시도하고 있음

= SCAS(과학적 범죄분석 시스템)와는 별도로 데이터베이스 구축

– 프로파일러 전문 분야에 따른 개인별 데이터베이스 구축

밤 : 장기 미제 사건 분석

– 프로파일러 한 사람당 최소 10여 건 이상

관련 자료 분석 : 초기 수사 때 놓친 부분 검토

당시 용의자/목격자 추적 조사

– 자료 축적의 필요성 : '범인은 다시 온다'

관련 피해자 추적 조사.

심야 : 프로파일링 과제 연구

– 개별 프로파일러 전문 분야(연쇄살인, 연쇄 강간, 연쇄 방화)에 따

른 프로파일링 방법론 연구

- 치안정책 과제 연구

식사

아침 : 주로 현장에서 CSI 요원들과 함께하면서 현장 '감'을 경청

점심 : 부검 사건 관련 형사들과 함께하면서 수사 상황 경청

저녁 : 범죄 관련자(피해자, 용의자)와 함께

프로파일러의 목록

- 출소 성범죄자 관리

재범 위험성이 높은 성범죄자 거주지 및 위치 주기적 확인

- 연쇄 범죄 피해자(가족) 관리

- 장기 미제 사건 관련자 관리

프로파일러 교육 훈련

여기서 소개하는 프로파일러 교육 프로그램은 나와 함께 일했던 프로파일러들이 이후 프로파일링 매뉴얼 작성을 목적으로 독립적으로 연구한 결과물이다. FBI 아카데미 및 다른 수사 · 정보기관의 사례를 참고하여 작성한 것으로, 독자들의 이해를 돕기 위해 구체적인

프로그램 내용은 생략하고 간략하게 정리하였다. 내용에 대한 모든 책임은 나에게 있다.

감각 훈련

(1) 목적

- 대상의 (미세) 행동/표정 변화 읽기

- 현장 상황의 (미세) 변화 파악

- 사이코패스/소시오패스의 경우 일반인과는 다른 감각적 특성을 보이므로, 미세한 감정/행동 변화 파악이 중요

- 일반인이 접근하기 어려운 부분이 많으므로 이에 대비한 특수 훈련이 필수적

(2) 일상 훈련

- 후각 : 화장품 안 쓰기

- 청각 : 이어폰 사용 안 하기

- 시각 : 2차원 영상물/게임 안 하기

- 촉각 : 장갑 끼지 않기

- 미각 : 인공 감미료/자극적인 음료(커피) 안 먹기

(3) 사례

- 특정 유형(직업, 장애 등)이 선호하는 냄새, 모양, 소리 파악

유병언의 경우 '네모' 혹은 '긴 것', '강호순'의 경우 '둥근 것'

– 시체에서 나오는 냄새를 통해 특정한 물질, 부패 정도 등 파악

(4) 프로그램

 – 시각

   다른 차원으로 보기 훈련 : 높이, 깊이, 2차원/1차원

   빨리/느리게 보기 훈련 : 카드 이동 훈련 등

   색감 분석 : 미세한 색깔의 구성과 변화 훈련

 – 청각

   주파수/진폭 소리 듣기 훈련 : 기타/피아노 음 알아맞히기

   돌고래 소리 구별하기

   사람의 몸에서 나는 소리 분석

 – 후각

   사람 몸에서 나는 냄새 탐지

   다양한 물질(독극물 포함) 냄새 구분

   냄새에 따른 행동 변화 데이터베이스

 – 촉각

   현장 미세 물질 확보 훈련

 – 미각

   독극물과 유사한 맛 경험

관찰 훈련

- 몸을 정지시킨 채 오랫동안 관찰하는 훈련

  행동 요소 찾기 → 행동 패턴 분석

- CCTV 분석 훈련

  강남역 CCTV로 강간범 잡기

- 행동 따라하기, 따라 가기

감정 훈련

- 감정선 찾기

- 연기자 감정 분석하기

- 영화의 결론을 보고 줄거리 예측하기

전략적 선택 훈련

- 습관에서 벗어나 전략적 선택을 하는 경우의 수 훈련

- 문헌 복기 : 《손자병법》 등 병법서, 전쟁 관련 서적

일상 훈련

- 대화 방법 : 일상 대화에서 우위에 서는 방법

- 은폐 훈련 : 말투 감추기, 행동 패턴 감추기

- 감정 조절 : 연기 훈련

프로파일러의 직업병

현재 활동하고 있는 프로파일러를 포함하여 미래 프로파일러로 일하게 될 사람들이 꼭 알아야 할 위험 요소를 정리하였다. 외국 사례 연구와 개인적 관찰의 결과를 종합하여 작성하였다.

자살

일반 경찰의 자살율은 일반인의 2~3배에 달하며, 범죄심리 수사관의 자살율은 일반 경찰의 3~4배에 이른다. 일상적으로 범죄 사건을 접하면서 겪는 도덕적 기준의 혼란, 업무 특성상 가족·친구·이성 등 인간관계의 단절로 인한 고립 등을 원인으로 꼽을 수 있다.

범죄화

일반 경찰이 범죄자가 될 확률은 일반인의 2배에 달하고, 전문 범죄심리 수사관은 그보다 더 높다. 그 원인은 첫째 '거울 효과'로, '사람 눈에는 사람만, 개의 눈에는 개만 보인다'는 말처럼 최악의 전문 범죄자들과 심리 상태를 공유해야 하는 직업의 특성에서 기인한다. 둘째 환경의 영향도 크다. 범죄 수법을 잘 알고, 범죄 기회를 자주 접하며, 수사 회피 방법도 알고 있다. 수사기관과 수사관의 약점을 어느 누구보다 잘 파악하고 있다. 정신과 의사들이 상호 관리하듯이, 프로파일러들 역시 상호 관리가 필요하다.

누가 진짜 범인인가
312

이성, 가족 관계의 어려움

범죄수사관들의 경우 일반인보다 높은 이혼률을 보인다. 높은 수준의 배우자 통제와 관리가 갈등의 주요 원인이 되며, 이로 인한 자녀 부적응 문제도 심각하다. 미혼인 경우 일반적인 남녀 관계와 달리 이성에게 심리 분석, 심리적 통제를 가하게 되고 이로 인한 거부감으로 인해 원만한 관계를 유지하는 데 어려움을 겪는다.

범죄자 오인

프로파일러들이 많이 듣는 말이 '사이코패스처럼 생각하고 행동하라'는 것이다. 사고 체계와 행동 특성을 범죄자의 기준에 맞추기 때문에 사람을 뚫어지게 지속적으로 관찰하는 버릇을 갖고 있다.

통증

만성 두통, 외상 후 스트레스PTSD로 인한 무기력감, 만성 불면증

장애

신경질적인 반응, 틱 장애, 공황장애

에필로그

우리나라에서 몇 안 되는 프로파일러 중 한 명이어서인지, 아니면 30대 중반이 훨씬 넘어 뒤늦게 프로파일러의 길에 접어든 때문인지, 언론사와 인터뷰를 할 때마다 '프로파일러로서의 삶'에 대한 질문을 자주 받는다. 이런 질문을 받으면 그동안 살아온 삶을 되돌아보게 되는데, 그럴 때마다 부끄럽고 안타까운 일들이 먼저 떠오른다.

2004년 프로파일러로서 경찰에 입직한 뒤 10년 동안 직업적으로 나 개인적으로 뚜렷하게 이루어 낸 결과물도 없이 세류에 맞춰 도망치듯 살아온 것이 아닌가 하는 자괴감이 들기도 한다. '정의'를 찾기 위해 투신한 프로파일러의 길이 타의에 의해 좌절되고, 대신 교육자의 길에 들어서면서 소수라도 양심과 정의감 있는 후학을 길러 내는 것으로 위안을 삼고자 했으나 그마저도 그리 녹록치 않다.

서울지방경찰청에서 쫓겨나듯 그만두게 될 즈음, 나는 심각한 우울증에 시달렸다. 사이코패스 살인범, 강간범, 방화범을 수사하면서 겪는 극심한 스트레스와 나를 쫓는 과거 그림자의 압박 때문에 죽음의 문턱까지 갔다. 그리고 깨달았다. 내 생각이 어리석었다는 것을. 민주주의의 적은 사라진 것이 아니라 잠시 몸을 숨기고 칼을 갈면서 재기의 날을 기다리고 있었음을 말이다. 나도, 한국의 민주주의도 보기 좋게 펀치기를 당한 셈이다.

경찰에서 나온 뒤 나는 사이버대학의 경찰행정학과 전임교수로 일하게 되었다. 이름은 교수지만 그 실상을 들여다보면 1년 단위로 재계약하는 '비정년트랙 전임교수'라는 해괴망칙한 이름의 비정규직이다. 나 역시 6년째 미생인 것이다. 불안한 신분과 더불어 재단이 사장에게 충성하지 않는 교수는 살아남기 어려운 한국 사학재단의 현실은 또 다른 벽으로 다가왔다. 사회복지학이나 컴퓨터학을 전공한 교수라면 모르겠지만, 범죄자를 수사하는 수사관을 배출하는 경찰학과 교수로서 참기 어려운 상황이었다.

다른 학교로 옮기면 되지 않느냐고? 우리나라 경찰행정학과 교수 구성은 참으로 요상하다. 아는 사람은 알겠지만, 우리나라에는 세계 어디에도 없는 '경찰행정학과'가 60여 개나 있다. 하지만 정작 경찰행정학의 학문적 정체성은 모호하기만 하다. 범죄학과도 아니고 행정학과도 아니다. 미국 등 선진국에서 왜 다양한 전공 출신들로 경찰을 선발하여 양성하는지에 대한 기본적 이해도 없이, 전체주의 수준의 국가관과 정의관·윤리관을 바탕으로 시민을 두드려 잡고 힘으로 억압하는 권위주의 방식에 익숙한 경찰 양성에 힘쓰는 것을 보면 한심하기도 하도 답답하기도 하다.

우리나라 전체 경찰행정학과 교수 구성에서 특정 대학 출신이 차지하는 (상대적인) 비중이 눈에 띄게 늘어나고 있다. 그 특정 대학의 설립 목적을 바탕으로 유추해 볼 때, 정권 수호에 충실한 충견으로서 경찰의 모습이 낯설지 않은 이유를 짐작할 수 있을 것이다. 그나마 서울대 출신의 독과점이 없다는 것을 위안으로 여겨야 할까? 도대체 그들에게 '정의'란 무엇일까?

내가 굴욕적인 미생의 상황에서도 학교에 몸담고 있는 것은, 국내 유일의 프로파일링·범죄심리·과학수사 특화 경찰학과를 안정화시키는 작업을 진행하기 위해서이다. 교과과정을 정비하고 강사들을 전문화한다면 충분히 가능한 일이라고 생각한다. 또 한 가지, 방송의 힘을 빌려 억울한 일을 당한 사람들 편에 서서 진실을 파헤치는 데에도 힘을 보태고자 한다.

2014년 5월, 현대중공업 사내 하청 노동자 정범식 씨가 에어호스에 목이 감겨 사망한 채로 발견되었다. 경찰에서는 사고사의 가능성을 배제한 채 자살로 성급하게 사건을 종결하려고 했다. 평소 산업재해가 빈발하는 사업장이어서 이를 은폐하기 위해 멀쩡한 가장을 자살 위험자로 만드는 만행을 저지르고 있다는 의심이 제기되어 울산MBC(〈시사기획 돌직구〉)에서 탐사 보도를 했고, 이후 다른 언론에서도 관심을 표명하고 있다.

이런 작업에 미력이나마 보탬으로써 사건의 진실을 밝히는 데 조금이나마 도움이 된다면, 또한 장기적으로 장기 미제 사건이나 억울한 사건 등에 민간 수사 전문가들이 참여하여 해결하는 비영리 재단을 만들 수 있다면 더 바랄 것이 없겠다.

"나를 지켜야 사회를 지킬 수 있다."

중앙경찰학교에서 교육받을 때 성질 고약하기로 소문난 한 지도관이 늘상 강조하던 말이다. 그때는 많은 경찰들이 비리에 빠지고 불법을 저지르며, 여러 가지 이유로 감찰 대상에 오르는 현실을 경계하기 위한 말이라고 생각했다. 그런데 경찰들이 저지르는 비리와 불법은 개인의 치부나 사익을 위한 것보다 시스템의 문제 때문에 자신도 모르게 어쩔 수 없이 엮이게 된 경우가 많다. 또한 적지 않은 경찰들이 석연치 않은 이유로 감찰 대상에 오른다.

경찰 생활을 하면서 '나를 지킨다'는 것이, 단지 비리를 저지르지 않는다고 될 일이 아님을 깨달았다. 나 역시 경찰관 면접관으로 일하면서, 또 경찰 교육기관에 강사로 출강하면서 늘 이 말을 해 주었지만, 많은 경찰들이 스스로 비리 경찰이 되어 옷을 벗을 상황에 처하거나 아니면 누군가를 희생시켜야 하는 상황에 처하고서야 이 말의 의미를 깨닫는다.

정직하게 절차대로 직무에 충실해도 억울하게 옷을 벗거나 좌천될 수 있는 것이 경찰 생활이다. 물론 나도 경찰에서 퇴직할 때 즈음에야 깨달았으니 그들과 크게 다를 바 없다고 해야 할까? 그럼에도 다시 한 번 이 말을 되새기는 것은, 어려운 상황 속에서도 자신의 직무에 충실하고자 애쓰는 프로파일러들과 수많은 현직 경찰, '사법 집행관'으로서 경찰이 되기를 희망하는 젊은이들이 온갖 불합리와 모순 속에서도 흔들리지 않고 꿋꿋이 자신의 길을 헤쳐 나가기를 바라는 마음에서이다.

누가 진짜 범인인가

2015년 3월 20일 초판 1쇄 발행
2022년 9월 15일   8쇄 발행

지은이 ｜ 배상훈
펴낸이 ｜ 노경인 · 김주영

펴낸곳 ｜ 도서출판 앨피
출판등록 ｜ 2004년 11월 23일 제2011-000087호
주소 ｜ 우)07275 서울시 영등포구 영등포로 5길 19(양평동 2가, 동아프라임밸리) 1202-1호
전화 ｜ 02-336-2776 팩스 ｜ 0505-115-0525
블로그 ｜ bolg.naver.com/lpbook12
전자우편 ｜ lpbook12@naver.com

ISBN 978-89-92151-64- 1